Tre Mesi Nella Vicaria Di Palermo Nel 1860: Le Barricate -Milazzo - Primary Source Edition

Francesco Brancaccio Di Carpino

F. BRANCACCIO DI CARPINO

TRE MESI NELLA VICARIA DI PALERMO NEL 1860

Le Barricate-Milazzo

Ricordi

NAPOLI
LIBRERIA DETKEN & ROCHOLL
Piazza Plebiscito
1901

F. BRANCACCIO DI CARPINO

I MESI NELLA VICARIA DI PALERMO NEL 1860

LE BARRICATE — MILAZZO

RICORDI

Estratto dalla « **Flegrea** »

NAPOLI
LIBRERIA DETKEN & ROCHOLI.
Piazza Plebiscito
1900

Tipografia F. Sangiovanni — Via Ventaglieri, 87.

AL MIO CARISSIMO AMICO

GIOVANNI RISO

BARONE DI COLOBRIA

DEDICO QUESTE PAGINE,

CHE RICORDANO I BEI TEMPI

DELLA NOSTRA GIOVINEZZA.

PARTE PRIMA

PROLOGO

Quello che vidi io scrivo.

Un'alba novella sorgeva sull'orizzonte d'Italia.

Nel ricevimento del corpo diplomatico del 1º Gennaio 1859, Napoleone III disse all'Ambasciatore austriaco Barone Hübner: *Je regrette que nos relations avec votre gouvernement ne soient plus aussi bonnes que par le passé; mais je vous prie de dire à l'Empereur que mes sentiments personnels pour lui ne sont pas changés.* Il discorso di Vittorio Emanuele, pronunziato il 10 Gennaio dello stesso anno nel Palazzo Madama, in occasione dell'inaugurazione della seconda sessione della VI legislatura, venne in rincalzo di quanto aveva detto Napoleone III. I sentimenti espressi dal Re destarono nelle popolazioni italiane vivissimo entusiasmo. Il passo più saliente del suo discorso fu quello in cui dichiarò agli Italiani: *che Egli non era insensibile al grido di dolore, che da tante parti d'Italia levavasi verso di lui.* Le memorande parole dell'Imperatore e del Re annunziavano al mondo intero che la guerra era prossima a scoppiare.

Sin dall'impegnarsi della lotta sulla Sesia e sul Ticino, lo spirito pubblico, da lungo tempo depresso, si era rialzato in Palermo; e sin d'allora si era iniziata la cospirazione nell'intento di affrancare la Sicilia dal dominio borbonico, e così metterla in condizione di potere efficacemente contribuire alla costituzione dell'Unità Italiana. Questi intimi sentimenti si esternavano fra pochi con massima riserva, ma con grande espansione di animo. L'argomento, che, in quel momento storico, esaltava la mente di tutti, era la guerra dell'indipendenza. Nei primi tempi se ne parlava sommessamente, per tema della Polizia; ma, a misura che il coraggio rinasceva, se ne cominciò a parlare con maggiore libertà, o si finì per parlarsene apertamente e senza misteri, nei Circoli, nelle private adunanze, e fin nei pubblici ritrovi. Il ghiaccio oramai era spezzato, il Governo non incuteva più l'antico timore, i cittadini non avevano più alcun ritegno di esternare i loro voti per il trionfo delle armi alleate. Si era assetati di notizie concernenti il prossimo scoppio della guerra, e si attendeva con ansia l'inizio delle ostilità. I Consolati e i giornali esteri, che pochi cittadini ricevevano per mezzo di qualche Console amico, erano le sole fonti dalle quali si potevano attingere le notizie; i giornali del Regno stavano chiusi in profondo silenzio. Tale era lo spirito pubblico in Palermo, quando il cannone fece sentire la sua prima voce sulle alture di Montebello.

Il 20 Maggio del 1859 la divisione Forey, del I° corpo francese accampato a Voghera, coadiuvata dai due Reggimenti piemontesi di cavalleria Novara e Monferrato e due squadroni di Aosta, apriva la campagna col combattimento e la presa di Montebello. Questo sito importantissimo, sin dai tempi più antichi, per la sua posizione strategica e per le battaglie che vi si erano date, fu detto *Monsbelli*. La brigata di cavalleria piemontese comandata dal colonnello De Sonnaz caricò varie volte la brigata di fanteria austriaca di Braun, e si coprì di gloria; le sue brillanti cariche destarono l'ammirazione delle truppe francesi, che avevano preso parte a quella fazione.

Il giorno 23, Garibaldi con i suoi Cacciatori delle Alpi sorprendeva Sesto Calende e Angera, e passava il Ticino. Posto piede sul suolo lombardo, con veemente proclama chiamava la popolazione alle armi, e la sera stessa entrava a Varese. Attaccato il

25 dalla Brigata Rupprecket, comandata dal Generale Urban, la respinse da Varese e la sbaragliò a S. Fermo presso Como. Nel primo combattimento cadde Francesco Cairoli, il minore di questi fratelli, nel secondo fu spento il capitano Carlo de Cristoforis, *giovane, bello, modesto, adorno di tutte le doti che fanno gli eroi e i grandi capitani.* Così lo ritrasse il suo duce Garibaldi. Il libro, *Che cosa sia la guerra,* di questo intelligente e dotto ufficiale, dovrebbe essere conosciuto e imparato a memoria da tutti coloro, che aspirano a condurre eserciti in guerra.

Il giorno 21, intanto, Cialdini aveva passato a guado la Sesia e si era impadronito di Borgo Vercelli. Nelle ore pomeridiane del 30 attaccò vivamente Palestro e se ne rese padrone. Il 31 gli Austriaci, comandati da Zobel, vennero alla riscossa, ma furono battuti anche questa volta con la perdita di 1500 uomini tra morti, feriti e prigionieri. Il 3° Reggimento Zuavi contribuì efficacemente all'esito di questa giornata. Vittorio Emanuele, che trovavasi sul campo di battaglia nel momento in cui vi giungevano i Zuavi, si unì con loro e con loro si avanzò intrepidamente all'assalto. Il colonnello Chabron tentò di trattenere il valoroso Sovrano, consigliandogli di allontanarsi da quel posto; ma Vittorio, fingendo di non comprendere il senso del consiglio, rispose: *Colonnello non temete, poichè c'è gloria per tutti.* Quel nobile esempio produsse nelle truppe l'effetto della scintilla elettrica; fu allora che Bersaglieri e Zuavi inebriati dallo spirito guerriero, che anima i forti nei momenti supremi del pericolo, proruppero in un *hurrà* sonoro, e slanciandosi impetuosamente all'attacco sgominarono le schiere nemiche. Alle due pomeridiane gli Austriaci abbandonarono tutte le posizioni. Gli Zuavi avevano preso cinque cannoni alla baionetta e li offrirono in dono a Vittorio Emanuele, dopo di averlo, in segno di ammirazione, proclamato loro *caporale.* Il Re per delicato riguardo fece rimettere il bel trofeo all'Imperatore (I).

L'annunzio dei primi successi delle armi alleate aveva esaltato

(1) Bertolini. Storia del Risorg. italiano pag. 543. Milano Fratelli Treves 1889.

lo spirito pubblico in Palermo ; ma quando l'eco delle vittorie di
Magenta e di Solferino si fu ripercossa nell'Isola, l'entusiasmo non
ebbe limiti , e i Palermitani , in segno di gioia , illuminarono i
Circoli della loro città. Questa dimostrazione preluse la rivoluzione siciliana, che, scoppiata e repressa il 4 Aprile del 1860 ,
trionfò finalmente per opera di *Garibaldi* e dei *Mille*.

Allorchè in Palermo giunse la nuova della vittoria di Magenta,
si tentò indurre gli abitanti di via Toledo ad illuminare i loro
rispettivi balconi appena scoccata la campana dell'ave. Ma tutti
gli sforzi riuscirono vani ; l'incubo della polizia pesava ancora
sull'animo della gente; nessuno osava svincolarsene; l'illuminazione
abortì completamente. E sarebbe abortita anche per la vittoria
di Solferino, ove i Circoli non l'avessero fatta ognuno per conto
proprio. Tutti volevano l'illuminazione, nessuno però voleva essere il primo a darne l'esempio. Così ripetevasi la vecchia fa-
vola dei topi, che pur volendo mettere il sonaglio al collo del
gatto, nessuno di loro ardiva affrontarne le unghie. Il gatto dei
Palermitani era in quel momento il Direttore di Polizia Salvatore Maniscalco. Io ero convintissimo che l'illuminazione non sarebbe riuscita ; nemmeno questa volta ciò nonostante nelle prime
ore della sera del 26 Giugno mi avviai a Toledo, che trovai ani-
matissimo. Molta gente circolava in quella via, molte nuvole covrivano il cielo, ma nessun lume si vedeva luccicare nei balconi.
Financo l'illuminazione notturna mancava, poichè nel calendario
stava scritto : che quella era serata di plenilunio. Per consuetudine di quei tempi, l'astro notturno, quando brillava nel suo
pieno splendore, surrogava i fanali ad olio destinati all'illuminazione della città. Però non si teneva alcun conto delle serate in
cui, il cielo essendo ottenebrato, la città restava completamente al
buio. Così era Palermo la sera degli avvenimenti, che mi accingo
a narrare. Ma ad onta di questo fatto reale e palpabile, l'esaltazione mentale di parecchi giovani era tale da far vedere la luce
ove non esistevano che fitte tenebre.

Procedevo verso Porta Felice lentamente, guardando su nei balconi nella speranza di vedervi apparire qualche lume ; ma le mie

speranze rimasero deluse, e in quel momento, lo confesso, dubitai
dell'energia dei miei concittadini. Nella mia mente si aggrovigliavano tante idee non gaie, quando ne fui distolto da una voce,
che amichevolmente mi chiamò col mio nomignolo dialettale. Mi
arresto subito, e, alzàti gli occhi, vedo piantato dinanzi a me
Pietro Ilardi (1), convulso, col cappello inclinato sulla nuca, con
un paio di occhi lucenti e stralunati, il quale, agitando le sue
mani in segno di gioia, mi dice: *amico mio l'illuminazione è
fatta.* Io lo credetti ammattito; ed in vero un matto soltanto
avrebbe potuto asserire che Palermo fosse illuminata giusto nel
momento in cui non c'era un lume che lucesse. Ma chi conosceva quel tipo simpatico, originale ed esaltato non poteva stu-
pirsene. Io gli risi in faccia; ma egli non si diede per vinto, e,
afferrandomi per il braccio, mi trascinò giù per Toledo senza profferire più una sillaba; si limitava soltanto a gesticolare continuatamente, e crollare il capo. Io ridevo a crepa pelle; egli mi
lanciava sguardi irati, e più io ridevo, più egli accelerava il passo,
tenendosi sempre attaccato al mio braccio. Finalmente si giunse
in quel punto di Toledo in cui sbocca la via dei Centorinai; ivi
i miei occhi furono abbagliati da un fascio di luce che veniva
dal Casino dei Buoni Amici, Circolo a pianterreno quasi dirimpetto a quello dei Negozianti, anch'esso a pianterreno, detto *dalle
sette porte.* Quella luce, invece d'illuminare, offuscò la mia mente; Ilardi se ne accorse, e profittando del momento propizio
prese la sua rivincita gridandomi nell'orecchio: *sei tu il pazzo.*
Aveva ragione, in quel momento eravamo tali tutti e due. Parecchi Socî del Casino dei Buoni Amici stavano a confabulare ani-
matamente fuori del Circolo, altri nell'interno. Sulle due pareti
esterne, che fiancheggiano la porta di entrata, vi erano appesi
due specchi, e di contro a questi si riflettevano alquante candele

(1) Pietro Ilardi fu garibaldino, poi ufficiale nei bersaglieri e per parecchi
anni Aiutante di campo del generale Pallavicini, da cui era molto amato. Di-
messosi dal servizio militare, ottenne il comando dei Militi a cavallo di Palermo col grado di Maggiore. Morì il 22 Maggio 1882 combattendo contro i
briganti, che avevano catturato Emanuele Notarbartolo di San Giovanni.

steariche ficcate nei bocciuoli di due viticci inchiodati nelle cornici. Anche io credetti allora di vedere tutta Toledo illuminata, e di botto svincolatomi da Ilardi, rifò i miei passi, e mi reco in fretta e furia al Circolo pianterreno di Piazza Bologna, oggi detto dell'Unione, ma che allora chiamavasi dei Nobili. Per dileggio gli si dava pure il titolo di Circolo dei Minnunisti (1) o della Pagghialora (2). Giuntovi, in un baleno, vi trovai parecchi Socî, i quali ignoravano completamente l'iniziativa presa dai Buoni Amici, illuminando il loro Circolo. Comunicai il fatto a Francesco Vassallo Paleologo, e di comune accordo si decise di farne partecipe il vecchio Marchese Ugo delle Favare, Presidente dei Minnunisti e borbonico convinto, per indurlo a seguire l'esempio del Circolo nostro confratello. Detto fatto ; ma non avevamo finito di formulare la nostra proposta, che il Marchese, senza neppure degnarsi di rispondere, dopo di averci squadrati dalla testa ai piedi, ci voltò le spalle, e si affrettò a rientrare nel suo palazzo a pochi passi di distanza dal Circolo stesso.

Fallite le nostre pratiche col Marchese, ci rivolgemmo al Maestro di Casa Giovanni, dicendogli di mettere nelle pareti esterne del Circolo gli specchi con gli analoghi viticci, che noi possedevamo simili a quelli degli altri Circoli a pianterreno. Ma Giovanni, facendo inchini e riverenze, rispose : che non avrebbe potuto eseguire i nostri ordini se prima non fossero confermati dal Presidente. Allora non rimaneva altro mezzo che adempiere noi stessi ciò che il Maestro di Casa erasi ricusato di fare. Non potendo disporre degli specchi, poichè erano rinchiusi in magazzino, prendemmo i sei lumi a rotella (carcels), che erano sostenuti da un lampadario sospeso al soffitto della sala, e disposte altrettante sedie nella parte esterna del Circolo, che dà a Toledo, ve li ponemmo sopra. Compiutosi quest'atto, Ciccio Vassallo corse alla

_____

(1) Minnunisti, uomini attempati, pacifici, amanti del quieto vivere.

(2) Pagghialora, (pagliera) stanza in cui si conserva la paglia ; ma in quei tempi questo vocabolo si usava nel senso di topaja, per dinotare che i socî di quel circolo erano in gran parte topi (surci). Così, sin dalla rivoluzione del 1848, chiamaronsi i borbonici, i quali si nascondevano a guisa di topi.

sua casa, sita nella parte inferiore di Toledo vicino a Porta Felice, i fratelli S. Elia al Casino di Dame e Cavalieri, oggi Circolo Bellini, e tanto l'una quanto l'altro risplendettero di viva
luce. Vassallo, dopo di aver fatto illuminare i balconi della sua
casa, ritornò al Circolo. Contemporaneamente a lui si vide apparire la veneranda figura del Barone di Rosabia, nonno paterno del-
l'attuale Principe di Linguaglossa, il quale con viso sorridente disse:
la luce dei lumi mi attrae come attrae le farfalle; — dopo che
ebbe proferito queste testuali parole, si assise su di una sedia posta
sul marciapiede, e ordinò un gelato. Rosabia, che era anche Principe di Linguaglossa, non lo si vedeva mai; ma quella sera uscì
espressamente di casa appena ebbe avuto sentore dell'illuminazione del Circolo. La sua lunga barba bianca e fluente, i suoi occhi pieni di bontà e di vivacità giovanile, i suoi modi cortesi e
maschi nello stesso tempo, lo rendevano simpatico a tutti coloro
che lo conoscevano. La sua presenza al Circolo, in quella serata,
diede alla dimostrazione la nota più alta di serietà e di patriottismo.

Nella Piazza Bologna c'era in quei tempi un posto di guardia,
che distaccava una sentinella a piè della statua di Carlo V; questa
si erge nella detta piazza in prossimità del Circolo dei Minnunisti. Il soldato, non comprendendo affatto il significato della illuminazione, sorrideva continuatamente, e si mostrava lieto di vedere l'esposizione dei nostri lumi. Poveretto! non poteva imaginare che quei lumi erano precursori di giorni tristissimi per lui
e per i suoi compagni d'armi. Anche il basso popolo di Palermo
non sapeva rendersi ragione della causa di quella inaspettata illuminazione. Ne chiedeva il perchè sommessamente, e quando gli
si rispondeva che si festeggiava la vittoria di Solferino, credeva
che lo si volesse prendere in giro, e sorridendo ripeteva: *chi è
stu surfareddu?* (1) Il popolino non capiva, è vero, il significato
del vocabolo *Solferino*, che traduceva con voce dialettale *surfareddu*; ma aveva abbastanza criterio per comprendere che trat-

_____

(1) Che cosa è questo zolfanello?

tavasi di una dimostrazione contro il Governo. Ciò bastava per rallegrare quei popolani, i quali lo detestavano a pari delle altre classi sociali.

Intanto la nuova degli avvenimenti era giunta all'orecchio di Maniscalco. Questi, convinto che i Palermitani fossero così depressi da non osare muovere le labbra, fu talmente colpito da quella inaspettata dimostrazione, da perderne la testa e con essa tutto il prestigio acquistato nei dieci anni del suo direttoriato. Ordinò subito che pattuglie composte di Svizzeri, birri e gendarmi percorressero le vie della città tranquillissima sin'allora, ma che divenne molto agitata in seguito alle misure prese dalla Polizia. Non contento di avere dato ordini inopportuni ed esagerati, egli stesso si mise a capo di una pattuglia, si recò al Circolo dei Buoni Amici, ne fece abbattere i lumi e spezzare gli specchi con la punta delle baionette, e ne ordinò istantaneamente la chiusura. Compiuto questo primo atto imprudente e sconsiderato, si avviò verso il nostro Circolo, ove lo avevano preceduto alcuni giovani, premurosamente, per narrarci i fatti consumati dalla Polizia nell'altro Circolo. Si discusse sul da farsi; chi opinava di rimanere sul posto, chi di andar via; prevalse la prima opinione, e si rimase aspettando l'arrivo della sbirraglia. Nè questa tardò molto a venire capitanata da Maniscalco, e, appena arrivata, invase baldanzosa il nostro Circolo. Il Direttore era furibondo, schizzava faville dagli occhi, agitava continuamente uno scudiscio, che aveva in mano, e guardava tutti i Socî, uno per uno, con fiero cipiglio. Dopo breve esame, chiese, con voce alterata, chi era il Presidente del Circolo; il Rosabia, che impassibile continuava a gustare il suo gelato, senza scomporsi, e rimanendo seduto, rispose: *il Marchese Ugo delle Favare Gentiluomo di Camera di S. M. il Re.* Tale risposta inasprì maggiormente Maniscalco, che ne aveva compreso il sarcasmo; ma finse di non capirlo. Rivoltosi allora al Maestro di Casa, gli domandò chi aveva ordinato l'illuminazione; Giovanni, tremante dalla paura, e trovandosi esposto tra Scilla e Cariddi, non osò rispondere, si limitò soltanto a volgere lo sguardo verso coloro che l'avevano compiuta.

Oramai era tempo di svignarsela; e così femmo io, Vassallo, Giovanni Palizzolo, e tutti gli altri che erano presenti; il Circolo fu anch'esso chiuso come l'altro, per ordine del Direttore. Sicuri che durante la notte si sarebbe proceduto agli arresti di coloro, che maggiormente si erano compromessi, ognuno di questi, per conto proprio, cercò asilo in case sicure non sospettate di liberalismo. Io ebbi amichevole ospitalità dal vecchio Marchese Francesco di Rudinì, di cui conservo gratissima memoria.

Quella notte passò tranquillamente senza che la Polizia si fosse fatta viva. Il dimani, rassicurato dal giovane Principe di Giardinelli che i dimostranti non erano stati molestati, lasciai la casa ospitale e rientrai nei domestici focolari. Alle cinque pomeridiane mi recai in casa del Duca della Verdura, ove, naturalmente, si parlò a lungo degli avvenimenti della sera precedente. Si biasimò il contegno del Direttore nel momento della dimostrazione, e si notò sopratutto la sua mancanza di dignità, essendosi abbassato a capitanare personalmente una pattuglia di vile sbirraglia. Si fecero altri discorsi sulle condizioni di allora, e si era cominciato a confabulare di cose concernenti l'avvenire politico del nostro paese, quando sopraggiunse Enrico dei Principi di Villafranca. Questi era stato a casa mia, ed essendogli stato detto che io ero andato dal Duca della Verdura, venne subito a trovarmivi per comunicarmi un fatto che mi concerneva. Cominciò per farci sapere che la Polizia aveva fatto una retata di arresti nel momento in cui i giovani palermitani si avviavano alla passeggiata in via Favorita, oggi della Libertà. Disse in seguito che il Maestro di Casa del Circolo dei Nobili si era recato presso il Commissariato di Polizia, sito a S. Gaetano in Via Macqueda, e aveva denunziato i promotori dell'illuminazione, fra i quali era compreso anch'io. Ecco come era andato il fatto. Il Barone Milone abitava il piano superiore a quello occupato dalla Polizia. Egli trovavasi, per caso, ad uno dei balconi della sua abitazione, quando vide Giovanni entrare nel portone del Commissariato; e indovinando, giustamente, la causa della sua venuta, andò a mettersi in ascolto in una finestra interna, che soprastava quella della stanza addetta al Commissario di Polizia. Da quell'*ascoltatorio* appena ebbe udito pronunziare il mio nome, corse subito da Enrico, pregandolo d'informarmi di quanto era accaduto. In seguito alla narrazione fattaci dal Villafranca, io pensai subito a mettermi in salvo per evitare che la sbirraglia mi agguantasse. La casa Verdura non era asilo sicuro per me, poichè il Duca, vecchio liberale del 1848 e cospiratore nel 1859–60, era sorvegliato dalla Polizia. Bisognava dunque uscirne; ma faceva ancora giorno, e difficilmente avrei potuto sfuggire agli artigli dei poliziotti. Attesi dunque sino all'imbrunire, e quando giudicai favorevole il momento, presi commiato dai padroni di casa, e, per vicoli poco praticati, mi recai direttamente in casa Niscemi. Nella scalea del Palazzo, m'imbattetti in Pietro Ugo delle Favare figlio primogenito del Presidente del Circolo dei Nobili, e genero del vecchio Principe di Niscemi. Pietro Ugo dopo il 1860 fu Sindaco di Palermo, ospitò in casa sua Garibaldi quando questi si recò in Sicilia malfermo in salute, ed è morto pochi anni fa Senatore del Regno. Il Principe di Niscemi non era a Palermo; suo figlio Corrado, oggi Senatore del Regno, trovavasi a Parigi; la vecchia Principessa era la sola abitatrice del Palazzo in quel momento. Esposi a Pietro la ragione che mi spingeva a chiedere asilo in casa Niscemi, ed egli, con affetto fraterno, mi accompagnò nell'appartamento di Corrado assente, ed uscì subito in traccia della suocera, che era fuori di casa. Scorsa appena un'ora rientrò la Principessa, la quale mi accolse con quell'affetto materno di cui mi diede prove continue durante tutto il tempo che io rimasi nascosto in casa sua.

La carcerazione di tutti quei giovani, appartenenti alle classi più elevate di Palermo, produsse l'effetto contrario a quello che il Direttore si era ripromesso, e invece di accasciare gli animi li esaltò.

Il basso popolo palermitano, intanto, che ha avuto sempre un gran rispetto e una illimitata devozione per i Signori, quando vide questi tradotti in Vicaria (grandi prigioni) ne fu indignato e si propose di esternare il suo sdegno in un modo abbastanza caratteristico e vivace. Quasi mortificato di non aver preso parte alla dimostrazione fatta dai Signori, volle, a sua volta, fare anch'esso la sua. Difatti la sera del 27 Giugno 1859, molti popolani si riunirono a Toledo in attesa del Direttore di Polizia, che seralmente traversava quella via, nel suo equipaggio, per recarsi al Foro borbonico, oggi Foro italico. Quando la carrozza pervenne nel centro di Toledo fu accolta a torsi di cavoli, scorze di limoni, e cicche; e mentre tutte queste immondizie le erano scagliate contro, l'aria echeggiava di numerosi fischi. La stella di Maniscalco cominciava ad impallidire, e di lì a poco doveva finire per ecclissarsi completamente. In seguito a questa seconda dimostrazione si fecero altri arresti; ma sforzi inutili, la bufera rivoluzionaria ingrossava a dismisura, nè cosa al mondo avrebbe potuto mai più arrestarla.

La forza dell'ambiente, in cui allora vivevasi, era così potente da soggiogare financo i pochi borbonici, i quali, vergognandosi di mostrarsi tali, arieggiavano a liberali. Perchè ciò si possa meglio comprendere, giova che si sappia un fatto avvenuto un mese prima degli avvenimenti da me già narrati.

La Marchesa di Spedalotto, una delle più belle e simpatiche signore dell'Aristocrazia palermitana — che vive ancora e nella cui fisonomia stanno scolpiti i tratti della sua bellezza giovanile e della sua bontà—in una sera del Maggio 1859 diede una splendida cena. In essa convennero parecchie Signore e Signori della società aristocratica, fra i quali vi erano il Marchese di Spaccaforno, che fu poi Principe di Cassaro, e il Maggiore Ferdinando Beneventano del Bosco, poco tempo prima promosso a quel grado, e che, spinto dagli avvenimenti, raggiunse quello di Generale nel corso di un anno. La cena fu animatissima; la guerra dell'indipendenza fu il tema favorito della conversazione. Vecchi e giovani, Signore e Signorine erano esaltatissime; ma l'esaltazione toccò l'apice quando lo Sciampagna ebbe avvolto nei suoi vapori i cervelli dei convitati. Un *viva Verdi* echeggiò nella

sala; le cinque lettere componenti il nome del sommo maestro
italiano corrispondevano alle iniziali di *Vittorio Emanuele, Re,
d'Italia*. Era quello il grido convenzionale di quei tempi, ed esso
fu ripetuto varie volte entusiasticamente da tutte le Signore e
Signori, levando in alto le coppe spumanti. Gli *urrà* rincalza-
vano i *viva Verdi* senza interruzione; il brio e l'allegrezza con-
finavano col delirio, sembrava che si fosse in un manicomio, anzichè in una sala di belle ed eleganti Signore. In mezzo alla vertigine generale, che faceva girare tutte le teste, si sente ad un
tratto tuonare una voce: era quella del Maggiore Bosco, il quale,
dimentico della divisa che indossava e della posizione che occupava nell'esercito borbonico, si rizza in piedi e profferisce queste
testuali parole, impresse ancora nella mia mente: *Bevo alle armi
alleate, e sarei ben lieto, se alla testa del mio battaglione potessi combattere anch'io per l'Indipendenza italiana*. Il Marchese di Spaccaforno applaudì il brindisi di Bosco, tutti i giovani,
al colmo dell'entusiasmo, gli strinsero la mano e lo acclamarono.
Questo fatto è la prova la più manifesta di quanto grande fosse
la potenza dell'ambiente in quel momento storico. Il Bosco stesso
e Spaccaforno non seppero sfuggirne, e in quella serata ci sottostettero al pari di altri borbonici. Beati tempi di allora, in cui
tutte le aspirazioni si compendiavano in queste poche parole:
indipendenza e unità d'Italia.

La concordia e l'unione di tutti i cittadini aveva isolato completamente il Governo, il quale sapeva pur troppo l'odio che gli
si era accumulato addosso. Le stesse spie, avvilite da quella imponente unanimità di sentimenti, disimpegnavano con fiacchezza
il loro mestiere; per questa loro inerzia parecchi cittadini compromessi passeggiavano liberi per le vie. Del resto se il Governo
avesse voluto imprigionare tutti coloro che esternavano sentimenti liberali, avrebbe dovuto trasformare Palermo in una vasta
prigione.

Lo spirito pubblico era stupendo, la paura era svanita, ed esul-
tava l'anima nel vedere persone, che si erano poche volte in-
contrate nella vita, mettere in comunicazione le loro idee, i loro

pensieri, le loro aspirazioni, come se si fossero intimamente conosciute da molto tempo. Si parlava di politica, e si discuteva come se la Polizia più non esistesse; la diffidenza, alimentata e diffusa artatamente dal Governo nell'animo dei cittadini, era scomparsa; all'infuori dei Poliziotti e degli affiliati alla Polizia, che presso a poco si conoscevano o si sospettava di esser tali, non si temeva più la denunzia. La fiducia reciproca era oramai rinata, e questa, di giorno in giorno, veniva rinvigorita sempre più, da fatti positivi e convincenti.

Potrei citare varî esempi in conferma di quanto ho detto ma basta citarne un solo perchè il lettore se ne convinca. Io rimasi un mese intero nascosto in casa Niscemi; la Polizia non lo seppe mai. Ad onta di tutte le raccomandazioni, che ripetutamente facevami la Principessa, di non lasciarmi vedere da anima viva, io, invece, appena Ella usciva di casa per recarsi alla passeggiata, mi affrettavo a prendere aria in una terrazza interna circondata da numerosi caseggiati. Per passare il tempo, imbrandivo una scopa e mi divertivo a fare la guerra alle tarantole, chiamate in dialetto siciliano *scrippiuni*. Tutte le persone che prendevano il fresco nei balconi circostanti ridevano delle solenni scopature che io davo, senza pietà, a quegli orridi animaletti, e giorno per giorno attendevano con gioia l'ora consueta in cui io offrivo loro questo spettacolo gratis. Appena mi presentavo nella terrazza, armato della mia solita scopa, quei buoni borghesi sorridevano fra di loro, e, da un balcone all'altro, ripetevano: *ecco il prigioniero*. In casa Niscemi vi erano molte persone di servizio; ma nè queste nè coloro che mi vedevano tutti i santi giorni tradirono mai il segreto, né comunicarono a chicchessia ciò che osservavano e sapevano.

In questo frattempo Maniscalco, sia per antipatia personale, sia per dispetto, sia per altre ragioni ignote, metteva in opera tutti i mezzi per avere in suo potere Vassallo, i fratelli Domenico e Francesco Trigona di S. Elia, e me, che avevamo avuto la fortuna di scampare dagli artigli della sbirraglia. Ma egli rimase deluso nelle sue speranze, poichè Vassallo aveva preso il

largo e si era andato a rifugiare nel piccolo Comune della Cerda in
casa del Marchese di questo nome, suo zio; i fratelli Francesco e Domenico Trigona allora Duca di Gela, e oggi Principe di S. Elia e
Senatore del Regno, erano stati accolti dal Console di Spagna Giorgio
Ostmann, che dopo il 1860 passò a Copenhagen nella stessa qualità,
e vi morì; io me ne stavo in santa pace in casa Niscemi spas-
sandomela con i miei brutti *scrippiuni*. Tutti in Palermo conoscevano i nostri rispettivi ricoveri, la Polizia ne era completamente al buio. Avvenne, una sera, che in casa della Principessa
di Montevago s'incontrassero, per caso, la Principessa di Niscemi
e il Direttore Maniscalco. Questi annunziò : *di essere sicuro di
mettere le mani addosso a quel Brancaccio, che era stato la
rovina dei giovani dell'aristocrazia.* La Principessa di Niscemi,
a quell'annunzio , allibì , e dopo qualche tempo rientrò a casa
spaventata, e convinta che la Polizia era a giorno di tutto. Io
ne risi, e tentai di convincere la mia affettuosa amica che, ove
Maniscalco avesse saputo il luogo di mio rifugio , non avrebbe
tenuto quel linguaggio in presenza della persona che mi ospi-
tava. Ammesso poi che lo avesse realmente conosciuto , in tal
caso il significato delle sue parole sarebbe stato questo: *profit-
tate del mio avviso e fate mettere in salvo il vostro ospite.*
Ma siccome ciò non poteva essere, poichè il Direttore non si era
mostrato molto tenero per me, dunque era inutile allarmarsi di
quanto Egli aveva detto. Il mio ragionamento non valse a nulla ;
la Principessa era troppo impressionata di quelle parole minac-
ciose, e rimase ferma nella sua idea. Allora si decise che io an-
dassi nel piccolo comune del Giardinello in un feudo del Principe di Niscemi a pochi chilometri da Palermo. Le cure affettuose
e materne della Principessa, per evitare che io cadessi nelle mani
della Polizia, non potrò mai dimenticarle, e oggi sono ben lieto
di potere rendere il dovuto omaggio alla memoria di lei. Meno
il rincrescimento di lasciare quella casa ospitale, in cui ero stato
accolto con tanta benevolenza, mi allietava il pensiero di andare
in campagna a respirare aria libera. Difatti il dimani del fatto
dianzi narrato , mi travestii da guattero, adottando il consueto

berretto bianco dei cuochi con l'analogo grembiule del mestiere, e, preso posto su di una carretta tirata da un mulo, mi avviai al Giardinello.

La carretta, su cui mi ero accomodato alla meglio, uscì per porta S. Giorgio e prese il viale che conduce ai Quattro Cantoni di Campagna. Giunto in questo quatrivio, il caso volle che il mio sontuoso equipaggio s'incrociasse con quello di Maniscalco. Seppi in seguito che, il giorno stesso in cui accadde questo incontro, il Direttore aveva sguinzagliato contro di me i Compagni d'Armi (1), inviandoli a Carini nella certezza di trovarmivi e catturarmi. Decisione della sorte, mentre la cavalleria della sbirraglia correva in cerca di me, io passavo sotto il muso del Direttore, il quale non poteva supporre che sotto le spoglie di un guattero si celasse l'uomo su cui anelava stendere i suoi artigli. Dopo un viaggio poco comodo e niente dilettevole, giunsi finalmente al mio nuovo ostello quando il sole volgeva all'occaso. Angelo, amministratore del feudo del Giardinello, mi accolse con molta cordialità, mettendo interamente a mia disposizione la vecchia abitazione dei Principi di Niscemi. I giorni passati in quella campagna li ricordo con piacere, come con piacere ricorderò sempre tutto quanto si riferisca a quell'epoca di alti ideali e di vero patriottismo. Le più minute particolarità di quei tempi sono rimaste scolpite nella mia mente, e le note, che scarabocchiai allora a fine di serbare memoria degli avvenimenti, oggi non mi giovano ad altro che a fare sparire alcune incertezze concernenti i fatti da me impresi a narrare.

Il Maniero dei Principi di Niscemi al Giardinello era stato da loro abbandonato da parecchi anni. Rimasto per tanto tempo

(1) *I Compagni d'Armi* erano birri a cavallo reclutati fra i camorristi e i ladri: era loro affidata la sicurezza pubblica delle strade di campagna e dei Comuni. Scomparsi dopo la rivoluzione del 1860, risorsero sotto il governo italiano, e presero il nome di *Militi a cavallo*. La loro nuova reclutazione fu un poco migliorata, ma in fondo era rimasta identica all'antica. Oggi più non esistono. Pietro Ilardi ne ebbe il comando per pochi anni, e lo lasciò quando fu ucciso combattendo contro i briganti.

deserto, tutte le bestie le più moleste e le più disgustose, cioè i pipistrelli, i topi e gli scarafaggi ne erano divenuti i proprietari, e nello stesso tempo gli abitatori. Questa falange di bestie immonde pare si fosse data la parola d'ordine d'intorbidare il riposo dello straniero, che aveva osato usurpare i loro diritti di proprietà; difatti le loro molestie erano tali e tante da scuotere financo la pazienza di Giobbe. Io, che non ho mai posseduto le virtù del santo Patriarca, era ridotto in uno stato di disperazione inenarrabile. Ecco ciò che accadeva. La sera, quando si accendevano i lumi, io cominciavo a leggere; ma non avevo appena iniziato la mia lettura, che uno stormo di pipistrelli invadeva la mia stanza, mi svolazzava attorno con una celerità vertiginosa, e dopo di aver fatto il giro della stanza, ripetute volte, usciva in gran furia per la finestra da dove era entrato. Tale divertimento si prolungava ad intervalli durante la serata, e cessava soltanto quando io mi decidevo a chiudere la finestra. Allora un nuovo passatempo cominciava per me, ancora più molesto dell'altro, e ne erano attori principali i topi. Io andavo a letto, ordinariamente, verso le dieci pomeridiane, dopo di avere spento il lume ed acceso il lumino da notte. Appena messa la testa sul guanciale mi addormivo saporitamente; ma questa beatitudine durava ben poco, poichè tutte le notti era svegliato per soprassalto nel più bello del sonno. I topi, di accordo con i pipistrelli, come ho già detto, avevano giurato decisivamente di rendere amara la mia esistenza notturna; questi adempivano la loro missione nelle prime ore della sera, gli altri durante la notte. Saputomi addormentato, i topi si arrampicavano su di un canterano (cassettone) su cui poggiava il lumino da notte, che, con molta intelligenza, rovesciavano. Indi ne bevevano l'olio e ne rosicchiavano il lucignolo, e quando finalmente avevano compito la loro cena, si davano alla pazza gioja facendo un rumore diabolico. Nè ciò bastava, ma spesso osavano salire sul mio letto, vi passeggiavano spensieratamente come se io non vi fossi dentro, e quel ch'è peggio, nella loro passeggiata si univano con gli scarafaggi. Uno di questi schifosissimi insetti, una notte, me lo trovai impigliato nella mia barba, cosa che mi fece grandissimo ribrezzo, e me lo fa anche adesso al solo pensarvi. Quando il baccano dei topi diveniva insopportabile e metteva il colmo alla mia esasperazione, allora davo di piglio a tutto quello che mi veniva sotto la mano, e scaraventavo scarpe, stivali, e altri oggetti su quelle moleste bestie, che, al bujo, non riescivo mai a cogliere. Tali furono le prime notti da me passate nel maniero Niscemi; esse certamente non furono amene, ma ad onta di tutto questo, oggi le ricordo con piacere, tanto è grande il disgusto, che mi destano i tempi attuali.

Avendo parlato delle bestie, che furono mie assidue e moleste compagne durante la mia dimora al Giardinello, parlerò adesso delle persone con le quali ebbi maggior contatto. Un miscuglio di bontà, di cretinismo, di devozione e d'ignoranza caratterizzava quella gente. Un certo Zio Peppe, sessantenne, e sua moglie Brigida, che aveva appena varcato i suoi trent'anni di età, erano stati destinati dall'amministratore del Principe di Niscemi al mio servizio; per quanto stupido fosse il marito, altrettanto scaltra e astuta era la moglie. La rustica coppia aveva, come ausiliari al mio servizio, due ragazzi suoi figli, una nipote di nome Angelina diciassettenne e due nipoti anch'essi ragazzi; questi ultimi tre erano figli di un fu fratello della Brigida. Chi sa, a quest'ora cosa saranno divenute tutte queste persone delle quali mi sto occupando. Lo zio Peppe era cretino nel più puro significato della parola; si giudichi il suo cretinismo da questo fatto; tutte le volte che io era seduto, egli m'invitava a sedere, e viceversa quando stavo in piede o passeggiavo nella stanza, non mi diceva nulla, soltanto mi guardava sogghignando con quel sogghigno caratteristico dell'ebete. Oltre a questo fatto se ne ripeteva quotidianamente un altro, anch'esso singolarissimo. Al finire del mio desinare, uno di quei copiosi desinari, che offrono ordinariamente i fattori di campagna ai loro ospiti, e che io divoravo dal primo piatto all'ultimo, lo zio Peppe con un aspetto compunto e con voce lamentosa voleva sostenermi che io mangiavo pochissimo, e ove avessi continuato in quel sistema, mi sarei molto debili-

tato. I suoi stupidi apprezzamenti mi facevano qualche volta sospettare che volesse prendermi in giro, poichè non arrivavo a
comprendere che potesse esistere sotto la cappa del cielo un
uomo impastato di tanta bestialità. Sua moglie Brigida si atteggiava
a sentimentale, ed era piena di lasciamistare; quel suo sentimentalismo, germogliato fra i funghi e i cavoli, mi dava su i nervi,
e me la rendeva uggiosa; ciò nonostante di tanto in tanto non
ricusavo di conversare con questa donna, la sola con cui si poteva barattare qualche parola.

Angelina, nipote di Brigida, era bruttissima, ma ad onta della sua
bruttezza fenomenale le si attribuiva un amante, il quale, da
qualche tempo, aveva disertato il loco natio, e s'ignorava ove
fosse. Quando mi fu narrato questo fatto, io feci il giudizio te-
merario, che quel povero diavolo se la fosse svignata per nascondere la sua vergogna di essersi lasciato sedurre da un mo-
stro simile. In mezzo a questa torma di cretini emergeva, per
la sua vivacità, uno dei due nipoti della Brigida. Il suo nome
di battesimo era Vito, ma tutti lo chiamavano Garrano, e così
lo chiamavo anch'io. Egli mi divertiva molto e bilanciava il
nojosissimo suo fratello, che pretendeva tutti i giorni leggere
l'abbecedario sotto la mia direzione. Io lo appagavo malvolen-
tieri, poichè non aveva ombra d'intelligenza ed era stupido come
un tacchino; avrei preferito essere il pedagogo di Garrano, simpatico ragazzo, intelligente e sagace, ma questi quando vedeva
un libro se la dava a gambe come se avesse visto il demonio.

Sin dal giorno in cui posi piede al Giardinello, Angelo sparse
la voce di essere arrivato da Palermo don Giovanni il pittore,
incaricato dal Principe di Niscemi a restaurare le pareti interne
del Maniero. Io per avvalorare la mia qualità di artista, credetti, ingenuamente, di acquistarne la parvenza, indossando una
zimarra di lustrino, covrendo il mio capo con un cappello a
cencio, e mettendo sul mio naso un pajo di occhiali verdi. In
questo ridicolo abbigliamento, quando il sole tramontava, uscivo
di casa e facevo la mia passeggiata campestre. Al mio uscire, i
monelli del villaggio mi seguivano saltellando e facendo capi-

tomboli attorno a me. La loro gioja derivava dall'avere io giornalmente organizzato una gara di corse con premio di un tarì (cinquanta centesimi circa) a chi di loro arrivasse il primo alla meta prefissa. Le corse riuscivano animatissime; ed era per me molto divertente l'assistere ai gambetti, ai pugni, che si davano a vicenda quei demonietti, a fine d'impedire che l'uno superasse l'altro nella gara. Tutto questo andava benissimo, ma l'ora critica per me era quella della distribuzione dei premî; poichè nel mentre i vincitori applaudivano clamorosamente, i perditori riempivano l'aria di fischi ai quali non sdegnavano, qualche volta, di accoppiare alquanti sassi.

La mia qualità di pittore, intanto, preoccupava la mente dello zio Peppe, il quale non sapeva rendersi conto perchè io non dessi inizio al restauro. Tutti i santi giorni mi diceva: *quando cominciate la pittura?* ed io gli rispondevo: *quando arriveranno da Palermo i pennelli e i colori.* Le sue domande e le mie risposte durarono, sempre le stesse, per tutto il tempo di mia dimora al Giardinello, e finirono soltanto il giorno in cui fui costretto fare ritorno in Palermo, e presentarmi in Vicaria.

Erano scorsi quarantacinque giorni dalla dimostrazione del 26 giugno 1859, dei quali trenta li avevo passati in Casa Niscemi a Palermo, e quindici al Giardinello. Dopo le prime notti burrascose passate nel Maniero, convinto oramai che tutti i mezzi da me adoperati contro i pipistrelli e i topi erano insufficienti, avevo preso la determinazione radicale, appena la sera si accendevano i lumi, di chiudere la finestra della mia stanza, per evitare l'invasione dei primi, e di andare a letto quando il sole si era già alzato sull'orizzonte, per impedire ai secondi d'interrompere il mio sonno. Adottato questo sistema, tutto rientrò nell'ordine, e io ero felice di potere dormire tranquillamente, durante le ore calde della giornata, senza che fossi più disturbato. Ma l'uomo propone e Dio dispone. Un giorno, mentre io ero nel più bel del sonno, mi si sveglia con una scossa comunicata al mio braccio, e nell'aprire gli occhi mi vedo piantato ai piedi del letto mio zio materno, Francesco de Silvestri. La sua pre-

senza era di certo foriera di cose non confacenti al mio modo
di vedere e di sentire egli era borbonico convinto, ed io liberale convintissimo, però quantunque fossimo agli antipodi in politica, ciò nonostante egli mi amava qual figlio, pur giudican-
domi, non a torto, testa sventata, ed io avevo grandissimo affetto
e devozione per lui. La sua memoria mi è carissima, nè potrò
mai dimenticare quanto egli mi fu di giovamento in varie scappate della mia vita giovanile. Egli, senza perdersi in vane parole, m'impose di vestirmi e di ritornare in città con lui. Io
eseguii i suoi ordini senza permettermi la benchè menoma osservazione, e dopo di aver preso commiato da Angelo salii in
carrozza, e via per Palermo. Durante il viaggio, mio zio mi comunicò: che la clemenza sovrana aveva concesso la libertà a
tutti quei giovani, che erano stati carcerati in seguito alla dimostrazione del 26 giugno, ma, in quanto a me, Maniscalco era
inesorabile e non mi avrebbe fatto godere dell'indulto, se prima
non mi fossi presentato in Vicaria. A questo annunzio il sangue
mi salì alla testa, e protestai vivamente contro le pretese del
Direttore di Polizia. Allora mio zio, senza scomporsi, mi disse:
« sta bene; e visto che tu non vuoi presentarti, non ti resta
« altra via da prendere che quella dell'esilio, o pure continuerai
« a menare vita da fuggiasco come hai fatto sin oggi. Ti fo ri-
« flettere però che questa vita non si protrarrà a lungo, poichè
« un bel giorno sarai arrestato, e quando ciò avverrà tu rimar-
« rai rinchiuso in Vicaria, chi sa, per quanto tempo. Invece se
« ti presentassi oggi spontaneamente, ti garentisco che vi reste-
« resti pochissimi giorni. Del resto i tuoi amici Francesco Vas-
« sallo e i fratelli Domenico e Francesco Trigona di S. Elia, che
« si trovavano nell'identica tua posizione, si sono presentati an-
« ch'essi, e dopo pochi giorni passati nella Prefettura di Polizia,
« sono stati messi in libertà; Vassallo è partito per l'estero, i
« fratelli S. Elia sono rimasti in Palermo, tu dovresti seguire
« l'esempio di questi. Ma io non ti costringo a nulla e ti lascio
« libero di fare quel che vuoi; ho fatto per te ciò che avrei
« fatto appena per mio figlio; per te mi sono sobbarcato a pre-

« gare Maniscalco, e tu non comprendi quanto grande sia stato
« questo sacrifizio per me; la tua ingratitudine mi addolora mol-
« tissimo ». Queste ultime sue parole mi commossero, e abbrac-
ciandolo affettuosamente gli dissi: farò tutto quello che ti farà
piacere: nè c'era altro di meglio a fare. Partire non potevo nè
volevo, poichè la cospirazione mi attirava, nè avevo voglia di
abbandonarla. La vita da bandito. correndo per monti e per valli,
non mi sorrideva; e questa era la sola che avrei dovuto adottare, se non avessi dato ascolto ai giusti consigli di mio zio. Dunque altra cosa non mi restava a fare che andarmene tranquillamente in Vicaria; e questo feci senza più esitare.

Si giunse a Palermo ad un'ora di notte (1) e si andò direttamente alle Grandi Prigioni. Mio zio mi presentò al Sig. Sferlazzo Commissario di Polizia destinato alla Vicaria, e dopo di
avermi assicurato che fra breve sarei stato messo in libertà, mi
abbracciò e andò via. I regolamenti carcerarî di allora non per-
mettevano, forse, che si entrasse nell'interno delle Prigioni dopo
l'ave; fu per questa ragione che il Commissario mi assegnò una
stanza del suo appartamento a pianterreno nel recinto stesso del
carcere. Il caldo era soffocante, la stanza era un forno, il sudore gocciolava dalla mia fronte, il mio corpo ne era inondato.
Nell'entrare nel recinto della Vicaria, avevo notato, nella parte
esterna dell'appartamento del Commissario, un piccolo spiazzo
ove dovevasi certamente respirare un po' di fresco; io avevo gran
desiderio di profittarne, però non sapevo se mi fosse permesso di
uscire dalla stanza assegnatami come prigione. Avrei voluto chie-
derlo a uno di quei poliziotti, che circolavano fuori del detto
appartamento, ma, temendone una risposta negativa, me ne astenni,
e decisi invece di tentare la sorte trasferendomi di fatto nel sito
da me tanto desiderato. Io feci, tra me e me, questo ragionamento: andrò fuori se non mi si dirà nulla, passerò la notte al
fresco, in caso diverso mi rassegnerò a rientrare nella stanza.
Presa questa risoluzione senza preoccuparmi d'altro, trascinai una

(1) In quei tempi l'*Ave Maria* segnava le ore 24: in modo che un' *ora di
notte* indicava la prima ora dopo l'Ave.

poltrona fuori della mia prigione provvisoria, mi vi posi a sedere comodamente, e accesi un sigaro. Gli birri non fecero alcuna osservazione, anzi un individuo, ben vestito e di aspetto decente, che era in mezzo a loro, appena si accorse della mia presenza s'inchinò rispettosamente, mettendo giù il suo cappello; i suoi compagni rimasero indifferenti nè si curarono affatto di me; era nè più nè meno tutto quello che io desideravo di meglio.

L'individuo, che mi aveva dimostrato tanto rispetto, cominciava ad attirare la mia attenzione. I suoi modi cortesi spiccavano in quell'ambiente di uomini rozzi e sgarbati; io ne fui sedotto, e siccome mi annoiavo orribilmente e sentivo il bisogno di chiacchierare con qualcheduno, così mi decisi a rivolgergli la parola. Gli chiesi varie informazioni sulle consuetudini delle Prigioni, ed egli, nel modo il più garbato, appagò tutte le mie curiosità rispondendo minutamente ad ogni mia interrogazione. Quell'uomo aveva saputo attirarsi la mia simpatia, ed io felicissimo di aver trovato una persona con cui potere parlare durante la notte, lo invitai a cenare con me. Egli accettò senza farselo ripetere due volte. Incaricai allora un facchino del sito di recarsi alla taverna più prossima e di portarmi qualche cosa da mangiare; così fu fatto. Si cenò, si chiacchierò, si brindò. Però durante la cena mi ero accorto di un certo parlare misterioso fra i birri circostanti, e di certi loro sogghigni canzonatori. Io ignoravo chi fosse il mio commensale, ed ero curioso di conoscerne il nome e la qualità; avrei potuto saperlo chiedendolo a lui stesso, ma non lo feci, poichè ero persuaso che fosse un impiegato o un Ispettore di Polizia di buona indole. Però i sogghigni continui di quella marmaglia, provocati dalla cena offerta da me allo sconosciuto, mi davano su i nervi e aggrovigliavano le mie idee. Fra le tante supposizioni, da me concepite in quella notte, ne prevalse una, quella cioè: che il mio commensale fosse un birro travestito, e i suoi compagni sorridevano della mia considerazione per lui, avendogli accordato fin l'onore di sedere al mio desco. Del resto poco curavo i giudizî e gli apprezzamenti di quei manigoldi, e ad onta delle loro canzonature, io passai la notte benissimo.

Il dimani, Giovedì 18 Agosto, alle nove antimeridiane circa, il capo carceriere Caravella mi si presentò annunziandomi che la cella N. 12 nel corridoio dei Civili (1) era pronta per ricevermi. Io allora salutai il mio compagno di cena, aggiungendo al mio saluto un sorriso amichevole, e ciò fatto seguii i passi del Caravella. Però nel distaccarmi dal mio commensale il Caravella era rimasto stupefatto del mio saluto familiare, ed aveva manifestato il suo stupore crollando la testa e lanciando uno sguardo strano e misterioso all'individuo che io avevo salutato. La condotta del capo carceriere risvegliò la mia curiosità, che si era acquetata in seguito alla mia ultima supposizione sul conto dell'uomo in discorso. Era tempo oramai di conoscere la parola dell'enigma, e senza più indugiare la chiesi al Caravella. Questi, continuando la sua crollatina di capo, rispose: di non potere appagare il mio desiderio, per tema di recarmi dispiacere. Io allora, divorato sempre più dalla curiosità, insistetti con maggiore energia dicendo: nessuna cosa essermi dispiacevole; volere ad ogni costo conoscere il mistero che avvolgeva quell'uomo, il quale aveva destato tanta maraviglia in tutti, per averlo io prima invitato a cena e poi salutato cortesemente; volerne infine sapere il nome, la condizione, la qualità, fosse anche quella di boja.

—Avete indovinato! disse il Caravella, mettendo fuori un grosso sospiro, e dopo una pausa prolungata soggiunse: il suo nome è *Piddu* (2) *Tinchi*.

— Tanto meglio, risposi io, sono contento di avere fatto la sua conoscenza e di avere brindato con lui; così, nel caso fossi affidato alle sue cure, mi userebbe maggiori riguardi.

Si pervenne finalmente alla porta della prigione destinata agli arrestati politici. Il Caravella, dopo di avere scosso l'enorme mazzo di chiavi, che ciondolava al suo fianco, ne scelse due, con l'una aprì il chiavistello facendolo scorrere negli anelli confitti nell'im-

---

(1) Il Corridojo dei civili era così detto perchè i prigionieri ivi destinati dovevano essere persone civili. Nel 1859-60 vi furono rinchiusi i prigionieri politici di condizione civile.

(2) Giuseppe.

posta dell'uscio, con l'altra aprì l'imposta stessa. Una volta compita la duplice operazione, mi mostrò con la mano l'ingresso della prigione, ed io vi entrai subito. Appena ne ebbi varcato la soglia, la imposta, cigolando su i suoi cardini, si chiuse dietro le mie spalle con orribile fracasso. Confesso che quel rumore seguìto dallo stridere delle chiavi, che richiudevano la porta e il chiavistello, mi produsse una sensazione spiacevolissima. Era la prima volta che entravo in carcere, appunto per questo quei rumori, nuovi per me, mi avevano impressionato abbastanza; ma quando vi feci ritorno nel Marzo del 1860 e li riudii nel modo identico, non li curai nè punto nè poco, e non provai impressione alcuna. Così è di ogni cosa umana, l'uomo si assuefà a tutto; ma in quei tempi beati, non era soltanto la forza dell'abitudine, che educava gli uomini a sopportare virilmente le sofferenze materiali e morali, si bene una forza molto più potente, quella cioè dell'aureola di poesia, che circondava tutte le azioni tendenti al riscatto della patria. Forti di questo altissimo ideale, gli uomini di allora affrontavano la prigione e sfidavano il patibolo col sorriso in sulle labbra.

La Vicaria era considerata come il luogo in cui si riceveva il battesimo della redenzione patriottica. Coloro che, per reati politici, vi erano rinchiusi si mostravano fieri, superbi e onorati della loro prigionia; e nel mentre Maniscalco avrebbe voluto abbassarli, invece li rialzava al cospetto dell'opinione pubblica. I giovani giudicati leggieri, spensierati, e amanti del beato vivere, all'uscir dalla Vicaria acquistavano un'importanza maggiore del loro merito reale. Tali furono i risultati ottenuti dal Direttore di Polizia, con le sue misure inopportune e inefficaci.

Nel corridoio dei Civili si seppe il mio arrivo in Vicaria la sera stessa che vi avevo posto il piede. Pietro Ilardi, a cui non era stata accordata l'amnistia, non mi rammento per quale ragione, trovavasi ancora carcerato, e quando ebbe l'annunzio della mia presentazione nel carcere fu al colmo della gioia. Egli mi venne incontro mentre io salivo le scale della prigione e, gettandomi le braccia al collo, mi disse: finalmente sei giunto, son lieto di vederti tra di noi; sei stato destinato nella mia cella N. 12, adesso potremo divertirci assieme. Povero amico! l'animo mio si allieta nel rammentarlo; ma nello stesso tempo sento uno schianto nel cuore e mi fa profonda tristezza ripensando la sua fine immatura e sventurata. Ilardi avrebbe dovuto morire sul campo di battaglia, ma non combattendo contro vili briganti. Pieno di vivacità e di ardire, amico leale e franco, dotato di una perenne gaiezza, metteva in fuga qualunque noia con la sola sua presenza. Fin dall'infanzia si mostrò spirito originale e bisbetico, e nel collegio degli Scolopî, ove io lo conobbi, ne fece di tutti i colori. Uscito di collegio, diede la stura a tutte le diavolerie possibili e imaginabili; suo padre, nell'intento di frenarlo, ottenne che fosse rinchiuso, per punizione, nel convento dei Cappuccini. Ridotto nel carcere monacale, quel demonio si diede ad escogitare tutti i mezzi per svignarsela, e a fine di raggiungere il suo intento, una notte, dopo di avere appiccato il fuoco al pagliericcio del suo letto, cominciò a gridare a squarciagola: *al fuoco! al fuoco!* Quei buoni frati accorsero per spegnerlo, ed Egli, profittando della confusione, che regnava in quel momento, se la diede a gambe.

Quando io entrai in Vicaria, vi trovai rinchiuso per debiti un certo giovane di nome Nobili; questi era lo zimbello d'Ilardi, il quale non lo lasciava un momento in pace. Un bel giorno, nel mentre quel povero diavolo passeggiava nel corridoio, si sente la voce d'Ilardi, che invitava gli amici nella cella di Nobili per vedervi galleggiare la flotta inglese. Il pavimento della detta cella era avvallato nel centro; quel matto, essendosene accorto, imaginò di poterlo riempire d'acqua. Subito che ebbe concepita questa strana idea, si affrettò ad attuarla, e, senza che nessuno se ne accorgesse, colmò l'avvallamento rovesciandovi dentro una gran quantità di secchie d'acqua. Indi, costruite varie barchette di carta, simili a quelle che fanno i fanciulli per spassarsi, le lanciò in

quel piccolo mare, e, compita l'opera, invitò gli amici ad ammi-
rarla. Tutti risero della facezia, il solo che non potè riderne fu
l'infelice Nobili, il quale fu costretto a vuotare la sua cella di
tutta l'acqua, che vi era stata versata.

Quei pochi giorni, che passai in Vicaria nell'Agosto del 1859,
furono divertentissimi, nè poteva essere altrimenti; poichè Ilardi
teneva il corridoio in una continua allegria. Del resto, per amor
del vero, occorre che io lo dica francamente, in quel periodo di
tempo la Polizia non ci vessò affatto. Soltanto la notte si era rinchiusi nelle rispettive celle, ma appena faceva giorno, le celle si
aprivano e noi restavamo liberi nel corridoio. Era permesso alle
nostre famiglie di mandarci il pranzo; nelle ore antimeridiane i
nostri amici potevano venirci a vedere a traverso le inferriate del
parlatorio, e nelle ore pomeridiane era a noi concesso di scendere
nel cortile delle Grandi Prigioni, ove venivano Signori e Signore
a rallegrarci con la loro presenza. Tale fu la vita, che si menò
in carcere nel 1859, non fu però lo stesso nel 1860, come a suo
luogo si vedrà.

Uscito dalla Vicaria, dovetti fare la visita di dovere a Maniscalco, il quale, atteggiandosi a severo giudice, mi ricevette in
piedi, con un braccio inarcato sul fianco, e l'altro poggiato su di
una scrivania. Dopo di avermi squadrato per un pezzo, mi rivolse
parole aspre in tuono irato, e finalmente dando un pugno sul
tavolo conchiuse col dirmi: *se Ella continuerà a mischiarsi di
politica, la stritolerò*. Senza altro soggiungere, mi additò la porta
ed io me ne andai tranquillamente. Il discorso del Direttore, invece d'intimorirmi, esaltò maggiormente la mia fantasia.

Per far conoscere l'indole ambigua del Direttore di Polizia, e
per meglio chiarire lo spirito, che animava i giovani di quei
tempi, occorre si risalga a tre anni prima della mia carcerazione. Io ebbi occasione di avvicinare Maniscalco due volte, in epo-
che differenti e per cause diverse. La prima volta fu nel 1856
in seguito ad una mia escandescenza giovanile; la seconda nel
1859, quando uscii di Vicaria. Nel primo avvicinamento trovai
nel Direttore un uomo gentile, cortese e quasi affettuoso; nel

secondo mi parve di essere di fronte ad una iena. Anche Domenico Trigona di S. Elia e suo fratello Francesco, quando, dopo quasi un mese di carcere in Prefettura di Polizia, dovettero presentarsi a Maniscalco, furono accolti con modi feroci e con minacce violente.

Le passioni politiche, facendo velo alla ragione, hanno impedito si desse un giudizio esatto su Maniscalco, il quale bisogna sia considerato sotto un doppio punto di vista. Egli racchiudeva in sè due nature diverse; nell'una si rivelava il vero satellite di un governo assoluto, e sotto questo aspetto, Egli era duro, energico, inesorabile, senza pietà, soverchiatore della legge in favore dell'arbitrio; le condanne a morte del giovanetto Garzilli (1) nel 1850, del Bentivegna (2) e dello Spinuzza nel 1857, ne sono la prova più

(1) Nel 1850, in certe anime ardite entrò il proposito di scuotere il giogo e ritentare le sorti di una sommossa armata. La sera del 27 Gennaio un drappello di giovani irrompeva improvviso nella Piazza della Fieravecchia, culla della rivoluzione del 1848, mandava evviva alla libertà, alla Sicilia, all'Italia: poscia assalito da grosse torme di birri, tirava pochi colpi, e disperdevasi per le case e per le vie circostanti. La sera stessa le pattuglie arrestavano a caso sei cittadini, che il dimani traevansi a un Consiglio di guerra. Non erano presi colle armi alla mano, e la incompetenza del Consiglio di guerra appariva manifesta, ma fu vano allegarla; non si avevano altre prove, che negli accusati attestassero la realità del supposto delitto. Tra costoro il più giovane era Niccolò Garzilli, che non compiva i quattro lustri, e due anni innanzi aveva pubblicato un volume sulle idee filosofiche del Gioberti, con prova d'ingegno da additare in lui una nascente italiana speranza. Interrogato rispose: « Non veggo giudici qui, ma carnefici. Uccidetemi, poichè il potete e il volete; ma non posso riconoscere in voi il dritto di esaminarmi ». La sentenza portava la fucilazione da applicarsi in quel giorno. Le sei vittime conduceansi al macello a traverso la vasta città, che era muta come tomba e deserta; su i fumanti cadaveri gavazzava la scellerata ebrietà degli sgherri. Una sorella del giovane Garzilli ne impazzì di dolore, e dopo un mese moriva. Il padre, ufficiale napoletano dell'esercito regio, il dimani fu visto passeggiare per le strade in divisa, con indifferenza snaturata ed orrenda. (Isidoro La Lumia; La restaurazione Borbonica e la Rivoluzione del 1860 in Sicilia dal 4 Aprile al 18 Giugno Pag. 18, Palermo 1860).

(2) Il barone Francesco Bentivegna da Corleone, d'età poco oltre i trent'anni, agiato possidente, che aveva dedicato alla patria le sostanze domestiche, il ri-

manifesta. Nell'altra, invece, appariva l'uomo di società tollerante, gentile e di cortesi maniere. Si manifestavano i suoi sentimenti feroci quando per poco entrava in azione la politica, all'incontro era longanime e tollerantissimo quando si trattava di cose che a questa erano aliene. La sua indulgenza per i giovani non aveva limiti, e fu messa sovente a dura prova dalle tante follie che essi commettevano ripetutamente in quella loro età di beata spensieratezza. A questo proposito citerò alcuni fatti, i quali varranno a mettere in evidenza la tolleranza di Maniscalco, e la vita che menavasi allora in Palermo da un nucleo di giovani scapati, di cui anch'io facevo parte. Comincerò da un fatto mio personale, che fu la causa del mio primo avvicinamento col Direttore di Polizia.

Nell'està del 1855 o 56, non lo ricordo bene, venni alle mani con un funzionario pubblico, Direttore delle Poste in Girgenti. Questi si era recato in Palermo per passarvi la stagione estiva. ma in seguito alla scena avuta con me fece subito ritorno in Girgenti. Io non conoscevo lui, egli non conosceva me; però mi era stato riferito un suo discorso fatto a mio carico a proposito di un amoretto innocente e ideale, che, per il buon motivo, io

poso, la vita, il 27 Novembre del 1856 inalberava il vessillo dell'insurrezione nel Comune di Mezzoiuso. Il Comune di Cefalù insorgeva anch'esso; nel distretto di Termini era un vivo e generale fermento; la Capitale agitavasi, ma non aveva mezzi apparecchiati e in pronto. Il Governo fu scosso e sorpreso dell'inopinata sommossa; mandò truppe e cannoni, la sua vittoria fu sollecita e piena. Il Bentivegna, abbandonato dai suoi, fuggiva ramingo con animo di avviarsi verso il lido di Sciacca per trovarvi un imbarco. Incontratosi con un certo Milone, suo amico d'infanzia, ebbe da lui asilo; ma il falso amico lo tradì, e lo diede in mano a chi cercavalo a morte. Il traditore fu in Napoli accolto graziosamente dal Re, creato cavaliere e quindi Consigliere d'Intendenza nell'Isola. Il Bentivegna, che non era preso in flagranza, nè in atto di combattere armato contro le schiere del Re, traducevasi a un Consiglio di guerra. Gli avvocati portarono legale ricorso alla Corte Suprema, per impedire l'azione del Consiglio di guerra; ma prima che la Corte desse il suo voto, il Bentivegna, insistendo Maniscalco, fu tratto a morir moschettato, colla fede di un martire e il cuor d'un eroe. Il giovane Salvatore Spinuzza da Cefalù fu anch'esso militarmente condannato e fucilato. (Isidoro La Lumia loc. cit. pag. 25, 26, 27).

avevo avuto con una sua nipotina. Io ne fui annoiatissimo, e da quel momento in poi mi prefissi di conoscere quel signore, che si era permesso di fare apprezzamenti sfavorevoli sul mio conto, senza che mi avesse mai visto nè conosciuto. Un giorno, mentre passeggiavo a Toledo con un mio amico, ad un tratto mi dice: *eccolo*, e nel dirmi ciò mi addita un uomo secco, lungo, con un cappellino di paglia in sul capo e un bastone in mano. Io mi mostrai indifferente alla indicazione fattami dal mio amico, e adducendo un pretesto qualunque, mi separai da lui e seguii i passi del Direttore delle Poste. Egli da Toledo volse per via Centorinai, ed entrò nel magazzino di un mercante di nome Gramaglia. Attesi che ne uscisse; quando fu sulla pubblica via mi gli accostai e, senza sprecare frasi inutili, gli chiesi: con qual diritto si era permesso di sparlare di me. Egli mi rispose sgarbatamente in modo quasi insultante, e stava per volgermi le spalle, quando io lo arrestai applicandogli sulla guancia un solennissimo schiaffo.

Confesso oggi di aver fatto male; ma siccome Maniscalco mi perdonò quell'atto vivace, in considerazione della mia giovane età, così mi lusingo che il cortese lettore vorrà perdonarmelo anch'esso. Il Direttore delle Poste a quella inaspettata percossa alzò subito il bastone, io feci altrettanto, e fu allora che un diluvio di bastonature cascò sulle nostre spalle. Il mio avversario mirava al mio braccio, nell'intento di farmi saltare di mano il bastone, io invece miravo alla sua testa e alla sua faccia. Da questa differenza di mira ne derivò che io mi ritirai dalla lotta pieno di lividure, e il pubblico funzionario se ne ritirò con la testa e col naso rotto. I colpi fermi, che ricevevo da lui, mi avevano maggiormente inviperito, e non pago abbastanza di menargli anch'io botte da orbo, gli davo continuamente i titoli di *birro* e di *spia*. Il pubblico, di cui una buona parte mi conosceva, aveva fatto ruota, e assisteva allo spettacolo esternandomi la sua simpatia con qualche plauso. Questo fluido di simpatia per me si era sviluppato, tanto per le bastonate che menavo coscienziosamente, quanto perchè queste erano applicate sulla testa di uno sconosciuto a cui io davo titoli tali da non attirargli la benevolenza della gente. Continuava accanita la lotta, quando si udì una voce ripetere: *la Polizia arriva*; a questo annunzio un signore, a me ignoto, mi presenta il mio cappello, caduto per terra durante la rissa senza che io me ne fossi accorto, e nel presentarmelo, mi dice: *bravo, ma scappi subito*. Io non me lo lasciai ripetere due volte, e senza indugiare corsi da mio zio de Silvestri. Questi nel vedermi comparire grondante sudore, con gli occhi infocati, scomposto nel vestito, e col cappello pesto, capì che ne avevo fatta una delle mie. Narrai l'accaduto, e il mio buon zio, dopo una delle solite paternali, mi consigliò di ritirarmi per il momento in casa di qualche mio amico, mentre Egli si sarebbe recato presso il Direttore di Polizia per accomodare la faccenda.

Me ne andai direttamente da Emanuele Notarbartolo di S. Giovanni, ove quotidianamente tiravasi di scherma sotto la direzione di Claudio Inguaggiato nostro comune maestro d'armi. Emanuele e tutti gli amici presenti, osservando il mio miserrimo stato, eruppero in una risata omerica, e vollero conoscere la causa di quel disordine nel mio abbigliamento. Io ripetei loro la storia dolorosa, e tale era veramente, poichè le mie costole erano state sensibilmente maltrattate. Ciò nonostante imbrandii un fioretto e mi diedi a fare assalti di scherma con i giovani, che trovai radunati in quella sala.

La scherma era il nostro svago principale negli anni che precedettero la rivoluzione del 1860. In Palermo non esistevano sale d'armi tenute dai Maestri di scherma; ma nelle case del Principe Antonio Pignatelli, di Emanuele Notarbartolo di S. Giovanni, di suo fratello Giuseppe, e del secondogenito del vecchio Marchese Ugo delle Favare si tirava quasi tutti i giorni. Allora non ci occupavamo di politica, e non pensavamo ad altro che a godere della vita e divertirci. Però quantunque la politica ci fosse estranea, nulladimeno il nostro sogno dorato era quello di potere un giorno o l'altro batterci alle barricate. Difatti per appagare i nostri sognati desiderî, in casa di Emanuele Notarbartolo, si simulavano barricate con sedie e altri oggetti atti allo scopo; ci dividevamo in due schiere, delle quali l'una difendeva e l'altra attaccava il supposto ostacolo, e quando tutto questo era preparato si veniva al combattimento. Questo s'iniziava lanciandoci a vicenda frutta di ogni specie e rovesciandoci scambievolmente addosso catinelle di acqua; ma quando finalmente gli aggressori pervenivano alla barricata, allora s'impegnava la lotta corpo a corpo, e da questa, chi più, chi meno, se ne usciva sempre riportando parecchie lividure. Il giorno, rarissimo in Palermo, in cui nevicava, si correva in campagna per lottare con pallottole di neve; da queste si passava alle *pale* (1) di fichi d'India, e finalmente ai sassi. Insomma i divertimenti giovanili d'allora avevano l'impronta della virilità. Però mentre nel giorno si facevano questi eserciẑî ritempranti la fibra, ogni sera si andava in società ove il contatto con le gentili Signore non ci faceva dimenticare le buone maniere, che sono la caratteristica di ogni gentiluomo. I balli che si davano in quell'epoca in Palermo erano brillantissimi, poichè quegli stessi giovani dediti alla scherma, alla lotta e a ogni genere di eserciẑî virili amavano la danza al delirio, e Tersicore era la loro musa prediletta. Dopo questa piccola digressione, fatta espressamente a fine di dare un'idea esatta della gioventù che prese parte attiva alla rivoluzione del 1860, ritorno a bomba.

Dopo alquante ore passate in casa Notarbartolo, nel modo da me già descritto, mi pervenne una lettera di mio zio, nella quale mi si diceva di presentarmi subito in Prefettura di Polizia ove avrei passato soltanto la notte. L'annunzio della mia carcerazione eccitò l'ilarità generale, tanto più che nella stessa lettera era detto di potere io ricevere gli amici, che volessero visitarmi. Anch'io accolsi con entusiasmo la comunicazione fattami da mio zio; passare una notte in Prefettura era tale una novità per me, da riempirmi il cuore di giubilo. Invitai tutti gli amici presenti a cena, incaricandoli d'invitare pure gli altri assenti. Par-

---

(1) Così si denominano in Sicilia le *foglie* doppie, e acquose di fichi d'India, poichè esse hanno la forma di una *pala*.

tecipato l'invito, andai a casa per disporre che mi si mandasse in Prefettura un letto e alquanti *carcels*; una volta impartiti gli ordini al mio fido Giovanni, vecchio domestico che mi aveva visto nascere, mi recai in Prefettura e mi presentai all'Ispettore di servizio. Questi fu cortesissimo con me, e mise a mia disposizione l'appartamento del Segretario Generale di Polizia, Giuseppe Denaro. La sera vennero puntualmente i miei amici, e a mezzanotte s'imbandì la cena. La Prefettura di Polizia non vide mai nelle sue mura tanta allegria e tanta spensieratezza unite insieme. I miei amici erano tutti brilli, i poliziotti, a cui avevamo dato molto vino, lo erano più degli altri, il brio era generale. Alle tre antimeridiane, dopo che i miei compagni di baldoria furono andati via, io mi posi a letto e mi addormentai immediatamente. Il dimani, circa le dieci, mi si svegliò, ed io, dimentico che fossi in Prefettura e credendo che il mio Giovanni si fosse dato il gusto di svegliarmi, lo mandai a passeggiare. Ma il poliziotto, che era stato incaricato di svegliarmi, insistette dicendomi che il Segretario Generale doveva lavorare, e non poteva farlo, poichè la stanza del suo studio era occupata da me. Allora aprii gli occhi sonnolenti, e convintomi di non essere a casa mia, saltai subito dal letto, e quando ebbi finito di vestirmi in fretta e furia, Denaro entrò nella stanza chiedendomi come avevo passato la notte. *Benissimo*, io gli risposi, *e sarei ben lieto di passarne un'altra simile.* Il Segretario Generale mi comunicò che io ero libero di andarmene; soggiungendo di recarmi presso il Direttore di polizia per ringraziarlo della libertà concessami. Mi disse pure che Maniscalco aveva preso quella misura di farmi passare una notte in Prefettura per evitarmi fastidî maggiori che il Direttore delle Poste era deciso a darmi. Questi, grondante sangue dalla testa e dal naso, subito dopo la rissa, si era presentato al Ministero dell'Interno minacciando di farmi querela, e gridando come un ossesso: *ecco come si trattano in Palermo i regî funzionari.* Maniscalco lo calmò, assicurandogli che io sarei stato punito, e in conseguenza non occorreva rivolgersi ai Magistrati. La presentazione del mio avversario al Ministero mi fu narrata

da taluni impiegati che vi erano presenti, e furono questi che
me la dipinsero nella sua grandiosa comicità. Mio zio, nel con-
fermarmi quella scenata pulcinellesca, statagli riferita dallo stesso
Direttore di Polizia, non potè astenersi di un mezzo sorriso. che
apparve appena in quella sua simpatica e severa figura. Recatomi
da Maniscalco fui accolto cortesemente. Egli mi fece una benigna
paternale, mi diede tanti savî consigli, e volle finalmente che io
gli dessi la mia parola di onore di non più molestare il Direttore delle Poste. Io gliela diedi senza esitazione alcuna, e la man-
tenni. Del resto. ove io non avessi voluto mantenerla, non avrei
potuto, visto che il mio avversario aveva preso subito la via di
Girgenti; l'aria di Palermo non gli era stata propizia.

Nell'està del 1858 ci saltò in capo di fare un viaggio nell'interno della Sicilia. Componevano l'allegra brigata Leopoldo Notarbartolo di Sciara, che gli amici chiamavano Popò Sciara, il
giovane Nicolò Mulè, Giuseppe Contarini, Giovanni Villa, Corrado
Niscemi, e il mai abbastanza compianto Emanuele Notarbartolo
di S. Giovanni, che gli amici chiamavano Nenè S. Giovanni. Nelle
carrozze di questi due ultimi Signori si partì da Palermo senza
passaporti, cosa abbastanza grave in quei tempi, in cui, per recarsi
da una provincia all'altra, occorreva un *lasciapassare* della Polizia. Si andò direttamente in Alcamo, dove avemmo ospitalità dai
fratelli Filippi amici del Contarini. Le diavolerie che si fecero
in Alcamo, in quei pochi giorni che vi dimorammo, sono inenarrabili, e l'ultima fu tale da obbligarci a partire immediatamente
per Trapani.

L'usanza, invalsa allora in taluni giovani, di voler misurare
in ogni occasione le proprie forze fisiche, li spingeva alla lotta.
Nella nostra comitiva c'erano lottatori di professione, in modo che
tutti i giorni dopo la colazione i gladiatori scendevano nell'arena,
in costume adamitico, e lottavano. Dopo la lotta, o giochi di penitenza
equivalenti, poichè si finiva sempre con menare solenni botte, si
andava a letto e si dormiva un paio d'ore.

Accadde un giorno che uno dei sette viaggiatori, sia per l'ec-
cessivo caldo, sia per l'abbondanza del cibo ingoiato e non dige-

rito, non gli riuscì di conciliar sonno. Annoiatosi di stare a letto
senza poter dormire. si alzò e si diede a passeggiare per la casa;
tutti gli altri dormivano profondamente. Nel girare attorno per
le stanze, scovrì per terra un piatto con dentrovi mezza arancia
e un mucchio di polvere di fumo ; era questo il cerotto usato in
quei tempi per lustrare le scarpe. Il solitario passeggiatore con·
cepì la luminosa idea di servirsene per lustrare le facce dei
suoi amici, e, lieto del suo ritrovato , si accinse all' opera. Era
riuscito a tingere cinque dormienti, e si preparava a fare lo stesso
col sesto, quando questi spalancò un paio d'occhi lucentissimi e,
accortosi del tiro, che gli stava per fare l' incauto tintore, saltò
giù dal letto e si diede a rincorrerlo.

Al rumore prodotto dalla corsa dei due forsennati, tutti si svegliarono, e nel vedersi l' un l' altro trasformati in Mori, furono
felici che uno di loro si fosse svegliato a tempo per punire l'autore della loro trasformazione. L' inseguitore si era armato di una
spugna impregnata d' acqua, e, quando gli venne il destro, la sca-
raventò sulla testa dell' inseguito; questi allora impadronitosi di
un altro oggetto, difficile a dirsi, da inseguto divenne inseguitore, e così invertitesi le parti, continuò la corsa nelle stanze. Gli
astanti, che avevano gran voglia di fare accapigliare i due avversarî, a misura che questi correvano, erano premurosi di chiudere le porte di comunicazione , in modo che li ridussero nella
camera, che metteva nella scala. L'inseguito la scendeva rapidamente, e l'altro gli correva dietro ; il primo giunto allo sportello
del portone, che era chiuso, gridò al suo inseguitore: bada se tu
continui a rincorrermi io uscirò in sulla via. Parole inutili, l'altro
fece orecchie da mercante, e continuò a scendere con gran velo-
cità i gradini della scala. Il momento critico, quello cioè, che l'uno
piombasse addosso all' altro , era prossimo , tutti lo attendevano
ansiosi, ma furono delusi nella loro speranza. Quei due capi sca-
richi, senza dare campo alla riflessione, l'un dopo l'altro varca-
rono la soglia del portone , e osarono fare il giro completo di
casa Filippi , senza che un semplice perizòma covrisse qualche
parte del loro corpo. Questo fatto avveniva in pieno giorno. sotto

gli occhi di varie signore e signori, che stavano a prendere il fresco nei loro rispettivi balconi. Quell' inqualificabile spettacolo sgomentò tutti, e mortificò moltissimo anche i due che lo avevano dato. Non era più possibile nè decente rimanere ancora in Alcamo, e si decise partire subito per Trapani.

Arrivati in questa città, si andò direttamente in una locanda tenuta da un certo Cavaliere della Paglia, borbonico sviscerato, a cui i Trapanesi avevano affibbiato quel titolo non so per quale ragione, forse perchè era fanatico di nobiltà. Egli ci ricevè con un sorriso di compiacenza, e non capiva in sè dalla gioia nel vedere sètte avventori giungere inaspettati nella sua locanda. Ma la sua gioia fu di breve durata, poichè ben presto si accorse con quali demonî aveva da fare. Appena si fu presentato, si corse ad abbracciarlo come vecchio amico, e ogni stretta, forte e violenta, che riceveva da ognuno di noi, lo costringeva ad aprire la bocca e mettere fuori la lingua. La nostra espansione amichevole non gli garbò molto, anzi gli fece concepire qualche dubbio sul nostro conto; dubbio che si accrebbe in lui, quando ci chiese i passaporti.

Leopoldo Notarbartolo di Sciara, il più anziano di tutti noi per età, ma il più giovane per il suo umore gaio e faceto, rispose: nessuno di noi possederne nemmeno l'ombra; ma egli, ove occorresse, avrebbe potuto farli subito per incarico speciale ricevuto dal Direttore di polizia. Fatto questo piccolo discorsetto, si pose a sedere, con gran sussiego, davanti a un tavolo, e scarabocchiò sette passaporti con i nostri nomi e gli analoghi connotati inventati da lui nel modo il più burlesco che mai. Il Cavaliere della Paglia, nel suo fanatismo di nobiltà, leggendo quei nomi, ne fu ben lieto, ma nello stesso tempo trovossi in un bivio tremendo, non essendo sicuro se noi fossimo realmente quei tali che figuravamo nei passaporti redatti da Sciara, oppure una banda d'impostori, che, sotto quei pretesi nomi, ci fossimo recati in Trapani per fini malvagi. Tali furono le supposizioni del Cavaliere confessateci da lui stesso durante la nostra dimora nella sua locanda. Il nostro viaggiare senza passaporti, i nostri salti sulle tavole e sui letti, appena entrammo nelle stanze che ci erano state assegnate, le nostre espansioni esagerate, l'aspetto canzonatorio di Popò Sciara, che si ostinava a far passare per vero l'incarico ricevuto da Maniscalco, avevano destato nell'animo del Cavaliere il sospetto che noi fossimo veramente una banda di malfattori. Compenetrato di questa idea, e invaso da mortal paura, giudicò ogni indugio pericoloso, e senza frapporre tempo in mezzo, corse presso l'Intendente, per informarlo del nostro arrivo e comunicargli, nello stesso tempo, i sospetti concepiti su noi

Era Intendente di Trapani il marchese Artale, che ci conosceva, ed era specialmente amico di Popò Sciara. Egli in seguito al rapporto fattogli dal locandiere, non sapendosi spiegare il caso stranissimo, che sette individui ignoti avessero giusto assunto i nomi di altrettante persone da lui conosciute, a fine di accertarsi del fatto, si recò personalmente alla locanda. Fu accolto da noi con gran festa; rise dell'equivoco del Cavaliere, e ci disse, celiando, che avrebbe dovuto farci arrestare per punirci di avere intrapreso il nostro viaggio senza passaporti, ma quella volta ci faceva grazia. Rientrato all'Intendenza ci mandò, assieme ai falsi passaporti, redatti da Popò Sciara, anche i veri, e così la nostra posizione fu messa in regola.

Il Cavaliere della Paglia, nel vedere l'intimità dei suoi ospiti con la prima autorità del paese, ne fu ben lieto; e rassicuratosi che costoro erano Signori autentici e non volgari malfattori, aprì il cuore alla speranza, e s'illuse che il Padre Eterno glieli avesse inviati per fargli guadagnare quattrini. A questo rivolse le sue cure; e non pago abbastanza del guadagno sulle note salate, che presentava a quei sette spensierati, mise in campo il giuoco della *zicchinetta* (1) nell'intento di meglio scorticarli.

Tutte le sere, appena finito il desinare, il Cavaliere si presentava con le carte da gioco, e s'iniziava subito la partita, che durava quasi tutta la notte. Gaspare Patrico, simpatico giovane

(1) *Zicchinetta*, gioco d'azzardo, che facevasi allora in Sicilia ove la civiltà non aveva ancora introdotto il *baccarat*.

trapanese e famoso pianista, che avevamo conosciuto per mezzo di Artale, veniva a giocare con noi. Al povero Cavaliere non sorrideva però la fortuna, e tutto il danaro che ci toglieva il giorno, con le sue note, lo rifondeva la notte con i frutti piuttosto rilevanti. Non si poteva dar pace della sua disdetta, ma quel che più lo indispettiva era il nostro modo spensierato di giocare, la nostra allegria e la poca importanza che davamo a quella partita. Fatto sta che la nostra dimora in Trapani fu pagata completamente da lui; nè questo ci afflisse, nè punto nè poco, poichè lo sapevamo ricco e avaro.

Il fatto più caratteristico di quei giorni che noi passammo in Trapani, fu il seguente. Il Cavaliere aveva tre figlie, che teneva rinchiuse e non faceva vedere ad anima viva, perchè ne era gelosissimo. Queste ragazze, molto belline, abitavano la casa attigua alla locanda, con la quale comunicavano per mezzo di una ruota simile a quelle dei monasteri di monache. Durante la giornata noi andavamo sempre a questa ruota, e applicavamo a vicenda i nostri occhi nella piccola grata, fatta a guisa di grattugia, nella speranza di vedere le recluse; ma invano. Pregavamo il Cavaliere di farcele conoscere, ma tutte le volte che noi esternavamo questo nostro innocente desiderio, egli, con viso compunto, rispondeva di essere dolente di non poterlo appagare, poichè le sue figlie in quel momento erano presso una loro zia in campagna. Bugiardo, mentiva spudoratamente. Riusciti inutili tutti i nostri tentativi, si tenne consiglio, e, visto che i mezzi regolari non avevano avuto risultati favorevoli, si ricorse all'inganno.

Quantunque il Cavaliere della Paglia avvolgesse la sua esistenza nel mistero, ciò nonostante avevamo saputo che andava a pranzare con le sue figlie nell'ora medesima in cui noi pranzavamo. Egli usciva pertempissimo di casa e ne chiudeva la porta a chiave; era impossibile dunque penetrarvi durante la giornata. L'ora più opportuna d'invadere la piazza nemica sarebbe stata quella del pranzo, ove si fosse riusciti a farne uscire prima il guardiano. Per raggiungere il nostro intento, occorreva ad ogni costo strappare il Cavaliere da casa sua e averlo per qualche ora, in nostro potere. Essendo tutti di accordo su questo punto, si decise d'invitarlo a desinare un giorno con noi, quando, però, se ne presentasse propizia l'occasione, che desse all'invito l'apparenza di una cosa spontanea e non preparata. Queste precauzioni erano molto necessarie, poichè l'animo del Cavaliere era di sua natura sospettosissimo, e temeva soprattutto che noi, eludendo la sua sorveglianza, riescissimo a penetrare finalmente nel ginecèo delle sue figlie. Ma egli stesso ce ne offrì l'occasione spingendoci a fare una gita al Monte S. Giuliano, detto Erice dagli antichi, ove si manipolavano certi dolci speciali tenuti in gran conto dai Trapanesi.

Si colse la palla al balzo, e nel mostrarci entusiasti della proposta fattaci dal Cavaliere, lo si invitò a pranzo per gustare assieme a noi i dolci tanto decantati. La gita fu fissata per il giorno seguente; e, per la sera dello stesso giorno, si ordinò un pranzo senza limite di spesa, raccomandando principalmente che fosse inaffiato di buoni e copiosi vini. Il Cavaliere fu felicissimo del nostro invito, e lo accettò con grande espansione d'animo, senza che il menomo sospetto si fosse risvegliato in lui. Al colmo della gioia per avere noi ottenuto questo primo risultato favorevole del piano concepito, il dimani, di buon mattino. si partì per Monte S. Giuliano.

Reduci dalla nostra escursione, portammo con noi i famosi dolci, che dividemmo in due porzioni, l'una per il pranzo, l'altra da offrirsi alle tre vergini, qualora la seconda parte del nostro programma fosse riescito. All'ora del desinare il Cavaliere della Paglia si presenta ai nostri sguardi in abito turchino con bottoni dorati; abito che era stato in uso un secolo prima e chiamavasi *sciass*. Un panciotto di raso giallo frenava la sua pancia e il suo petto; un paio di pantaloni di *nankin* strettissimi rendevano difficile il movimento delle sue gambe, e un cravattone bianco, confinante con le orecchie, avvolgeva il suo collo. È più facile imaginare anzichè descrivere l'impressione ridicola, che produsse in noi quel grottesco abbigliamento, ciò nonostante, trattenendo a stento le nostre risate, gridammo assieme: *viva il Cavaliere*, e contemporaneamente ognuno di noi, osservando con dettaglio i suoi vestiti, la faceva a gara per rilevarne il gusto squisito e l'eleganza.

A pranzo, a pranzo, si gridò da tutti in coro, e immediatamente prendemmo posto attorno alla tavola imbandita, assegnando quello di onore al Cavaliere. Si desinò allegramente, si rise a crepapelle, e ben mi ricordo Popò Sciara, che durante il banchetto prese in giro continuatamente il nostro commensale, senza però gliene facesse punto accorgere. Tutti alzarono il gomito, ma il Cavaliere della Paglia cioncò alla meglio, e mangiò a dismisura: era una delizia vederlo quasi scoppiare nel suo panciotto di raso giallo. Ma l'ora dello scioglimento della commedia si avvicinava, e quantunque, chi più, chi meno, nello stato di ebrezza, ciò nonostante tutti eravamo trepidanti dell'esito del complotto. In sul finire del desinare, profittando del frastuono e dell'allegria, che animava la brigata, io ebbi agio di ecclissarmi, senza essere osservato dal Cavaliere, e dopo di aver preso con me i dolci destinati alle tre Grazie, e una bottiglia di Sciampagna, mi avviai al loro domicilio. Vi feci una scampanellata da padron di casa, e la fantesca, imaginando che fosse il Cavaliere, che rientrava dopo il pranzo, venne ad aprire la porta istantaneamente; il nostro progetto era riuscito tal quale lo avevamo architettato. Una volta entrato, mi feci introdurre dalla serva nel salotto in cui le signorine lavoravano, e presentatomi a loro con un profondo inchino, offrii i dolci e la bottiglia di Sciampagna in nome della comitiva palermitana. Mi affrettai a soggiungere: che saremmo stati ben fortunati di fare la loro conoscenza per mezzo del Cavaliere; ma visto che questi, ad onta di tutte le nostre iterate preghiere, non aveva voluto appagare i nostri desiderî, ci eravamo appigliati all'astuzia per venirne a capo. Dissi anche che i miei amici di lì a poco sarebbero venuti per presentare i loro devoti omaggi alle vezzose patroncine di casa.

Le fisonomie di quelle care e buone creature, al mio apparire e all'annunzio della visita degli altri miei amici, era un misto

di confusione e di piacere. Arrossivano, impallidivano, sorridevano, sapevano a stento formulare qualche frase inconcludente.
I miei amici, intanto, con cui era stato convenuto, ove io non
facessi subito ritorno, dovrebbero alla spicciolata venirmi a raggiungere, l'un dopo l'altro si presentarono in casa delle fanciulle.
Riuniti che fummo tutti, Popò Sciara, il quale non aveva dimen
ticato di portare un cava turaccioli, fece saltare il sughero della
bottiglia di Sciampagna, e versatone il vino spumante in bicchieri
preparati a stento dalla serva impaurita dall'inevitabile arrivo
del suo padrone, si brindò alle vezzose signorine, che, alla loro
volta, cominciarono anch'esse ad animarsi.

Il Cavaliere era nella vigna del signore, e si accorse della
nostra assenza soltanto, quando nessuno di noi era più presente
nella stanza da pranzo. Fra i vapori del vino, che avevano an-
nebbiato la sua mente, e l'esorbitanza delle vivande, che aveva
mandato giù, non aveva la forza di alzarsi da sedere. Ajutato
dai domestici, gli riescì finalmente di rizzarsi in piedi, e tutto
barellante si recò a casa. La sua scampanellata sparse il panico
in famiglia; la serva, ad onta delle nostre rassicurazioni, non fu
possibile indurla di andare ad aprire la porta, le signorine tanto
meno di lei; Popò Sciara sciolse la questione, dicendo: *andrò
ad aprire io*. Dopo un minuto di tempo, vedemmo comparire,
nella stanza in cui eravamo riuniti, Popò col suo braccio conserto
a quello del Cavaliere, il quale, rubicondo in viso, con i capelli
sconvolti, col cravattone bianco in una mano, e con i pantaloni e
il panciotto sbottonati, non aveva avuto vergogna di presentarsi al
cospetto delle sue figlie, in quello stato deplorevole. Popò con
quella sua simulata serietà, dalla quale mai si dipartiva, assunse
la parte di padrone di casa, e ce lo presentò; noi lo ricevemmo
con grande espansione, e lo invitammo a sedere. Quelle povere
ragazze tremavano a verga dalla paura, il Cavaliere non sapeva
rendersi conto della realtà, e sembrava che sognasse. Colla bocca
semiaperta, girava gli occhi stralunati, attorno alla stanza, guardando ora noi, ora le sue figlie; e, finalmente, dopo un momento
di pausa, senza profferire una parola e quasi ebetito, si lasciò

cadere su di una poltrona. Noi allora gridammo a coro: *ecco il Cavaliere, non più della Paglia, ma dalla trista figura*. Le ragazze, intanto, rassicurate dalla nostra presenza, e vedendo il loro padre nell'assoluta impossibilità di rivolgere a loro il benchè menomo rimprovero, presero animo e pensarono a godere di quei pochi momenti di gioja, i primi forse della loro esistenza claustrale. Le storielle, che noi raccontavamo a vicenda, e la nostra allegria fecero passare poche ore contente e spensierate a quelle povere vittime della tirannia e dell'ignoranza paterna. Il dimani, però, le tre infelici sorelle furono realmente mandate in campagna, e noi femmo ritorno in Palermo. Il Direttore di Polizia fu informato, per filo e per segno, di tutte queste nostre scappate; ma non vi diede alcuna importanza, e ne rise. La Principessa di Niscemi, che andai a vedere pochi giorni dopo il mio ritorno da Trapani, mi disse che avendo visto Maniscalco le aveva narrato, sorridendo, tutte le nostre follie, che oggi giudico severamente, ma allora mi divertirono molto.

Mentre il mio cuore esulta rammentando i miei più cari amici, mi trovo invece a disagio quando devo parlare di me; ma siccome la mia esistenza fu sempre attaccata alla loro, mi è impossibile di non confondere con il loro nome anche il mio. I fatti che ho già narrati, e gli altri che mi accingo a narrare, da taluni potrebbero forse essere giudicati estranei all'argomento che ho impreso a trattare; ma realmente non è così. Essi mentre da un lato servono a lumeggiare l'esistenza frivola di quei giovani dediti totalmente alla vita allegra, dall'altro giovano a far conoscere come ad un momento dato, questi stessi giovani, leggieri e scapati, seppero divenire uomini serî, e come si sviluppò, crebbe e si rese gigante in loro il sentimento della patria. Era esuberanza di vitalità e di virilità, che li spingeva allora a tutte quelle follie; non potendo sfogare altrimenti il foco giovanile, che li animava, si davano alla lotta, al pugilato, alla scherma, e a tutti quegli esercizii ginnastici, che rinvigoriscono il corpo e fortifica-

no l'animo. Gl' Inglesi non fanno che questo , ed è per questo
che sono quel che sono.

Lo spirito di rivolta e d' indipendenza germogliava nell' animo dei giovani Palermitani, senza che ne avessero la coscienza;
difatti, quando sonò l'ora del riscatto della patria , non esita-
rono un istante ad impegnarsi in quella partita in cui ognuno
di loro giocava la propria testa. Fecero il loro dovere di cittadini cospirando contro la tirannide opprimente; quello di soldati
nei giorni della lotta; e quando questa ebbe termine, chi in una
carriera , chi nell' altra , parecchi di loro occuparono posti distinti, e si resero utili e benemeriti al paese. Emanuele Notarbartolo di S. Giovanni ne è la prova la più luminosa. Si ricordi
il lettore che io scrivo di ciò che si svolse sotto i miei occhi
e parlo soltanto di quei giovani che mi furono fidi compagni tanto
nella vita spensierata quanto nella seria , e di cui ebbi l' agio ,
in varie circostanze, sperimentarne l' indole, il cuore e i sentimenti. Di altri non mi occupo , non perchè non meritino tutta
la stima e la considerazione possibile e imaginabile , ma solo
perchè non fui in contatto diretto con loro. *Quello che vidi io
scrivo ;* questa è l' epigrafe del mio libro, e ad essa mi atterrò
scrupolosamente.

Nell' està del 1856, dopo le feste di Santa Rosalia , partii da
Palermo assieme alla Principessa di Niscemi e Corrado suo figlio.
Nello stesso battello — il *Corriere Siciliano* — comandato da
Marco Davì — s' imbarcarono il vecchio Principe di Sant' Anti-
mo, il Barone Luigi de Riseis, oggi deputato al Parlamento , il
Barone Alessandro Petti, e il Principe di Pettoranello. Giunti in
Napoli, dopo una splendida traversata , si attese un pajo d' ore
sul battello stesso, prima che la Polizia ci accordasse il permesso
di potere sbarcare. Appena sbarcati , la principessa di Niscemi ,
Corrado ed io andammo direttamente in casa Sirignano per salutare la moglie di Francesco Caravita di Sirignano, chiamato dai
suoi amici *Ciccillo,* la quale era sorella della Principessa di Niscemi.

Fu la prima conoscenza che io feci a Napoli, e ben mi ricordo
l'attuale Principe di Sirignano, allora fanciullo, correre per le

stanze con un bastone fra le gambe , che faceva da cavallo , e con una trombetta in bocca, che squillava suoni assordanti.

Passai tre mesi deliziosi nella incantevole città , e rammento con piacere i balli dati dalla marchesa Salsa nella sua villa di Posilipo , quelli della Duchessa di Castelpoto e del Principe di Campofranco a Portici, come pure la conoscenza fatta, per mezzo di Ciccillo Sirignano, del cav. di Roccaromana e delle sue bellissime figlie Adelaide e Matilde. A Napoli mi raggiunse Giovanni Notarbartolo di S. Giovanni fratello di Emanuele , e fu con lui e con Corrado Niscemi che nell' ottobre del 1856 c'imbarcammo su di un battello della *Messagerie Française*, e, per la via di Marsiglia, ci recammo a Parigi.

La Principessa di Montevago ci aveva, gentilmente, inviato da Palermo una lettera di ·raccomandazione per il marchese Antonini Ministro del Re Ferdinando II presso la Corte imperiale. L' Imbasciata napoletana a Parigi componevasi allora del detto Marchese, del Barone Zezza, e del Conte Cito, a cui eravamo stati raccomandati da Ciccillo Sirignano. Il Marchese Antonini era sordo come una campana, e quando ci presentammo a lui, ci volle il bello e il buono per fargli intendere ciò che noi dicevamo. Egli ci accolse garbatamente , ma non trascurò raccomandarci di sfuggire assolutamente gli emigrati italiani del 1848, che in quell' epoca trovavansi a Parigi. Noi femmo tutto al rovescio, nè poteva essere diversamente, poichè, per far piacere al Marchese Antonini, non eravamo punto disposti ad evitare i nostri compatriotti emigrati, anzi desideravamo conoscerli.

Francesco Trigona di S. Elia, dai suoi amici chiamato semplicemente Ciccio S. Elia, il principe di Torremuzza e Giacinto Carini, che nel 1860 fece parte della spedizione dei Mille e morì Tenente Generale nell' esercito italiano, erano tutti e tre emigrati del 1848. Queste furono le prime nostre conoscenze contratte a Parigi, le quali divennero intimissime nel corso dei sei mesi da noi passati in quella città. Però quegli a cui ci affezionammo maggiormente fu Francesco Trigona, che andavamo a trovare tutte le sere al Caffè Mazarin, alla fine dei teatri.

Egli era pieno di spirito, intelligente e dotato di una memoria ferrea; passava le sue serate al detto Caffè, leggendo giornali e tracannando cognac, di cui era appassionatissimo. Era molto amico del conte Gritti, emigrato veneto, che aveva servito nell'esercito austriaco e ne era uscito nel 1848 per prendere parte attiva alla liberazione della sua città natia. Caduta la Repubblica veneta, fu costretto emigrare in condizioni economiche abbastanza infelici, poichè il Governo austriaco gli aveva confiscato i beni, e lo avrebbe fucilato ove gli fosse caduto nelle mani. Era un uomo simpaticissimo e pieno di ardire; aitante e svelto di corpo, animato di spirito patriottico, non sognava che il riscatto della sua Venezia. In quei tempi il sentimento unitario non era ancora penetrato nel cuore di tutti gl'Italiani. A Mazzini è dovuta la gloria di avere messo in campo il principio dell'Unità Italiana; a lui si deve eterna riconoscenza per averlo iniziato e diffuso. Io conoscevo di nome il Conte Gritti, per averne sentito parlare Ciccio S. Elia; ma egli ignorava il mio nome, quantunque mi avesse visto qualche volta di sfuggita assieme al nostro comune amico Trigona. La conoscenza tra me e lui avvenne per il fatto seguente.

A Parigi ebbi un duello fortunato ; dico fortunato perchè avrei dovuto essere ucciso, visto che il mio avversario, Jean de Vitali, oltre di essere un famoso tiratore di spada, era anche mancino. Ciò nonostante la fortuna mi sorrise e quel povero diavolaccio ebbe un colpo di spada, che lo mise fuori combattimento. Ciò prova quanto gli apprezzamenti dei tiratori di sala d'armi siano sovente erronei. Diede origine al duello una sgarbataggine del Vitali fattami al Teatro del Grand-Opéra. Egli, profittando del momento dell' *entr' acte*, in cui ero salito al *foyer*, aveva preso possesso della mia poltrona di orchestra, e, al mio ritorno, si era ostinato insolentemente a rimanere nel mio posto, quantunque io, con modi cortesi, gli avessi chiesto di cedermelo. Furono miei patrini Popò Sciara e Aristide Calani , morto da poco tempo Direttore della Gazzetta di Torino; patrini avversarî furono Rizzari e il Conte Gritti. Questi , nell'entrare nel mio salotto per abboccarsi con i miei patrini, si ricordò di avermi visto qualche volta assieme a Ciccio S. Elia , e prima che io gli avessi presentato i miei secondi , mi disse :

— Ella è amico di Francesco Trigona di S. Elia ?

— Sì, gli risposi io.

— Allora rinunzio al mio mandato, poichè non intendo andare sul terreno per fare il patrino contro un amico del mio amico.

Durai fatica a fargli comprendere che io ero ben lieto che egli assistesse il mio avversario, e nell' esternargli la mia ammirazione e la mia gratitudine per il suo modo squisito di sentire, ciò nonostante lo pregavo caldamente di non rinunziare all'incarico assunto. Su questo incidente si discusse una buona mezz'ora, ma finalmente riescii a convincerlo, e appena si fu reso alle mie iterate preghiere, gli presentai subito i miei secondi. Il dimani avvenne il duello nel bosco di Saint-Germain en-Laye ; le spade mi furono prestate dal mio carissimo amico Giovanni Riso Barone di Colobria, che in quel momento trovavasi a Parigi. Da quel giorno in poi io e Gritti fummo amici, e la sua amicizia contribuì molto a sviluppare e consolidare in me il sentimento di patria, di cui esisteva già il germe in fondo all'animo mio. Egli mi ripeteva sempre di non rischiare la propria vita per cose frivole, occorreva invece darla risolutamente per il riscatto della nostra patria. I suoi discorsi producevano in me grandissima impressione, e mi facevano pensare a cose alle quali sino allora non avevo seriamente pensato. L'eco della sommossa di Bentivegna, scoppiata a Mezzojuso il 27 novembre del 1856, e di cui ho fatto cenno in una delle pagine precedenti, si ripercosse nel cuore degli emigrati del 1848; noi che vivevamo in mezzo a loro ne fummo parimenti impressionati. Tutte queste cose unite insieme concorsero molto a temprare il nostro carattere e a dare un indirizzo ai nostri principî.

A proposito del mio duello ricordo un incidente, che rivela l'animo delicato e il sentimento di affettuosa amicizia di Corrado Valguarnera e di Giovanni Notarbartolo per me. Eglino, nel momento in cui io partivo per Saint-Germain en-Laye, con gli occhi rossi mi dissero: *non ci fare attendere questa sera per il pranzo ;* quei cari giovanotti, che non avevano neppure raggiunto il ventesimo anno di loro età, non volevano mettere nem-

meno in dubbio che io avrei potuto non ritornare. Mi vengono
in mente anche altri due incidenti caratteristici, di cui il primo fu
questo. Io avevo conosciuto il Conte du Hallay-Coetquen, padre
della baronessa di Colobria Riso, celebre duellista, che aveva
ucciso una dozzina di avversarî. Avendolo incontrato al Caffè Mazarin qualche giorno dopo il mio duello, mi accolse malissimo,
rimproverandomi di non essere andato da lui per chiedergli consiglio prima che io mi fossi battuto. Io, che sapevo la storia di
quei tali dodici, che egli aveva spedito all'altro mondo, e non
avendo alcuna voglia di essere io il tredicesimo, gli feci le mie
più alte scuse; egli mi stese subito la mano, e mi disse: bravo.

Il secondo incidente fu questo. Giacinto Carini si era fitto in
capo di avere io spezzata una lancia in favore della signorina
Marietta Piccolomini, che in quell'anno cantava all'Opéra-Ita-
lien, e contro la quale il Vitali aveva scritto parecchi articoli
nei giornali francesi. Imbevuto di questo suo falso concetto, comunicò a tutta la famiglia Piccolomini, con quella efficacia che
lo distingueva, che io mi era battuto per dare una lezione di
creanza all'autore degli articolacci scritti contro la Signorina Marietta. Io ignoravo tutto questo, e grande fu il mio stupore
quando, una sera, presentatomi nel salone Piccolomini, vidi venirmi incontro il Conte e la Contessa commossi, esternandomi
la loro gratitudine per avere io punito il giornalista, che aveva
attaccato il merito artististico della loro figlia. Indarno io li as-
sicuravo d'ignorare completamente non solo gli articoli dei giornali, ma financo l'esistenza del Vitali, fiato sprecato, essi non
intendevano ragione, e quanto più io negavo tanto più essi affermavano il contrario. Quella buonissima ed eccellente famiglia
rimase sempre convinta che io negavo la causa del duello per
eccesso di cavalleria. Anche Carini fu irremovibile nel suo falso
convincimento, e ogni qual volta si parlava di quel fatto, col
suo abituale sorriso sarcastico mi ripeteva: che il bisticcio, avvenuto al Grand-Opéra, tra me e il Vitali era stato un pretesto,
ma la causa reale del duello doveva attribuirsi agli articoli che
lo stesso Vitali aveva scritti contro la Piccolomini.

Nel Marzo del 1857 si rientrò in Italia per il Moncenisio, e si andò a Firenze, ove si giunse con una moneta toscana in tasca, pari a dieci *paoli,* corrispondenti a meno di cinque lire italiane. A Parigi avevamo speso sino all' ultimo soldo, riserbandoci soltanto ciò che occorreva a stento per le spese di viaggio. Dalla stazione di Firenze ci femmo trasportare, da una vettura, direttamente all'*Hôtel du Nord* in piazza Santa Trinita. Il proprietario dell'Albergo mise a nostra disposizione uno splendido appartamento, con analogo salotto, per nove *paoli* al giorno; il buon mercato di Firenze in quei tempi era qualche cosa d'inverosimile. Fatti salire i nostri bagagli, io diedi al cameriere l'unica moneta, che possedevamo, ordinandogli di pagare tre *paoli* al cocchiere, che ci aveva condotti all'Albergo. Il cameriere, dopo che ebbe eseguito l'ordine da me ricevuto, mi restituì i sette *paoli* di resto, ma io invece d'intascarli glieli regalai. A quest'atto di mia munificenza, Corrado andò in tutte le furie, nè poteva rassegnarsi all'idea di essere rimasti tutti e tre senza neppure un soldo per comprare i sigari. Io lo calmai facendogli riflettere che il dimani avremmo trovato certamente alla posta il danaro, che attendevamo da Palermo; che i sette *paoli* non avrebbero potuto servirci a nulla, e averli regalati al cameriere era stato un atto di politica, con cui si nascondeva la nostra deficienza monetaria del momento. Del resto, soggiunsi, l'Albergo provvederà a tutti i nostri bisogni. Non l'avessi mai detto, immediatamente Corrado dà una forte scampanellata e, presentatosi il cameriere, ordinò un pranzo per tre persone con Sciampagna e Bordeaux. Indi, appena il domestico si fu ritirato, rivoltosi a me, mi disse: tu hai voluto essere generoso col cameriere dandogli i soli sette *paoli* che ci restavano, continua ad esserlo con noi pagando anche tu, quando arriverà il danaro, i vini che noi beveremo e tu non beverai. Così vendicavasi il mio amico, che, sapendomi astemio, m'imponeva quella tassa vessatoria, alla quale, però, sottostetti per quella volta soltanto.

Il giorno dopo ci recammo alla posta pertempissimo, ma nessuna lettera per noi; allora la cosa prese un aspetto grave. Cor-

rado, profittando di questa occasione, ricominciò le sue querimonie
per quei maledetti sette *paoli* dati al cameriere. Tutti i desiderî
i più strani si risvegliarono in lui, fra i quali anche quello della
vettura. Egli, fortissimo come un leone, diceva di non sentirsi
la forza di camminare a piede. Tutto questo lo faceva per farmi
dispetto, ed io, per togliergli qualunque pretesto di lamento, ordinai all'Albergo una carrozza di rimessa, da servirci di giorno
e di notte. Tosto che avemmo un equipaggio a nostra disposizione, primo nostro pensiero fu quello di portare le lettere di
raccomandazione alle persone cui erano indirizzate; e nello stesso
tempo femmo sapere ai nostri amici Giuseppe Lanza Principe di
Trabia e a suo fratello Francesco, oggi Principe di Scalea e Senatore del Regno, il nostro arrivo in Firenze. Questi vennero
subito a trovarci, e c'invitarono di andare la sera in casa loro,
a Piazza Pitti per presentarci alla loro madre Principessa di Butera. Felici dell'invito ricevuto, la sera ci affrettammo a farci
presentare a questa nobile dama, che alla bontà dell'animo accoppiava le forme le più cortesi e le più gentili che mai. La famiglia Butera componevasi allora dei due nostri amici Giuseppe
e Francesco Lanza, che gli amici chiamavano semplicemente Pep-
pino e Ciccillo Trabia; della signorina Stefanina, oggi Principessa
di Belmonte; di Corrado allora adolescente, oggi Marchese di
Ajeta; di Blasco, oggi Duca di S. Carlo, e di Ernesto, tutti e due
fanciulli. Manfredi Lanza, che prese poi il titolo di Marchese di
Misuraca, era a Palermo in educazione all'Oratorio dell'Olivella,
di cui facevano parte i suoi zii Padre Salvatore e Padre Ottavio. Il salone Butera era il ritrovo di tutti gli emigrati siciliani
e napoletani; i più assidui erano Don Vito Beltrani, padre di
Martino oggi Senatore del Regno, il Duca della Verdura, il Barone Nicolò Cusa, il Cav. Fulco Santostefano della Cerda e il
Marchese Gioacchino Saluzzo; vi veniva pure con assiduità il
Dottore Enrico Albanese, carissimo giovane, che prese tanta
parte alla rivoluzione del 1860, e curò Garibaldi quando fu ferito ad Aspromonte.

Dieci giorni trascorsero in Firenze, senza che si vedesse l'ombra del centesimo; e durante questo periodo di tempo accaddero scene curiosissime, tra le quali, anche questa. In casa Butera si giocava tutte le sere il *brelan;* invitati a giocare, noi naturalmente ricusammo, poichè non potevamo disporre di quei pochi *paoli,* che occorrevano per prender parte a quella partita. Per giustificare il nostro rifiuto, ci sfuggì inconsideratamente di bocca che noi non conoscevamo le carte; questa nostra dichiarazione provocò il riso degli astanti, i quali stentavano a credere un fatto così anormale. I fratelli Lanza, con i quali io avevo giocato spesse volte a Palermo al Casino della Borsa, che fu poi chiuso per ordine di Maniscalco, ne risero più degli altri, ma non ci smentirono, nè ci forzarono a giocare, supponendo che noi ci annojassimo di fare quella partita insignificante. Altro che insignificante, invece era colossale per noi, che, in quel momento eravamo più poveri di Giobbe. Ma a nessuno poteva passare per la mente un simile pensiero, visto che noi menavamo una vita di lusso dando pranzi e colazioni giornalmente, e facendoci trascinare in carrozza di rimessa. Questo fatto faceva grandissima impressione, poichè non si sapeva comprendere come tre giovani scapoli si servissero della carrozza di rimessa, mentre sarebbe stato più comodo e più economico di servirsi delle vetture di piazza. Al decimo giorno, dal nostro arrivo in Firenze, fui svegliato dal cameriere dell'Albergo, a cui avevo dato ordine di svegliarmi anche all'alba, qualora fossero giunte lettere per me; lo stesso ordine avevano dato i miei due compagni di viaggio. Appena il domestico mi ebbe presentato una lettera al mio indirizzo, mi accorsi dal tatto che era imbottita, ed apertala immediatamente vi trovai difatti la cambiale tanto desiderata. *Non scesi, no, precipitai dal letto,* e dato di piglio ad una pianella, che mi venne sotto mano, corsi nella stanza di Corrado. Lo trovai immerso in profondo sonno, disteso bocconi in sul letto, ed io per svegliarlo subito gli applicai tre colpi di pianella. Destatosi per soprassalto, salta giù dal letto e si avventa contro di me; ma io avevo preso le mie precauzioni, essendomi allontanato a tempo tenendo spiegata nelle mie mani

la cambiale. A quella vista Corrado divenne un agnello, e invece
di darmi pugni, com' era sua intenzione, mi abbracciò affettuosamente; e così, stretti in un abbraccio fraterno, ci presentammo
a Giovanni Notarbartolo per comunicargli la lieta nuova. Lo
stesso giorno si riscosse il danaro alla Banca Levi, si congedò
immediatamente la carrozza di rimessa, e la sera in casa Butera
si narrò la storia dei nostri dieci giorni passati in Firenze senza
un centesimo in tasca. Questa spontanea confessione spiegò il
nostro rifiuto al *brelan*, e il nostro lusso forzato di tenere la
carrozza di rimessa. I due fratelli Lanza, percorrendo la grada-
zione dei titoli i più umilianti, ce li scaricarono tutti addosso,
cominciando da quello d' *imbecilli* e terminando con l' altro di
cretini, per avere celato a loro la nostra posizione finanziaria.
Il giorno seguente all' arrivo della mia cambiale, Giovannino e
Corrado ricevettero anch' essi le loro, e così l' equilibrio nelle
nostre rispettive finanze fu totalmente rimesso.

Il 19 marzo di quell'anno, in occorrenza dell' onomastico del
Principe Giuseppe di Trabia, vi fu teatro e ballo in casa sua.
Si recitò *La Bataille des Dames;* ne furono interpreti le signorine Cristina Tupputi e Stefanina Lanza, i fratelli Giuseppe
e Francesco Lanza, e Fulco Santostefano. La rappresentazione
riuscì splendida; attori e attrici la fecero a gara per far dimenticare che erano semplici dilettanti; e raggiunsero il loro
intento, poichè poche volte ho visto recitare quella commedia,
con tanto assieme, tanta lindura e tanta naturalezza. Finita la
rappresentazione, cominciò il ballo, che fu brillantissimo e si
protrasse sino alle ore del mattino.

Un fatto da notarsi per la sua originalità è il seguente: Esisteva in Firenze allora una Trattoria sulla cui insegna si leggeva: *Alla Patria.* Parecchi emigrati andavano a pranzarvi, e
fra questi figurava un certo Sig. Bomba, il quale dava ad intendere di essere stato espulso da Napoli a causa del suo nome,
che rammentava quello dato a Ferdinando II dai Siciliani dopo
il bombardamento di Palermo nel 1848. Avvenne una sera che
taluni dei nostri amici, di cui adesso non ricordo i nomi, si

trovavano a pranzo nella detta Trattoria, e parlando tra di loro esternavano il desiderio di voler mangiare i maccheroni alla siciliana e polpette con sugo. Il Bomba nel sentire il loro desiderio disse : che Egli sarebbe stato felicissimo di appagarlo, ove avessero voluto accordargli l' onore di accettare un pranzo nel suo casino a S. Gervasio nei pressi di Firenze. Dopo le solite cerimonie di uso, l' invito fu accettato, e il Bomba, lieto di questo fatto, si affrettò a soggiungere che invitava pure tutti i Signori siciliani amici di quelli, che di già aveva invitati. In quel momento io trovavomi a Siena, ove ero andato per fare una visita alla famiglia Piccolomini, reduce da Parigi e pronta a ripartire per Londra, ove la Signorina Marietta era stata scritturata per cantare la parte di Zerlina nel Don Giovanni di Mozart. Ritornato da Siena, andai la sera stessa, come al solito, in casa Butera, e appena presentatomi mi fu partecipato l'invito a pranzo del Sig. Bomba. Io credetti fosse una celia dei miei amici, e ricusai di accettarlo dicendo di non conoscere l' anfitrione. *Ma nemmeno noi lo conosciamo*, risposero tutti in coro. Allora mi si narrò com' era andato l' invito; tutti lo avevano accettato, per conseguenza lo accettai anch' io.

Il giorno fissato per il pranzo ci avviammo alla volta di S. Gervasio. Erano con noi Don Vito Beltrani, Cusa, Della Verdura, Enrico Albanese, Giuseppe e Francesco Lanza, il loro zio Emanuele, padre dell'attuale Conte di Mazzarino arrivato allora in Firenze, e Paolo Paternostro Bey. Giunti a S. Gervasio vi trovammo il Bomba, con le maniche della camicia rimboccate, intento a sbrigare il pranzo. Dopo che ci ebbe fatti gli onori di casa, ritornò in cucina, e di lì a poco i maccheroni furono serviti in tavola.

Tutta la comitiva aveva portato parecchie bottiglie di Sciampagna, di Bordeaux e di Marsala, nell' intento di lasciarne un buon numero al Bomba per ricompensarlo del pranzo. Più si era convenuto di regalargli un oggetto per esternargli la nostra gratitudine, e nello stesso tempo per disobbligarci. Il brio e l'appetito animavano i commensali; ma Emanuele Lanza, una delle prime forchette siciliane, si distinse sopra tutti. Tutti ammiravamo Bomba per la sua eccessiva cortesia, ma Don Vito Beltrani, entusiasta di sua natura, non si stancava di tesserne gli elogi. Egli, tenendo una polpetta in cima alla sua forchetta e sollevando il braccio, esclamava: Ove si può trovare un cuore come quello di Bomba? Chi di noi avrebbe invitato tante persone senza conoscerle? *nessuno*, si rispose con voce unanime. Emanuele Lanza, col movimento del capo, approvava quanto aveva detto il Beltrani, senza però interrompere il suo pasto, che trovava squisitissimo. Quando venne il momento di far saltare in aria i turaccioli delle bottiglie di Sciampagna, si fece venire il Bomba invitandolo a bere con noi. Egli nel mostrarsi grato al nostro invito, chiese il permesso di presentarci un suo amico d'infanzia perseguitato dai Borboni, perchè liberale, e desideroso di fare la conoscenza di quei Signori, che come lui, erano stati esiliati dalla loro terra natia. La domanda del Bomba fu accolta senza esitazione, e l'amico politico fu subito presentato a tutta l'adunanza.

L'aspetto del nuovo arrivato e le sue affettate cortesie non destarono la simpatia degli astanti. Traspariva nella sua figura qualche cosa di falso, e le sue maniere, che si sforzava di rendere gentili, rivelavano invece la sua volgarità. Ma tutte queste osservazioni furono fugaci e si confusero tosto con i vapori dello Sciampagna, che ottenebravano i cervelli di quasi tutti i convitati. Fra il cozzo dei bicchieri, con cui si brindava continuatamente, e il frastuono di tante voci assordanti, che rintronavano nelle orecchie, il Bomba propose una partita di *lansquenet*, e nello stesso tempo presentò una cassetta contenente varii pacchi di carte da gioco. Tutti i giovani accolsero con entusiasmo la proposta, ma l'astuto Paolo Paternostro, che aveva ben studiato i due amici d'infanzia, assumendo un aspetto indifferente, ci disse: giovanotti andate a respirare un poco d'aria in giardino, e quando ritornerete si comincerà la partita. Si accettò il consiglio, e si scese subito in gardino, poichè si sentiva veramente il bisogno di respirare l'aria fresca. Appena ci eravamo inoltrati nei viali, scorgemmo, contro ogni nostra aspettativa, alquante ninfe sorridenti, che inclinate sulla molle erbetta, andavano scegliendo fior da fiori. Noi felicissimi di quella piacevole sorpresa ci accingevamo ad avvicinarle, quando da una delle finestre sporgenti in giardino si vide venire giù una pioggia di carte da gioco: era il Paternostro, che avendole trovate tutte segnate le aveva fatte volare per la finestra. Allora si capì l'agguato che ci era stato teso, sotto le forme le più gentili e le più cortesi. Il Bomba aveva saputo certamente che nella nostra brigata si giocava molto il *lansquenet*, e nella sua mente, chi sa da quanto tempo, cercava l'occasione di poter trarre profitto di quella gioventù spensierata e inesperta riunita allora in Firenze. L'occasione gli si era presentata propizia nella Trattoria della Patria; la colse a volo e nulla omise per trarne profitto. Egli aveva dato il pranzo nel solo scopo di riunire tutti quei giovani in casa sua per così pelarli con l'ajuto del suo amico d'infanzia; e ciò sarebbe accaduto indubitatamente ove Paternostro non fosse stato con noi. Donne, vino e gioco erano i tre elementi su cui il Bomba aveva fondato il suo piano; però quando lo vide fallito da cima in fondo, non si perdette d'animo, e, con aspetto lieto e faccia marmorea, ci presentò la nota del pranzo, che fece ammontare a tre monete per uno. Con questo prezzo, favoloso in quei tempi, ognuno di noi avrebbe potuto pranzare nel modo identico per quindici giorni. Noi fummo ben lieti di essercela cavata a sì buon mercato, poichè, se avessimo giocato, saremmo usciti da quel palazzo di Armida con le borse vuote.

I mesi passati in Firenze furono deliziosi; l'ambiente in cui si viveva era impregnato di sentimenti elevati e patriottici. I nostri amici Giuseppe e Francesco Lanza avevano un culto per la memoria del loro padre morto in esilio, e ne seguivano nobilmente l'esempio tenendosi saldi nei principî che il padre aveva loro inculcati. I loro sentimenti liberali erano sempre più rafforzati dal contatto continuo con tutti quei distinti emigrati del 1848; contatto che anche a noi fece un gran bene, e valse a consolidare i nostri principî, i nostri sentimenti e le nostre idee, le quali a Parigi avevano acquistato abbastanza forza mercè l'amicizia contratta con S. Elia, Gritti, Torremuzza e Carini. Don Vito Beltrani era la nostra guida intelligente, che ci accompagnava nella visita dei Musei e delle Pinacoteche. La sua parola facile ed elegante ci affascinava, e la sua conoscenza profonda della storia dell'arte ci faceva apprezzare i capilavori delle Gallerie dei Pitti e degli Uffici. In Firenze, quantunque sotto il governo granducale, respiravasi a pieni polmoni l'aria di libertà; si parlava liberamente di tutto, si leggeva ogni libro, e nel Gabinetto di Viesseux abbondavano i giornali e le riviste di tutti i paesi, come pure le pubblicazioni di ogni genere di scibile. Io lasciai la gentile città, in cui la favella italiana è regina, con gran dolore; i bei giorni di allora e quelli che vi passai in tempi posteriori sono incancellabili nel mio cuore. Il distacco dai miei compagni di viaggio mi fu penosissimo, ma mi consolava il pensiero che fra breve li avrei rivisti in Palermo. Prima che io partissi, il Barone Cusa mi affidò un Corano in arabo da consegnarlo a suo fratello, Professore nell'Università di Palermo. Giunto in Napoli la Polizia se ne impadronì, nè ci fu mezzo di poterlo riavere. I tipi arabi del libro di Maometto furono presi, forse, per segni convenzionali rivoluzionarii. Il Professore Cusa, al mio arrivo in Palermo, rimase deluso nelle sue speranze; ma io non avevo nessuna colpa, la Polizia di quei tempi aveva paura di tutto, financo del libro sacro ai Musulmani.

I primi giorni passati in Palermo furono tristi per me; ma il ritorno dei miei compagni di viaggio rialzò il mio morale, e a poco a poco ricomparve la gajezza, che era la caratteristica principale della gioventù di quell'epoca. In mezzo alla vita spensierata, che si menò nel periodo di tempo compreso tra il 1855 e il 1859, e di cui ho di già dato qualche ragguaglio, io impiegavo due ore della giornata nella Biblioteca dei Gesuiti a Casaprofessa. Ivi venivano quotidianamente Martino Beltrani Scalia e Corrado Lancia di Brolo, oggi tutti e due Senatori del Regno.

Quando si scendeva dalla Biblioteca si andava a passeggiare nel viale alberato della Marina, ove sovente ci raggiungeva il Barone Fardella di Moxharta. I nostri discorsi si svolgevano sempre su i destini della nostra patria, e sulle lontane probabilità di una riscossa; nessuna cosa accennava, sino a quel momento, alla guerra del 1859. Ho detto come l'annunzio di questa guerra esaltasse l'animo dei Palermitani; ho narrato la dimostrazione per la vittoria di Solferino, e le carcerazioni, che ne furono la conseguenza immediata; narrerò adesso il procedere della congiura, la mancata sommossa nell'ottobre del 1859, e gli avvenimenti che si svolsero, nel mio ambiente, sino al 28 febbrajo del 1860, giorno del mio secondo arresto. Questa data segnerà la fine di questo Prologo; quella del 1° marzo darà inizio al diario dei *Tre Mesi in Vicaria*.

In Palermo ferveva lo spirito di rivolta, e, di giorno in giorno, aumentava sempre più, si dilatava nella città, e invadeva l'animo dei cittadini. Vero è che pochi erano gli arditi pronti ad impugnare le armi, ma questi erano sorretti dall'opinione pubblica generale. unanime.

Quando gli arrestati per la dimostrazione del 26 Giugno 1859 furono messi in libertà, allora si diede bando alle chiacchiere e non si mirò ad altro che a raccogliere armi e munizioni a fine di essere pronti ad insorgere al momento opportuno. Si andava giornalmente nelle vicine campagne per arrolare sotto la bandiera tricolore quei contadini animosi, che per istinto nativo odiavano la tirannide pari alle classi più culte, le quali la detestavano per convinzione e per principî. Era dura necessità il reclutare gente di ogni risma; vi si era sventuratamente costretti da forza maggiore, e non potendosi essere arbitri della scelta, si doveva accogliere tutti coloro che dicevano di essere pronti a combattere. Il volersi però sostenere da taluni che i gregarî componenti le squadriglie rivoluzionarie erano tutti malfattori e

camorristi, ciò non è esatto, anzi erroneo. Uomini tristi ce n'e-
rano pur troppo, ma gli onesti non facevano difetto, nè è giusto
confondere gli uni con gli altri in un fascio, e giudicarli tutti
alla stessa stregua.

Le giovanili impazienze intanto, ribollivano; si giudicò, a torto,
di essere giunto finalmente il momento desiato di menar le mani,
e in forza di questo falso concetto si fissò insorgere il 4 ottobre
del 1859. In questo giorno le truppe regie si recavano al Foro
Borbonico per festeggiare l'onomastico del Re; si era stabilito di
attaccarle dopo la parata, quando esse, al suono delle musiche
militari e al rullo dei tamburi, risalivano spensierate la via Toledo per recarsi alle rispettive caserme. Erasi convenuto altresì
iniziare l'attacco lanciando dai balconi parecchie bombe Orsini, e
profittando del disordine che la loro esplosione avrebbe prodotto
nelle file dei soldati, si dovea contemporaneamente aprire il fuoco su i loro fianchi da tutti i vicoli sboccanti in Toledo. Lo squillo
delle campane a stormo avrebbe dovuto avvertire le bande di contadini, appiattate nelle circostanti campagne, di entrare immediatamente nella città in sommossa. Non rammento le ragioni che
indussero a cambiare questo piano, è certo però che fu il primo
concepito, e racchiudeva in sè qualche probabilità di riuscita.

Mentre la rivoluzione stava per scoppiare in Palermo, la Polizia dormiva sonni tranquilli, ed era al buio di ogni cosa. Dico
questo a taluni moderni Italiani ignari totalmente della storia
contemporanea, i quali, non essendosi dati il fastidio di studiar-
la o almeno conoscerla superficialmente, inneggiano l'oculatezza
della Polizia borbonica, nell'intento di abbassare l'italiana. La
Polizia di Maniscalco nulla seppe mai; occorreva un fatto pa-
tente per metterla in guardia. Gli arresti che faceva erano
tutti arbitrarî, non avendo mai avuto un documento nelle mani,
che provasse la reità degli arrestati. Si arrestava a casaccio, in
base a semplici sospetti, e di là ne derivavano catture ridicole,
che umiliavano spesso chi le aveva ordinate. Vero è che molti
catturati facevano realmente parte della congiura, ma nessun
tribunale avrebbe potuto condannarli, poichè le prove manca-

vano. La polizia, lo ripeto, arrestava per intuito, per indizî, giammai per conoscenza di fatti reali e positivi. Le riunioni del comitato rivoluzionario in casa Lomonaco furono sempre ignorate da Maniscalco. Una sera il famigerato Puntillo, Ispettore di Polizia, pattugliando con buon numero di sgherri si fermò sotto la casa Lomonaco per una mezz'ora circa, e poscia se ne allontanò senza che avesse concepito alcun sospetto. Questo fatto accadeva la sera in cui il Marchese Antonio di Rudinì fu presentato al detto Comitato, e mi è stato riferito dallo stesso Rudinì. L'insurrezione preparata per l'Ottobre fu conosciuta da Maniscalco in seguito alla fallita sommossa di Giuseppe Campo a Villabate. Di questa parlerò a suo tempo, intanto riprendo il filo della mia narrazione.

Cambiatosi il piano dell'insurrezione, come ho detto dianzi, invece del movimento centrifugo si adottò il centripeto, quello cioè che dall'esterno doveva concentrarsi nell'interno. In base a questo nuovo piano, Palermo sarebbe dovuta insorgere, allorchè le bande armate delle campagne circostanti fossero, da varî punti, piombate in città. Non mi rammento bene se fosse il *9* o il *10* ottobre, ricordo benissimo, però, che era giorno di Domenica quello che si era fissato per l'insurrezione. Io partî da Palermo per Carini sei giorni prima, venne con me Pietro Ilardi. Nel momento della mia partenza il giovane Francesco Trigona di S. Elia mi diede trenta piastre, che, unite ad altre di mia proprietà, mi servivano per pagare gli uomini, che avrebbero dovuto seguirmi la Domenica prossima; lo stipendio giornaliero di ogni gregario era di tre tarì (1).

Giunto a Carini sull'imbrunire, mi abboccai subito con Pietro Tondu, oriundo francese, uomo di cuore, liberale convinto, perseguitato sin dal 1849 dalla Polizia, e vittima di lunghe prigionie sofferte nella Cittadella di Messina e nella Vicaria di Palermo. Stanco di tante persecuzioni si era ritirato in Carini per menarvi vita tranquilla di famiglia. Aveva fatto voto di non vo-

_____

(1) Un tarì equivalente a 41 c. tre tarì equivalenti a un franco e 25 c. dodici tarì formavano una piastra.

lere più sentire parlare nè di congiure nè di rivoluzioni; ma ad
onta di questa sua repugnanza, io lo forzavo a parlarne tutte le
volte che andavo in quel Comune per affari miei particolari. Egli
in cuor suo anelava il riscatto della patria, ma in seguito alle
delusioni avute, per i varî tentativi falliti del Garzilli, del Bentivegna e dello Spinuzza, non aveva più fede nell'avvenire, nè
credeva vi fosse in Palermo fibra abbastanza forte per compiere
una insurrezione armata. In una delle tante conversazioni avute
con lui nei mesi, che precedettero la tentata sommossa dell'Ottobre 1859, gli feci un giorno il seguente quesito: *Se Palermo
fosse pronta ad insorgere, ed io venissi qui in Carini per
inalberarvi la bandiera della rivolta, mi seguireste? — Non
esiterei un momento*, mi rispose animandosi — *Non metto in
dubbio la vostra parola*, io ripresi, *e ci conto.* — Appena lo
rividi nella stessa Carini la sera della mia partenza da Palermo,
gli dissi: *Don Pietro, il momento di mantenere la vostra parola è giunto; Domenica all'alba si dovrà essere a Palermo;
la nostra missione è quella di attaccare il convento di San
Francesco di Paola ore è alloggiato un battaglione di soldati.
Intanto vi prego di condurmi questa sera stessa nella campagna ove si trovano i due fratelli Raffaele e Salvatore Dibenedetto, per conoscerli prima, e per metterci di accordo poi,
sul modo di condurre l'impresa.* Io e i fratelli Dibenedetto
ci conoscevamo solamente di nome; sapevamo di essere compagni
nella cospirazione, ma non ci eravamo mai visti, poichè da parecchio tempo essi battevano la campagna nel territorio di Carini, a guisa di banditi, per evitare che cadessero nei lacci della
Polizia. I fratelli Dibenedetto erano sei; nati di onesta ed agiata
famiglia, si erano dedicati con ardore indefesso a congiurar per
la patria; spesero tutte le loro sostanze, e sparsero il loro sangue per redimerla. Tre di loro finirono la loro vita gloriosa-
mente combattendo alle barricate: un quarto, Raffaele, cadde ai
Monti Parioli, nei pressi di Roma. Di questi eroi, dimenticati
ingratamente da chi avrebbe il dovere di ricordarsene, ignorati
da tutti coloro, che stimano un lusso inutile la conoscenza della

storia patria, oggi più non si parla. Delle gesta di questi giovani, che tanto contribuirono con il loro sangue e i loro averi a costituire l'Italia, rendendola libera e indipendente, nessuno più si cura, invece, con somma vergogna dei tempi attuali, si vedono circondati di ammirazione coloro, che mirano a distruggerla, tentando d'infrangerne l'unità, e fomentando la discordia fra gl'Italiani. Carezzare i nemici, non curare gli amici, è questo il sistema inaugurato da coloro cui sono affidate le sorti della patria.

Pietro Tondu, quantunque si fosse tenuto lontano da ogni discorso rivoluzionario, pur nondimeno non aveva mai tralasciato di essere in relazione con i suoi amici liberali, fra i quali i Dibenedetto, che andava di tanto in tanto a visitare nelle ore notturne. Guidato da lui, per sentieri orribili e impraticabili, giunsi in una campagna irta di alberi di carrubba. Ad un fischio convenzionale fatto dal Tondu, vidi da varî punti venire verso di noi una trentina di uomini armati di fucili, e con essi i due fratelli Dibenedetto. Fattasi la conoscenza, tra me e loro, e dopo il rituale abbraccio fraterno, si entrò subito in materia e si discusse sul modo da scegliere per condurre a buon porto l'impresa. Chiesi ai Dibenedetto qual'era la forza di cui potevano disporre: eccola, mi risposero, additandomi i trenta uomini armati; però soggiunsero di potere disporre di un'altra cinquantina di uomini inermi, i quali sarebbero armati con i fucili, che avremmo tolti ai soldati borbonici. La fede e l'ardire di quei due giovani non avevano limiti, ed io, nel rammentarli, m'inchino riverente alla loro memoria. Avendo fatto un calcolo approssimativo degli uomini su cui potevamo contare, tra quelli dei Dibenedetto, di Tondu, e miei, si arrivava a stento a cento armati di fucili e altrettanti di armi bianche; con simili forze si era pronti a marciare su Palermo. Vi fu divergenza di opinioni, se fosse da preferirsi metterci in via di soppiatto senza sollevare il Comune, o se, invece, si dovesse la sera del sabato spiegare arditamente il vessillo della rivolta nella piazza di Carini. Io era di questo avviso, poichè, contando sull'estese relazioni, che avevo allora con le varie classi della cittadinanza, ero sicuro di trascinare dietro di me molta gente. Ma una ragione molto seria vi si opponeva, ed era quella, che la Polizia di Palermo avrebbe potuto essere avvisata della nostra partenza se qualche spia zelante si fosse recata nella Capitale prima di noi. Preso in considerazione questo caso, che avrebbe mandato in aria il nostro progetto, si decise di reclutare ognuno di noi per conto proprio il maggior numero di uomini armati e inermi, e la notte del sabato, nel più gran segreto, metterci in marcia per Palermo.

Ritornato in Carini comunicai a Pietro Ilardi quanto si era convenuto, e questi ripartì per Palermo con l'incarico di far conoscere al Comitato le nostre decisioni. Prima che partisse, gli raccomandai che mi si mandassero alquante bombe Orsini, che mi erano state promesse, e non mi furono mai spedite. Si diceva che Crispi ne avesse mandato il modello, e su questo se ne fossero fabbricate parecchie ai *Ciacuddi* nei pressi di Palermo, per opera di Salvatore Cappello; ma io non le vidi mai, e per me questi ordigni esplosivi furono sempre un mito. Il nostro piano poggiava sulla sorpresa, ed era nostra idea, appena giunti a S. Francesco di Paola, occupare con gli uomini armati di fucili la Villa Filippina dirimpetto al convento, e nello stesso tempo fare invadere il quartiere inopinatamente da un manipolo di giovani arditi, armati di arme bianche e provvisti di bombe Orsini. Profittando dello scompiglio, che avrebbe prodotto inevitabilmente l'esplosione delle bombe, si doveva correre immediatamente alle rastrelliere d'armi e impadronirsi dei fucili. I soldati, ancora sonnolenti, colti all'improvviso nei loro cameroni, senza ufficiali che li guidassero, non avrebbero potuto opporre alcuna valida resistenza. Con questo colpo di mano eravamo sicuri del successo, che avrebbe coronato l'inizio della nostra impresa. Credevamo, in buona fede, di avere concepito un piano napoleonico, ma sventuratamente non avemmo la fortuna di metterlo in opera, poichè la rivoluzione abortì.

I pochi giorni, che precedettero quello fissato per la insurrezione armata, furono dedicati esclusivamente agli arrolamenti.

Tondu si centuplicava, e, con le tasche piene di tarì, reclutava quotidianamente quei contadini e operai di cui era sicuro. Intanto il fermento in paese era immenso, tanto da svegliare l'attenzione dei pacifici cittadini e delle autorità. Questo fermento era prodotto da quei gregarî, che noi avevamo arrolati, i quali, sin dal giorno del loro arrolamento, avevano cominciato a percepire i tre tarì per uno. Costoro non solo avevano smesso di lavorare e si stavano in piazza, con le braccia ciondoloni, allegri e contenti di poter mangiare e bere senza darsi briga di nulla, ma, quel ch'è peggio, ciarlavano oltre il dovere. Parecchi Carinesi mi chiedevano, cosa ci fosse di vero di tutte quelle voci che circolavano per il paese; ed io, facendo il nesci, rispondevo: che erano fandonie alle quali non si doveva prestar fede. Stavano così le cose, quando il venerdì, mentre io ero in casa a chiacchierare con un mio amico, mi vedo arrivare, come un fulmine, Martino Beltrani Scalia, agitato, convulso, fuori di sè, il quale, appena entrato nella stanza, mi fece cenno di volermi parlare a quattr'occhi di cose importantissime. Pregai il mio amico carinese di allontanarsi, e quando questi si fu ritirato, Martino stringendomi febrilmente la mano, e fissandomi negli occhi, mi dice: *giurami che Domenica non verrai a Palermo*. A quelle parole io rimasi interdetto, il loro significato non poteva essere dubbio per me, che conoscevo la tempra d'animo del mio carissimo amico; allora tutte le mie illusioni, tutti i miei sogni svanirono per incanto. Di me poco mi curavo, ma mi addolorava molto di avere strappato dalla pace domestica Pietro Tondu, e di averlo lanciato di nuovo nella via delle persecuzioni, e peggio ancora. Ecco ciò che era accaduto. Parecchi capi del movimento rivoluzionario avevano contato su forze ipotetiche ma non reali; difatti quando recatisi nei Comuni, che cingono Palermo, fecero l'appello degli uomini che dovevano combattere, pochissimi risposero. Chi credeva di potere disporre di duecento fucili, potette a stento raccoglierne venti, e così proporzionatamente, fu degli altri. Mancate le forze su cui basavasi l'insurrezione armata, tutti i capi delle supposte bande fecero sapere al Comitato di non contare sul loro concorso. Appena Martino fu informato di questo fatto, corse a Carini per salvarmi, e realmente mi salvò. Carissimo amico, se tu, con la tua presenza e con la tua voce, non mi avessi messo sotto gli occhi la realtà delle cose, io sarei caduto nei lacci della Polizia, e, preso con le armi alla mano, sarei stato inesorabilmente fucilato. A te debbo la vita, e anche la gioia di scrivere questi ricordi, che, astraendomi dalle cose attuali, mi trasportano ai tempi più belli della rigenerazione italiana.

Nel mentre a Carini si svolgevano gli avvenimenti, che ho narrati, Giuseppe Campo, che aveva assunto l'incarico di sollevare il Comune di Bagheria — sia perchè lusingato da false promesse, sia perchè non avvisato a tempo di sospendere la sua impresa, sia per altre ragioni che io ignoro — inalberò la bandiera della rivolta e con un pugno di uomini da Bagheria marciò su Villabate. Ma attaccato in questo Comune da forze preponderanti bisognò abbandonare l'impresa, e a stento riuscì a salvarsi imbarcandosi per Genova. Il bravo e valoroso giovane ebbe la fortuna di far parte dei Mille e sbarcare a Marsala con Garibaldi. La sommossa di Campo risvegliò la Polizia dal letargo in cui era immersa; ciò nonostante questa non riuscì a rompere la trama rivoluzionaria ordita in Palermo e nei dintorni, poichè ignorava ogni cosa. Ciò risulta luminosamente dal seguente fatto. Dopo il fallito tentativo di Campo, si spedirono varie colonne mobili nei Comuni, che fanno corona a Palermo. Una di esse, mista di soldati, compagni d'armi, birri e Ispettori di Polizia fu spedita anche a Carini. I capi della colonna mobile illusi della buona accoglienza avuta dai Carinesi - accoglienza preparata artatamente da noi per scongiurare la bufera poliziesca — di ritorno in Palermo dichiararono: *che il Comune di Carini era tranquillissimo e molto devoto alla dinastia dei Borboni.* Invece Carini era il Comune in cui vi era veramente un nucleo di armati pronti a combattere; in cui esisteva un deposito di munizioni per opera dei fratelli Dibenedetto, e in cui; dopo il fallito movimento di Campo, si restò più costanti di prima. La Polizia ignorava tutto questo, e ne era completamente al bujo.

L'ambiente era talmente contrario al governo, che financo le
autorità governative non osarono denunziarci; e avrebbero potuto farlo con sicurezza, quando la colonna mobile venne in Carini. Oramai lo scopo della mia presenza in quel Comune non
era più un mistero per alcuno; ed io e Tondu eravamo rassegnati
ad essere, un giorno o l'altro, arrestati e tradotti in Vicaria. Ma
ciò non avvenne, perchè nessuno osò tradirci, e perchè il mestiere di spia era venuto in disgusto anche a coloro, che erano
usi a farlo.

Ritornata la calma, rientrai in Palermo ove, con mio sommo
piacere, trovai i fili della trama rivoluzionaria non interrotti,
anzi rafforzati. La fine dell'anno 1859 e il principio del 1860
furono impiegati ad ammannire armi, preparare munizioni, raccogliere danaro, ed accendere soprattutto la fantasia dei cittadini
in modo che questi si convincessero della necessità assoluta, imprescindibile dell'insurrezione armata. La gioventù aristocratica
non aveva ancora preso parte attiva alla causa nazionale; fu in
tale periodo di tempo che vi si dedicò con nobile slancio. A
questo proposito sento il dovere di ricordare il modo elevato e
veramente ammirevole con cui Giovanni Riso Barone di Colobria
entrò risolutamente nella congiura. La sua casa era brillantis-
sima in quei tempi; vi era tavola imbandita tutti i giorni; la
società aristocratica, dopo di avere assistito allo spettacolo serale
che si dava al teatro Carolino, oggi Bellini, era accolta nelle splen-
dide sale del Palazzo Riso con quella espansione di animo, che di-
stingue i meridionali. La Baronessa di Colobria, nata du Hallay-
Coetquen, e la bella e simpatica Marchesa Marianna D'Ayala Riso,
con le loro maniere cortesi e gentili erano l'anima di quelle indi-
menticabili riunioni. Vi era un piccolo nucleo di amici intimissimi,
che tutti i giorni nelle ore che precedevano quelle della passeggiata al giardino inglese, si riuniva in casa Riso; ne facevo
parte anch'io. Giovannino aveva per me un affetto fraterno, che
mi aveva dimostrato in varie circostanze, e di cui gli sono sempre riconoscente; i nostri legami di amicizia si conservano intatti
oggi come allora, nè il tempo, nè la lontananza sono valsi ad

infiacchirli. È una gran consolazione, nei vecchi anni, di vedersi
circondati dall'affetto di quei pochi amici della giovinezza, che
la falce della morte non ha ancora mietuti. La corda dell'amicizia vibrava allora potentemente, e se accadeva per caso, che
uno di quel nucleo di amici, soliti a riunirsi in casa Riso, non
si lasciasse vedere per una sola giornata, gli altri correvano in
fretta per chiederne notizia.

Assuefatti oramai a queste affettuosità reciproche, quando qualche volta ci si mancava, si era premurosi di saperne la causa ;
ciò avvenne a me in quei giorni. Io avevo notato, da qualche
tempo, un certo raffreddamento nelle accoglienze che Riso era
uso farmi, ma non ne ero sicuro. Per accertarmene mi assen-
tai per un giorno dalle consuete riunioni in casa sua. Mi ero
assentato altre volte per ragioni indipendenti dalla mia volontà,
ma quando un tal caso era accaduto Giovannino non aveva mai
trascurato di mandare uno dei suoi domestici a casa mia, per
conoscere la causa della mia assenza ; questa volta non lo fece.
Il mio dubbio divenne certezza, un malinteso doveva esistere, e
occorreva toglierlo al più presto possibile. I bronci fra amici leali
non devono mai esistere, e ove sorgesse qualche equivoco si dovrebbe chiarirlo immediatamente, e non tenerselo chiuso nell'a-
nimo; ma non tutti la pensano così.

Il giorno dopo andai a trovare Riso, prima che gli altri amici
fossero convenuti in casa sua, e in modo abbastanza risentito
gli chiesi conto del suo procedere verso di me, contrario ad o-
gni sentimento di amicizia. Al mio rimprovero Egli scattò come
una susta dalla poltrona in cui era seduto e, tutto acceso in
volto, mi disse con veemenza : *tu sei un impudente parlando-
mi come mi hai parlato ; tu non sai ove stia di casa l' amicizia.* A quella sua inattesa esplosione, io caddi dalle nuvole e
con maggiore insistenza lo spronai a dirmi subito la causa del
suo ingiusto risentimento. Allora mi svelò di avere intuito, dallo
stato di mia continua esaltazione e dalle mie confabulazioni misteriose con Rudinì e con Niscemi, qualche cosa di grave nella
mia esistenza. *Ho il presentimento,* Egli soggiunse, *che tu*

congiuri ; serbare con me il segreto , come hai fatto e con-
tinui a fare, non è prova nè di fiducia nè di amicizia. Quan-
do si è nel caso di affrontare un pericolo , due amici , come
noi siamo , devono affrontarlo assieme ; tu mi hai escluso ,
ed è per questo che io mi sento ferito nel sentimento di ami-
co, e offeso nell' orgoglio di uomo. Queste sue parole mi commossero, e risposi facendogli le mie scuse e stringendogli affettuosamente la mano. Però mi affrettai a fargli comprendere che
per sentimento di eccessiva amicizia mi ero astenuto di fargli
prendere parte alla congiura; poichè considerando la sua brillante
posizione, la sua ricchezza, gli agi di cui godeva, avrei stimato
atto di egoismo il mio se avessi tentato infrangere la sua esistenza felice , per trascinarlo in un teatro di azione in cui il
carcere stava sul davanti della scena, e il patibolo in fondo. *Son*
pronto ad affrontare sì l' uno che l' altro, egli rispose risolutamente, *e sin d' oggi contatemi fra i vostri.* Così entrava
nella congiura il Barone di Colobria. Rammento con gioia inef-
fabile quei momenti di reciproca espansione di affetto amichevole,
e adesso, come 'allora, non posso fare a meno di ammirare la nobiltà di sentire del mio carissimo amico.

Dopo il fallito colpo dell' ottobre , vi fu un rigorosissimo di-
sarmo , in modo che non era facil cosa raccogliere fucili e te-
nerli pronti per il giorno della riscossa. Ad onta di queste diffi-
coltà, a misura che se ne poteva acquistare qualcheduno, si portava
nel palazzo Riso , divenuto un deposito di armi e di munizioni.

Nel dicembre del 1859 il Barone e la Baronessa di Colobria
Riso, diedero una brillante e divertentissima *novena* (1). Nè po-

_____

(1) Per antica consuetudine, la società aristocratica di Palermo era invitata
a passare le nove notti, che precedevano quella di Natale, in casa di quel Signore, che apriva le sue sale alle danze e al gioco della *bassetta* (faraone).
Queste feste, che, per nove notti consecutive , si ripetevano tutti gli anni al-
l' epoca stessa , erano denominate *novene*; ignoro se ancora continui questa
usanza. Le case, che, nei tempi di cui scrivo, davano ordinariamente le *novene*,
erano quelle di Monteleone e di Riso; il Casino di Dame e Cavalieri, oggi
Circolo Bellini, dava anch' esso qualche volta la sua *novena*, e riusciva animatissima.

teva essere diversamente, poichè la società aristocratica di Palermo era in quegli anni smagliante di belle Signore e di bellissime Signorine. Fra le prime emergevano la Marchesa Airoldi di Monteleone, la Principessa Marianna Pignatelli. la Marchesa di Spedalotto, la Baronessa di Colobria, la Marchesa Marianna d'Ayala Riso, la Marchesa di Rudinì; tra le seconde brillavano Eleonora Trigona di S. Elia, Rosina Magnesi, Vincenzina Iacona di S. Martino, Caterina Starabba di Giardinelli, e sua cugina Stefanina di Rudinì, bellezza rara difficile ad avere competitrici. I giovani congiurati, quantunque si agitassero febbrilmente, raccogliendo armi e facendo la propaganda rivoluzionaria, non smettevano però il loro brio e la loro gajezza naturale, e quando offrivasi a loro un divertimento qualunque, lo accoglievano con entusiasmo e vi prendevano parte con quella stessa foga con la quale congiuravano. Nella novena data da Riso si ballò sfrenatamente, e per nove notti consecutive si fu presi dalla vertigine della danza. Però tra una polka e l'altra si saliva nei *tetti morti* (soffitte) del palazzo, e mentre giù, nelle sale dorate, Signore e Signori, inebriati dalla musica di Strauss, erano avvolti nel turbine di animatissimi valzer, su, nelle soffitte si fondevano palle e si avvolgevano cartucce. Riso riuscì, nello spazio di pochi mesi, a mettere assieme più di cinquanta fucili con le analoghe munizioni, e molte armi bianche; sì gli uni che le altre consegnò quando dovettero servire per la sommossa del 4 aprile 1860.

Si entrava intanto nel 1860, e con esso si procedeva alacremente alla rivolta. Verso la fine del mese di gennajo venne in Palermo il piemontese Enrico Benza con una lettera del Barone Vito D'Ondes Reggio indirizzata al Principe Antonio Pignatelli di Monteleone. Egli aveva condotto seco la moglie, bella ed avvenente signora, che fu presentata dalla Principessa Marianna Pignatelli a qualche Dama della società aristocratica palermitana; il Benza fu presentato dal Principe ai suoi intimi amici. La venuta di questo così detto inviato politico esaltò maggiormente la fantasia dei giovani, che lo conobbero, quantunque i suoi discorsi non fossero incoraggianti. Egli ci ripeteva sempre: *in-*

sorgete se siete sicuri della riuscita; però dovete contare sulle
sole vostre forze, poichè nessuno ajuto potreste ricevere dal
Piemonte prima che riusciste nell' impresa. A fatti compiuti
l'appoggio del Governo piemontese non vi mancherà. Queste testuali parole furono in mia presenza ripetute parecchie volte in
casa di Totò Pignatelli (1). Il Benza si vantava di essere inti-
mo del Re Vittorio Emanuele e parente di Cavour. Egli diceva:
che questi lo aveva inviato a Palermo per conoscere quali fossero i sentimenti dei Siciliani, relativamente all'Unità italiana, te-
mendosi che la Sicilia serbasse ancora le idee regionali del 1848.
Vere o non vere le sue asserzioni, è certo però che il Benza
era stato raccomandato dal Barone D' Ondes e accreditato da
Giuseppe Lafarina, amico di Cavour e l'anima della Società Nazionale in Torino. Di questa Società facevano parte gli
esuli siciliani di maggior conto, fra i quali emergevano Vito D'Ondes Reggio, il Marchese di Torrearsa, gli Amari, Filippo Cordova,
Giuseppe Lafarina La voce del Benza era per noi l'eco degli inten-
dimenti di questi nostri distinti emigrati, i quali nella loro serietà
di propositi non avrebbero voluto lanciare i loro concittadini nella
voragine della rivoluzione, se questa non avesse dati sicuri, o
almeno probabili, di riuscita. Era sentimento alto ed elevato il
loro, di non volere esporre alle carcerazioni e al patibolo la gioventù palermitana, mentre Eglino se ne stavano al sicuro in Torino.
Ma tali considerazioni non valsero ad attutire in noi quella fede, che è fattrice di grandi cose; e fu in forza di questa fede
che si andò avanti risolutamente senza curarsi delle apprensioni e dei consigli vacillanti del Benza. Lo stato di entusiasmo
era così potente in noi, da farci perdere la prudenza, e spesso
la ragione Invece di starci tranquilli e nascondere i bollori del-
l'animo nostro, appena se ne presentava l'occasione, si erompeva
in segni evidenti di esaltazione, quasi direi, nervosa. Al Teatro
Carolino, ove si alternavano, in quel periodo di tempo, le opere

_____

(1) Totò era il nomignolo dialettale con cui gli amici chiamavano tanto il
Principe Antonio Pignatelli, quanto il giovine Marchese di Rudinì

musicali del Verdi e del Peri — il Simon Boccanegra e il Vittor
Pisani—i nostri urli e i nostri schiamazzi erano tanti e tali, da
costringere una sera il Commissario di Polizia a mettere nella
nostra barcaccia due poliziotti di piantone. Noi uscimmo fuori
del palco immediatamente lasciando i due angeli custodi soli a
godersi lo spettacolo. Un' altra sera di eccitazione straordinaria,
un manipolo di teste scariche, nel vedere i fucili dei soldati
addetti al servizio teatrale, appoggiati ad una parete dell' atrio
del detto teatro, senza una sentinella che li guardasse, aveva
concepito la pazza idea d'impadronirsene. Indi, con quelle armi,
assaltare improvvisamente il Commissariato di Polizia, che era a
S. Gaetano in vicinanza del Carolino, fare man bassa su tutti
i birri che vi si trovavano, e così iniziare la rivolta. Fortunatamente vi fu chi fece riflettere l' insania di quella proposta, e
così svanl. Il progetto era insano, però egli prova quanto grande
fosse allora l'ardore di venire alle mani con gli oppressori della
nostra patria; i minuti sembravano ore, le settimane mesi, i mesi
anni. Indugiare non era più possibile, l' ora della prova si avvicinava inesorabilmente.

Coloro che consigliavano la prudenza erano scartati; i così
detti uomini saggi e circospetti, che ci qualificavano pazzi e
sconsigliati, erano derisi; coloro che per consuetudine contratta
da tanti anni facevano il mestiere di cospiratori per il solo diletto di chiacchierare non erano più ascoltati. Si voleva gente
pronta ad impugnare le armi, e non teoretici di rivolte imaginarie e inattuabili, i quali con le loro teorie opprimevano l'a-
nimo e provocavano gli sbadigli. I giovani congiurati non erano
foschi e cogitabondi, come quelli dei tempi andati; non avevano
prestato giuramenti di sangue al cospetto di un crocifisso avente
da un lato un teschio e dall'altro un pugnale; invece erano
pieni di brio, spensierati in tutte le loro opere, ma fidi al giu-
ramento dato a sè stessi di battersi per la redenzione della patria. Agli accigliati cospiratori di altri tempi, usi a riunirsi
negli spechi o in case misteriose, erano succeduti uomini dai
visi aperti e gai, i quali preferivano darsi convegno nelle pub-

bliche vie riscaldate dai raggi del sole, o nelle sale rallegrate
dal sorriso delle belle Signore. I giovani Siciliani non smentirono mai la loro gajezza e il loro ardire ; e queste qualità
seppero conservarle intatte nella cospirazione, nelle prigioni e
sul campo di battaglia. Conoscevano pur troppo i pericoli ai
quali andavano incontro, sapevano abbastanza quanto ardua fosse
l' impresa alla quale si erano dedicati con l'anima e col corpo,
ciò nonostante continuavano ad essere allegri e contenti, come
se si trattasse di dover prender parte a una gita in campagna,
o a una festa di ballo. Eglino non si davano importanza alcuna,
non avevano l'ombra della presunzione e del sussiego, qualità
negative di tutti coloro che, incapaci di fare qualche cosa, cri-
ticano sempre e invidiano chi sa farla e la fa. Tutto quello che
si praticava allora in pro' della patria, si considerava come un
dovere, nè se ne era punto vanitosi. Non si aveva jattanza, nè
si era baldanzosi, anzi si colmava di cortesie e di espansioni coloro, che, non possedendo l'energia necessaria per affrontare la
lotta materiale, facevano voti per la riuscita dell'impresa e
l'ajutavano in varî modi. Si aveva il buon senso di capire che
non tutti gli uomini possono essere dotati di ugual fibra, e che
il coraggio è di varia natura. A mo' di esempio, taluni posse-
devano il coraggio di combattere, altri quello di affrontare la
prigionia e la tortura; ma sì gli uni che gli altri sarebbero stati
forse incapaci d'invertire le loro parti. E a me consta di taluni, che, sprezzanti del duro carcere e anche del probabile patibolo, erano poco proclivi ad affrontare gl'incerti pericoli del combattimento. Gli uomini, che riuniscono in sè tutti i coraggi,
sono ben rari e costituiscono una eccezione. anzichè una regola
generale. Se per tante circostanze derivanti dalla propria natura, o
da ragioni di famiglia taluni non avevano il valore materiale d'impugnare un fucile, avevano il coraggio, però, di non curare gli
altri pericoli, peggiori di quelli che s'incontrano combattendo.
Il mai abbastanza lodato Padre Ottavio Lanza di Trabia, esile,
malaticcio, non avrebbe potuto, pur volendo, resistere alla lotta
materiale, ma nessuno più di lui mostrò tanto ardire e tanta

abnegazione nella congiura e nella carcerazione, che sopportò con quella nobiltà di animo degna del casato a cui apparteneva. Tornerò a parlare di lui a suo tempo. Da quanto ho fin qui narrato, risulta evidentemente che l'ardire e la gajezza furono la caratteristica speciale dei giovani del 1860.

Gli avvenimenti, intanto, incalzavano, e il momento della riscossa si avvicinava rapidamente. Era tempo oramai che tutte le forze rivoluzionarie avessero unità di direzione ; per raggiungere questo intento, si pensò di mettere in relazione il comitato, che riunivasi ora in casa del Padre Ottavio Lanza, ora in quella del Barone Riso, di cui facevano parte i giovani dell' aristocrazia, con l'altro che aveva la sua sede in casa Lomonaco all'Albergheria vico *Siggitteri*. A questo Comitato appartenevano il giovane Dottore Enrico Albanese, il giovane Barone Casimiro Pisani, Giovambattista Marinuzzi, Mariano Indelicato, Lorenzo Cammarata Scovazzo, Andrea Rammacca, Conte Federico, Lomonaco, Perrone Paladini ecc. Si era fissata la sera del 28 febbraio 1860, per attuare questo divisamento, e a me si era dato l' incarico di presentare al Comitato dell'Albergheria, Antonio Starabba di Rudinì, Giovanni Riso di Colobria e Corrado di Niscemi; ma il mio arresto, avvenuto all'una pomeridiana dello stesso giorno, impedì che io potessi compiere l' incarico avuto.

Ritornavo a Palermo dalla Villa Niscemi ai Colli, ove avevo assistito in duello il Principe di Giardinelli. Questi si era battuto col Marchese di Fiumedinisi, il quale, per prenderlo in giro, aveva pubblicato in un giornale francese un articolo avente per titolo *Le Prince des Petits Jardins*. In seguito a questo duello io divenni amicissimo del Marchese di Fiumedinisi con cui, sino a quel momento, non avevo avuto che relazioni di semplice conoscenza. Lungo la strada del Giardtno Inglese, m' imbattetti in Rosario D'Ondes Reggio e Luigi Niederhaüsern, già Tenente nei disciolti reggimenti svizzeri, il quale aveva sposato una bella signorina palermitana di nome Gaetanina Gamelin. Dopo lo scioglimento dei· reggimenti svizzeri, si era stabilito in Palermo, ove aveva contratto amicizia con parecchi giovani liberali. Quando fu richiamato dal Governo borbonico a far parte dei nuovi battaglioni esteri, detti dei Bavaresi, ricusò di prendervi servizio, per evitare, che un giorno o l'altro si potesse trovare nella dura condizione di doversi battere contro i suoi nuovi amici. Egli ottenne in seguito il grado di maggiore nei Garibaldini e con lo stesso grado fu ammesso nell'esercito italiano. Interrogato da questi miei amici, narrai come si era svolto il duello; si fecero le solite riflessioni e i soliti commenti, di cui si fa sfoggio in simili circostanze, e barattando chiacchiere e facezie ci avviammo verso Porta Macqueda. Io ero deciso di andare direttamente a casa mia, ma quel vecchio adagio: *l'uomo propone e Dio dispone* si avverò anche questa volta a mio danno. Pervenuti io e i miei amici alla porta della città, un uomo, piccolo di statura, di aspetto sorridente, e di gentili maniere, mi si accostò facendo un profondo inchino e mettendo giù il cappello. Io feci altrettanto e gli chiesi in che avrei potuto servirlo.

— Dovrei pregarle una parola a quattr'occhi, mi rispose con sorriso amichevole.

— Eccomi a lei, gli dissi, allontanandomi dai miei compagni.

— Per ordine del Direttore di Polizia Ella deve favorire in Prefettura.

Nel dirmi queste parole, il mio interlocutore, che era l'Ispettore Basile, si turbò e mostrò di essere mortificato dell'ordine comunicatomi. Io, affettando indifferenza, mi volsi verso i miei compagni per pregarli di far sapere alla mia famiglia il mio arresto. Ma il movimento del mio corpo fu interpretato come indizio di fuga; difatti appena lo ebbi accennato mi sentii agguantare alle spalle da due cagnotti di Polizia, i quali, lanciatimisi addosso, mi afferrarono per le braccia, e, onde fossero più sicuri della loro preda, introdussero le loro sozze dita nelle parti bilaterali della cravatta che cingeva il mio collo. Il sangue mi salì agli occhi, e l'ira fu in me sì potente, che per istinto feci tutti gli sforzi possibili per svincolarmi dalle prese di quei due mastini; ma invano. Allora proruppi in parole di sprezzo contro quella laida canaglia, parole che pronunziai con tutta la forza dell'animo mio, e che avrei voluto convertire in altrettanti pugnali , ove ne avessi avuto il potere. In quel tafferuglio Basile era scomparso; ma quando pochi istanti dopo ricomparve, assiso in una carrozza , gli dissi a voce alta e vibrata quanto infame e balordo fosse il modo di procedere dei suoi subordinati, e quanto indecoroso fosse per lui il permettere sotto i suoi occhi simili atti di violenza. L' ispettore redarguì severamente quei due manigoldi, e poscia, rivoltosi a me con modi gentili, m' invitò a salire nel legno ; fu allora che i due mastini ritrassero le loro branche dalle mie braccia e dal mio collo, e presero posto l'uno accanto al cocchiere e l'altro a me dirimpetto.

— Signor Ispettore, gridai, preferisco di andare a piede in Prefettura, e, ove occorra, anche ammanettato , anzichè avere in carrozza un simile dirimpettajo.

Una numerosa folla si era intanto assiepata attorno alla vettura ; l' Ispettore era pallido come un cadavere ; Egli intuiva i tempi, ed aveva una paura enorme ; fu per questo, forse, che si affrettò ad imporre al birro di andar via. Rimasti soli, mi fece tante scuse per i modi villani dei suoi subordinati, e mi confessò di non avere più alcuna influenza su di loro , poichè in quei tempi burrascosi avevano preso il di sopra. Mi manifestò, poi, il suo rincrescimento per essere stato costretto a quell' atto contro di me, e conchiuse finalmente dicendomi : che la sera precedente avrebbe potuto arrestarmi nel Teatro S. Anna avendomi visto nel palco della Marchesa di Spedalotto, ma siccome i birri, che erano con lui, non mi conoscevano, se ne astenne. *Oggi*, egli soggiunse, *avrei anche fatto lo stesso; ma quando Ella pervenne a Porta Macqueda una persona mi si accostò espressamente mostrandomi Lei a dito; capirà che non potevo più esimermi di eseguire gli ordini ricevuti.* Vera o non vera questa storiella, io l'accettai per vera, e ne feci i miei ringraziamenti al Basile, verso il quale non conservai astio alcuno, anzi quando lo rividi in Napoli nel 1868 , nella qualità di segretario del Principe di Palagonia, lo colmai di cortesie.

Giunto in Prefettura , mi fu assegnata una buona stanza , da

dove scrissi subito due righe a mia sorella esortandola a stare
di buon umore come ero io. Povera Teresa ! quanti palpiti e
quante pene le procurai allora, e quanto sacra mi è oggi la memoria di lei, che oltre a sorella fu sempre per me madre affet-
tuosissima. Ella, con l' incommensurabile bontà dell' animo suo,
mi perdonò tutti i dolori sofferti, non solo, ma li benedì con entusiasmo, quando la nostra impresa fu coronata dalla vittoria.

Intanto la notizia del mio arresto si era sparsa per la città,
e, poco tempo dopo, i miei amici cominciarono ad affluire in
Prefettura. Il primo a venire fu mio cognato, a cui mi affrettai
consegnare una carta, nella quale parlavasi del duello avvenuto
poche ore prima. Sbarazzatomi di quel documento, fui tranquillo,
poichè ogni prova dell'accaduto era distrutta, e tanto i padrini
quanto i due che si erano battuti potevano essere sicuri del fatto
loro. Del resto tanto gli uni quanto gli altri, appena ebbero avuto
sentore del mio arresto, si misero in salvo, non sapendo che piega
prendessero le cose. Le persone ignare della congiura e della
parte che io vi prendevo supponevano che la causa del mio arresto fosse il duello. Io non dissi nulla per disingannarle, nè
mi diedi alcuna premura per far loro riflettere che il modo violento con cui ero stato arrestato, e l' impegno dei birri nel volersi assicurare del mio individuo, facevano supporre ben più
grave la causa della mia cattura. Questo ragionamento, che io
feci dentro me stesso, subito dopo l'arresto, venne però distrutto
dalle misure blande prese in Prefettura rispetto a me. Alla porta
della mia stanza non era stata messa alcuna guardia per sorve-
gliarmi, e ai miei amici era stato concesso di entrarvi e uscirne
liberamente. La condotta ambigua tenuta dalla Polizia m'indusse
talmente in errore, che anch' io m' illusi di essere stato arrestato
per il duello, e ne fui così convinto, che, potendo fuggire, non
lo feci.

Luigi Niederhaüsern mi aveva offerto una forbice, con la quale
avrei dovuto tagliarmi barba e mostaccio; indi scambiando con
lui abito e cappello e confondendomi con i numerosi amici, che
erano venuti a vedermi, avrei potuto liberamente svignarmela.

La proposta era ottima e sarebbe forse riuscita, poichè libera era la scala, libera l'uscita della Prefettura; ma io non volli accettarla per le seguenti ragioni. Convinto oramai che la mia cattura derivasse dall'essere stato padrino in un duello, se fossi fuggito avrei dato campo alla Polizia di sospettare in me una colpa maggiore di quella per cui ero stato messo dentro. Una volta fuggito, avrei dovuto nascondermi, come avevo fatto nel 1859, e se mi fossi rinchiuso in una casa qualunque, non avrei potuto, nella mia piccola parte fare più nulla in prò della causa che si voleva far trionfare. Il momento era supremo; già si parlava di fissare il giorno della insurrezione armata, ed io non volevo mancare all'ora del cimento. Fidavo pure nella inettitudine della Polizia, la quale nulla avendo sospettato in seguito ai fatti dell'Ottobre 1859, nei quali mi ero positivamente compromesso, mi sembrava strano che nel Febbraio 1860, senza una causa manifesta, concepisse sospetti su di me. Nella vana lusinga che la politica per nulla entrasse nel mio arresto, io ero sicuro che mio zio avrebbe accomodato la faccenda del duello, come aveva accomodato quella della mia rissa col Direttore delle Poste di Girgenti. Per tutte queste ragioni tenni fermo nel mio proponimento, e fui irremovibile a qualunque seduzione di fuga. Ebbi agio, in questo frattempo, di parlare in segreto con Rudinì, e, tra di noi, si convenne: la presentazione, che io avrei dovuto fare la sera in casa Lomonaco, la facesse Casimiro Pisani. Così fu fatto. Corrado Niscemi, subito dopo la seduta del Comitato, venne a darmene esatto ragguaglio.

La sera me ne stavo tranquillo e sereno in Prefettura, gustando un buon pranzo—che mi aveva mandato Riso—in compagnia di parecchi amici seduti attorno al mio desco; quando, ad un tratto, vedo aprirsi l'uscio della mia stanza e presentarsi sulla soglia una donna elegantemente vestita, svelta di corpo, stupenda di forme. Però non potei ravvisarla, poichè, con un fazzoletto, che teneva stretto in mano, covriva completamente la sua faccia. A quella inaspettata apparizione sostai di pranzare, e rizzatomi in piedi, mi precipitai verso la nuova arrivata, dalla cui bocca ve-

niva fuori un suono confuso, che lasciava il dubbio se fosse sin-
gulto o riso. Un'avventura in prigione veramente non l'avrei
disdegnata, ma non fu così, e l'inesorabile realtà venne subito a
spegnere il foco che di già aveva riscaldato la mia giovane fantasia. Prima che io arrivassi al limitar della porta, vidi avanzarsi verso la bella incognita un uomo pallido in volto, con un
paio di occhi spaventati e lagrimosi, minaccianti di venir fuori
dalla loro orbita. Quando si fu accostato a lei, questa gli gettò
le braccia al collo e se lo strinse forte al seno. Quell'amplesso
in presenza di tanti giovani, dei quali il più vecchio contava
appena venticinque primavere, fu veramente fuori proposito. In
quanto a me era doppiamente indispettito, sì per essere stato tur-
bato nel mio pranzo, sì per avere dovuto assistere, mal mio grado,
a quelle espansioni di affetto. Meno male se fossero stati due a-
manti, invece erano marito e moglie, e quella coppia legittima
era rappresentata dal Baroncino Giovanni Grasso e dalla sua vezzosa e simpatica consorte. Io strinsi la mano alla Baronessina,
indi mi accinsi a finire il mio desinare, che l'arrivo di lei aveva
interrotto.

Mentre io pranzavo, i due coniugi tubavano come due tortore,
cosa che non mi divertiva affatto, anzi mi annoiava moltissimo.
Quando però ebbi finito il mio pranzo feci comprendere alla Baronessina che le sue lagrime erano inutili, poichè non giovavano
a suo marito, e invece facevano godere coloro che erano la
causa di fargliele versare. In quel luogo doveva starsi di buon
animo; questa era la sola vendetta che si poteva trarre su quella
canaglia sbirresca, la quale sarebbe stata felice se noi ci fossimo
mostrati abbattuti e sconsolati. Bando dunque alla tristezza, dissi
alla Baronessina, la vostra presenza in Prefettura segni fra noi
un avvenimento gajo, ma non lugubre. Tergete le vostre pupille:
se non lo fate voi lo farò io col mio fazzoletto, e schiudete le
vostre labbra ad uno di quei sorrisi, che inebriano l'uomo e lo
trasportano nelle sfere celesti.

Dopo che io ebbi formulato altre simili frasi, la Baronessina
Rosolina Grasso si serenò, e fu al caso di narrarci il come e il

perchè si trovasse in Prefettura. Ella e suo marito, da casa loro,
in via Macqueda, si erano avviati al Teatro Carolino. Ad un
tratto udirono varie voci gridare: *ferma ferma;* a quel grido
il loro legno si arrestò, e, appena fermo, parecchi birri si av-
ventarono su Grasso usando con lui le stesse maniere selvagge,
che avevano usate con me nel medesimo giorno. Il Barone fu
tradotto in Prefettura a piede, la Baronessa vi giunse prima di
lui, avendolo preceduto in carrozza. In seguito a questo racconto,
la conversazione divenne animatissima; la stanza rigurgitava di
giovanotti, i quali, non trovando più scranne da sedere, stavano
taluni in piede, altri seduti sul tavolo su cui io avevo pranzato,
e altri su i due letti destinati a me e al mio compagno di prigione. Le storielle che si raccontavano erano esilaranti, il brio
era generale, quella stanza della Prefettura aveva preso l'aspetto
di un salotto ove regnava la Baronessa Rosolina. Ma nel mentre
si passava il tempo piacevolmente, vedemmo, inopinatamente,
schiudersi il medesimo uscio, nel cui vano, poco tempo prima,
si era delineata la elegante figura della Baronessa. Però invece
di un'altra signora, come era nostro desiderio, vi si vide apparire il brutto profilo di un Ispettore di Polizia, fiancheggiato da
due birri. Egli, pieno di burbanza, e con sussiego grottesco, appena ebbe posto il piede nella stanza, disse ad alta voce: *Ordine del
Direttore di Polizia di sgombrare subito questa stanza, meno
i due prigionieri Grasso e Brancaccio.* Una doccia di acqua
fredda sarebbe stata meno efficace delle parole pronunciate con
cadenza affettata dal ruvido Ispettore, tanto fu il gelo che esse
produssero in noi. A quell'annunzio, i due coniugi si credettero
in dovere di ricominciare le loro nenie, che finirono con ripetuti amplessi; io e i miei amici ci scambiammo varie strette di
mano, e ci separammo silenziosamente. Appena furono andati via,
quella stanza echeggiante, poco tempo prima, di voci gaie e briose,
fu invasa dal più cupo silenzio. Grasso singhiozzava, io, invece,
facevo in me stesso atti di contrizione per non essere fuggito
quando il giorno ne avevo avuto il destro. Soltanto allora mi
convinsi di quanto erronee fossero state le mie previsioni, e che

il duello non entrava nè punto nè poco nella mia carcerazione. La Polizia aveva cominciato di già a fiutare l'approssimarsi della bufera, e tentava scongiurarla con i soliti arresti fatti a casaccio, senza un filo sicuro che la guidasse. Difatti avendo messo le mani su di me, aveva indovinato, avendole messe su Grasso aveva preso uno dei più grossi granchi a secco. Ma cosa fatta capo ha, pensai tra me e me, e siccome era impossibile riparare allo sbaglio commesso, ritornai al mio solito buon umore; e non avendo altro di meglio a fare, decisi di prendermi spasso del mio compagno di prigione.

La pinguedine di Grasso giustificava il suo nome di famiglia. Le sue membra erano colossalmente sviluppate; le sue mani avrebbero potuto servire d'insegna a un guantaio; i suoi zigòmi erano talmente paffuti e sporgenti da servire di mensola al monocolo, che Egli portava costantemente ora in un occhio ora nell'altro. Ma era un'eccellentissimo uomo; tranquillo, pacifico, non si dava pensiero di nulla; non borbonico, non liberale, amava il quieto vivere; era insomma il vero tipo del *minnunista* (1) nella più ampla espressione della parola. Era pure un solenne beone; il vino lo rallegrava e lo faceva andare in estasi; io, sapendo il suo gusto, misi a sua disposizione alcune bottiglie di Marsala, che mi erano state mandate da Riso, ed egli le tracannò quasi tutte con una voluttà indescrivibile; per compiere questa sua libazione si era completamente sciorinato. Quando finalmente lo ebbi ben disposto, interruppi il silenzio indirizzandogli queste parole:

— Giovannino, coraggio, tu devi essere felice di essere stato arrestato per una causa tanto nobile.

— Che nobile e plebea, io non so di che mi parli; nessun'altra causa io conosco, meno quella che il mio avvocato perora in mio favore in Tribunale.

— Via, non far l'uomo riservato con me, svelami tutto; del resto in Palermo si sa che tu cospiri, nè si arriva a comprendere

(1) Vedi nota pag. 8.

come un capo di famiglia, qual tu sei, possa intingere in una congiura, che è una vera follia. Io uscirò libero, poichè la causa del mio arresto è roba da nulla; tu invece chi sa quanto tempo resterai imprigionato.

A queste mie parole non rispose, si limitò soltanto a fare certi atti contro la jettatura. Ma dopo pochi minuti di silenzio, inalzando le braccia al soffitto della stanza, esclamò:

— Maggiore supplizio della prigione è quello di trovarvisi in compagnia di un pazzo esaltato come tu sei.

— Grazie, mio caro amico; io invece sono fiero di trovarmi con te, che sei pronto ad affrontare il patibolo per la redenzione della patria; la storia tramanderà ai posteri il tuo nome, e tu sarai annoverato fra i martiri dell'indipendenza italiana caduto sotto la scure del carnefice.

Nuovi scongiuri contro la jettatura furono fatti dal mio compagno, dei quali io ridevo a crepa pelle. Dopo un momento di sosta io ripresi:

— Ma perchè ti ostini a negarmi che tu congiuri? Temi forse che io ti denunzii?

— Che il diavolo ti porti via, io non congiuro che contro la mia disdetta al gioco e i miei compagni di cospirazione sono il Presidente Schiavo e il Colonnello Letizia, i quali mi pelano seralmente a chinola.

Dopo una breve pausa Egli riprese: — Come è possibile passare una notte in Prefettura? Io sento di divenir matto.

— Una notte? ma via Giovannino rassegnati a passarne parecchie simili, ed augurati, soprattutto, di passarle in questo stesso luogo con un amico che ti tenga buona compagnia come me. E se tu fossi tradotto in Vicaria, come è probabile, cosa faresti? Se ciò accadesse ti esorterei a mostrare fermezza di carattere e affrontare la carcerazione con decoro e dignità. Del resto l'uomo è animale di abitudini, e di qui ad un anno, credimi, sarai assuefatto a vivere in carcere, come sei vissuto sin'oggi a casa tua.

Questo dialogo si svolgeva, stando io a cavalcioni su di una sedia, e il mio compagno disteso supino sul suo letto con le braccia accerchianti la sua testa a guisa di aureola. Le mie ultime parole, con le quali gli avevo fatto intravedere una probabile carcerazione di un anno in Vicaria, lo avevano reso furibondo. Egli sbuffava in tutti i modi, e invocava botti di vino per potervi affogare, egli diceva, la sua bile. Era divertentissimo ascoltare le sue curiose escandescenze, e osservare le boccacce che faceva. In certi momenti, quando tracannava il Marsala, nella bottiglia stessa, senza darsi il fastidio di versarlo nel bicchiere, sembrava addirittura il dio Bacco. Però Egli era dotato di un buonissimo naturale; si stizziva molto delle mie celie, ma alla fine ne rideva anch'esso.

Il sonno, intanto, aveva incominciato a gravare i miei occhi, ed era tempo omai di mettersi a letto. È quel che feci, e tosto che ebbi posto il capo sul guanciale, mi addormentai immediatamente.

Il dimani, appena fatto giorno, fummo destati da varî ripicchi dati alla porta della nostra stanza. Grasso continuò a sonnacchiare, io, messomi a sedere sul letto, chiesi: per quale ragione ci avevano risvegliati così pertempo. — *Perchè si preparino a passare alle Grandi Prigioni*, mi rispose una voce cupa, che sembrava uscisse da una caverna. Il mio compagno, tra veglia e sonno, non avendo ben compreso ciò che mi era stato detto, volle che glielo ripetessi. All'annunzio di dovere andare in Vicaria, Egli trasalì; ma poi pensandoci meglio, suppose che io continuassi a celiare come la sera precedente. In questa dolce illusione, si volse sull'altro fianco e continuò a starsene in letto. Io non gli dissi più nulla, e cominciai intanto a vestirmi con tutto il mio comodo. Quando fui pronto, accesi un sigaro e mi posi a passeggiare per la stanza, senza profferire una parola, ripensando sempre quanto era stato sciocco di non essermene andato via a tempo opportuno.

— Il tuo passo, gridò infastidito il mio compagno, somiglia a quello del Giudeo Errante, e non mi fa conciliar sonno. Sarebbe tempo omai che tu smettessi e mi lasciassi dormire.

— Sentirai fra breve, gli risposi, altri passi di altri individui più indiscreti di me; con la differenza che io ti lascio a letto tranquillamente, mentre gli altri ti forzeranno a vestirti in fretta e in furia, per accompagnarti poi in Vicaria.

Non avevo finito di dire queste parole, che due birri entrarono nella stanza e, visto il mio compagno ancora in letto, lo spinsero bruscamente ad alzarsi subito, dicendo che la carrozza era giù da qualche tempo e non poteva attendere più a lungo. Quando Grasso ebbe finito di vestirsi, si uscì assieme dalla stanza, e, accompagnati da un corteo di birri, si scese giù per le scale, a pie' delle quali ci attendeva il legno. Vi prendemmo posto subito, e il cocchiere, birro anch'esso, quando sentì chiudere lo sportello della vettura, fece schioccare la frusta in segno di gioja, e spinse i cavalli sulla via delle Grandi Prigioni. Vi giungemmo dopo un quarto d'ora, e fummo immediatamente consegnati al Capo carceriere Caravella, mia vecchia conoscenza. Questi, mentre da un lato si accinse a scrivere i nostri nomi nei ruoli del carcere, dall'altro fu premuroso di chiederci i nostri cappelli, con i quali non era lecito entrare in Vicaria, poichè i regolamenti lo vietavano. Compite queste formalità, preceduti dal Caravella e seguiti da due birri, traversammo una corte, entrammo per un cancello, percorremmo un piccolo tratto di via, ed eccoci di fronte a quella stessa porta di cui avevo varcato la soglia nell'Agosto del 1859.

Il Caravella, agitando con molta lindura, quel tale mazzo di chiavi, che io avevo tanto ammirato sei mesi prima, scelse le due che gli servivano, e con esse aprì la pesante porta della prigione. Noi la varcammo, e tosto che fummo entrati, Caravella non indugiò a chiuderla dietro alle nostre spalle. Vero è che il cigolare dei cardini, e il rumore della porta, chiusa violentemente, non mi produssero il medesimo effetto, che mi avevano prodotto nella mia prima carcerazione; però quantunque nel 1859 quei rumori mi avessero fatto una spiacevolissima impressione, ciò nonostante entravo in prigione con la certezza di uscirne dopo pochi giorni, come difatti avvenne; nel 1860 non fu lo stesso.

A misura che io salivo la scala del carcere, a braccetto del mio compagno, dicevo tra me e me: *chi sa questa volta quando ne uscirò, se pure arriverò a scamparla.*

Confesso di avere avuto un istante di scoramento, ma esso fu fugace, e quando giunsi in cima alla scala, era di già svanito completamente. Entrai lieto e sorridente nel corridojo dei Civili, e vi presi subito possesso della cella n.º 4, che era stata assegnata a me e al mio compagno.

PARTE SECONDA

Vicaria 3 Marzo 1860 (1).

Eccomi di nuovo in Vicaria ove sono da tre giorni. L' anno scorso occupavo la cella n. 12 assieme a Pietro Ilardi, oggi quella n. 4 che divido con Martino Beltrani Morello. Questo nuovo arrestato ha preso il posto di Giovanni Grasso, messo ieri in libertà. L'arresto del Baroncino è stato uno sbaglio madornale della Polizia, e tutta Palermo ne ha riso. Simili sbagli nocciono all'autorità governativa e la fanno cadere nel ridicolo. Maniscalco se ne accorge; ma, non volendo convenire dei granchi a secco che prende, s'illude di porvi riparo simulando atti di clemenza. Accortosi quanto ingiusto fosse l' arresto del Grasso, dopo ventiquattr'ore di detenzione in Vicaria, ha dato ordine di metterlo in libertà, ingiungendogli però il domicilio coatto in un Comune dell'Isola. Col primo atto ha voluto dare prova di clemenza, col

(1) Giova avvertire il lettore che questo diario lo scrissi durante i tre mesi di mia carcerazione in Vicaria nel 1860; però lo feci allora in modo da non procurarmi guai, ove fosse caduto nelle mani del Commissario di Polizia. Oggi su quella stessa trama ho tessuto il mio lavoro, aggiungendovi ciò che allora pensavo, sentivo e sapevo, ma che sarebbe stato imprudente, anzi insano, se lo avessi manifestato apertamente come fo adesso. In seguito a questa mia avvertenza il diligente lettore saprà scevrare ciò che fu scritto in Vicaria da quello che è stato aggiunto dopo.

secondo ha creduto giustificare l'arresto di un pacifico cittadino, che ad ogni costo vuol far passare per turbolento e nocivo alla tranquillità di Palermo. Nè questo basta, ma a quel povero diavolo si è anche imposto di presentarsi al Direttore di Polizia per ringraziarlo dei due giorni di prigionia ingiustamente sofferti, e del domicilio coatto, ancora più ingiusto, ove dovrà subito recarsi.

Astrazion facendo di queste naturali osservazioni, la scarcerazione di Grasso mi è rincresciuta, perchè mi ha fatto perdere un compagno, che mi divertiva molto e mi faceva passare ore piacevolissime. L'ultima scena avvenuta in Vicaria, tra me e lui, è stata questa. Io mi son fatto portare da casa mia un lume, che accendo la sera all'ora consueta in cui si è rinchiusi in cella. La sera del 1° marzo appena io ebbi acceso il detto lume, Giovannino andò in tutte le furie, e in modo irato mi disse:

— Decisivamente tu vuoi compromettermi; il tuo lume a rotella dà molta luce, e potrà essere giudicato qual segno convenzionale. Se tu non lo spengi io chiamo il birro di guardia per protestare. Non ti basta la luce della candela stearica?

— Protesta quanto tu voglia, gli risposi, io non lo spengo; amo la grande luce, quella della candela stearica mi opprime. Se tu alla luce preferisci le tenebre, chiedi di essere chiuso in *camera serrata* (1).

— In camera serrata ci vai tu, che lo meriti forse, ma non io, che sono innocente.

— Tu! innocente, tu! che sei uno dei più feroci cospiratori.

— Taci, taci, per amor del cielo, pensa che siamo in Vicaria, il birro di guardia che passeggia nel corridojo potrebbe sentire quel che tu dici.

— Poco m'importa; comincia per tacere tu, se vuoi che io taccia; e non parlarmi più del lume.

A queste mie parole si acchetò, e si mise subito a letto.

La scarcerazione del mio compagno è avvenuta ieri 2 marzo nelle ore antimeridiane. Mentre passeggiavamo nel corridojo si

_____

(1) *Le camere serrate*, senza aria e senza luce, erano poste sui tetti, e vi si era rinchiusi isolatamente. Somigliavano ai piombi di Venezia.

udì una voce veniente da giù, la quale, con una cantilena speciale del carcere, e distaccando sillaba da sillaba, profferì queste parole: *Ba—ru—ned—du Gras—su, in li—ber—tà* (1). Così an-
nunziavasi allora la scarcerazione ai detenuti, e nello stesso modo
era stata annunziata a me nell'Agosto del 1859. A quell'annunzio il povero Giovannino balzò di gioia, mi abbracciò e corse
precipitoso per le scale.

L'area della cella N. 4, occupata da me e da Martino Beltrani Morello, misura, presso a poco., due metri e mezzo quadrati. Nell'alto della parete, dirimpetto alla porta, si apre una
finestra custodita da sbarre di ferro, la quale dà sulla piazza della
Consolazione. Nella porta è praticato uno sportellino, per dove
il poliziotto di guardia sorveglia i prigionieri. Lungo le due pareti parallele, che fanno angolo retto con quelle della finestra e
della porta, abbiamo messo i nostri due letti, ognuno dei quali
consta di due cavalletti, due assicelle, un materasso e un guanciale; lo spazio compreso fra i due letti è occupato da due sedie. Alla parte inferiore della parete, ove in alto c'è la finestra,
abbiamo appoggiato un tavolo, su cui soprapponiamo una sedia,
che ci serve da gradino, onde si possa più facilmente arrampi-
carsi in sulla finestra, quando si sente il bisogno di respirare un
po' d'aria pura. Nei due angoli che fiancheggiano la porta, abbiamo accomodato due catinelle su i loro analoghi sostegni. Tali
sono le masserizie di nostra proprietà, prescritte dai regolamenti
della Vicaria, le quali adornano la nostra cella. Taccio di altre
necessarie suppellettili, anch'esse prescritte, poichè la decenza mi
vieta nominarle.

Durante la giornata si è liberi di passeggiare nel corridojo, di
entrare e uscire dalle celle degli altri prigionieri, e di scendere
in parlatorio, quando qualche amico o parente venga a visitarci.
La sera, appena scoccata la campana dell'ave, si è rinchiusi
ognuno nella propria cella, e si ritorna ad essere liberi il giorno
seguente, quando il sole si è inalzato sull'orizzonte. Ho inibito

_____

(1) Baroncino Grasso in libertà.

ai miei parenti di venirmi a vedere, poichè le lagrime mi rat-
tristano, ed io, invece, voglio stare di buon umore. Agli amici
ho consigliato lo stesso, per la semplice ragione che le loro visite potrebbero comprometterli. Difatti ove la loro frequenza de-
stasse il benchè menomo sospetto nell'animo di Maniscalco, un
giorno o l'altro rischierebbero di essere imprigionati anch'essi,
e, invece di ritornarsene a casa loro, potrebbero essere costretti,
probabilmente, a tenermi compagnia per un tempo indeterminato.
Però Giovanni, il mio vecchio e fido domestico, viene quotidianamente a vedermi; ma anche a lui finirò per proibirglielo, perchè
durante le sue visite i suoi occhi si convertono in due fonti
sgorganti lagrime continue e silenziose. Gli produce un effetto pe-
noso il vedermi rinchiuso in Vicaria, e nella sua mente balena
forse l'idea, che dalla prigione al patibolo ci corra poco. Povero vecchio; quanta affezione ha per me, e quanta io ne ho per lui!

Una stanza buia e lurida, ove si accede dal pianerottolo giù
nella scala, è destinata a Parlatorio. Da questa stanza si permette
ai prigionieri di conversare con i loro visitatori e visitatrici, a
traverso un doppio cancello. Fra i due cancelli stanno seduti,
continuamente, due birri intenti a sorvegliare la conversazione
e con l'incarico, ove occorra, di riferirne il contenuto al Commissario Sferlazzo. Non è più permesso nelle ore pomeridiane ricevere visite nella corte della Vicaria, come era stato nel 1859;
meno questa concessione, tutto procede come allora, e giornalmente riceviamo il pranzo, che le nostre rispettive famiglie hanno
cura di mandarci. Ma i prigionieri, in gran maggioranza cu-
cinano nelle loro celle, e, a tale scopo, sono provveduti di tutte
le stoviglie e utensili occorrenti.

Due condannati per delitti comuni sono addetti al servizio dei
detenuti del nostro corridojo; l'uno chiamasi Scoma, l'altro Giannotta. Il primo finge di essere sordo, nell'intento di non destare
sospetto, e potere all'occorrenza ascoltare ciò che si dice tra di noi,
per poi riferirlo al Commissario. Il secondo ha uno sfregio profondo e rossastro nella guancia sinistra, prodotto da un colpo di
rasojo. Egli racconta di averlo ricevuto a tradimento, e si vanta

di averlo vendicato con un colpo di coltello dato nelle reni di
colui che lo aveva sfregiato Tali sono i camerieri destinati ap-
parentemente per servirci, ma essenzialmente per spiarci. Peggiori sono i quattro aguzzini, che fanno a turno il servizio di
sorveglianza nel corridojo. I loro nomi sono Scarpinato, Campanella, Stancampiano e Marotta ; i primi tre sono giovani, l'ultimo è un vecchio, orrido a vedersi. Per la loro ferocia costoro
appartengono più alla razza ferina che all'umana. Questi quattro manigoldi fa ribrezzo a guardarli; i loro occhi iniettati di
sangue, i loro denti lerci, i loro sguardi feroci, i loro sorrisi
sprezzanti, e le loro voci rauche e avvinazzate, tutto rivela in
loro la lordura del corpo e dell'animo. È fuori dubbio che i birri, destinati al servizio delle prigioni, sono i peggiori della loro
specie, nè mal si apporrebbe chi asserisse l'unico personaggio
di modi cortesi e affabili, in questa accozzaglia di banditi, essere
il boja Piddu Tinchi, mia conoscenza del 1859.

Vicaria 13 marzo 1860.

Da tredici giorni sono in Vicaria; la vita monotona, che vi si
mena, è esasperante; se vi fosse Ilardi non sarebbe così. Ho passato dieci giorni nella più completa inerzia ; sin dal tre Marzo
non ho avuto più voglia di scrivere il mio diario, poichè la mia
mente vi si è ricusata. Mi sono imposto questo compito a fine di
evitare le lunghe ore di ozio; noterò quotidianamente le grandi
e le piccole cose, le impressioni del momento, le angosce, le gioje,
i pensieri, le speranze, i sentimenti, i desiderî, tutto quello, insomma, che potrà nei tempi futuri, quando i giudizî degli uomini saranno mutati, farmi rammentare lo spirito dell'epoca attuale, il quale sarà forse a quell'ora dimenticato dai miei con-
temporanei, e sconosciuto completamente dalla nuova generazione.
Non intendo, però, scrivere alla Silvio Pellico, nè atteggiarmi a
vittima della sventura; le nenie mi ristuccano, i lamenti mi sono

esosi; accetto dunque la prigionia tale qual'è, e la narro senza esagerazioni e senza iperboli.

Ho sul tavolo *Les Chroniques de l'Oeil de Boeuf, par Touchard Lafosse*; ma ancora non ho osato affrontarne la lettura, quantunque sappia di essere divertentissima: lo farò in seguito; per ora non ho voglia di leggere, e passo la giornata passeggiando continuamente nel corridoio. Mi riposo di tanto in tanto nelle celle di quei detenuti con i quali ho acquistato maggior confidenza e con cui posso parlare di cose inerenti all'attualità dei tempi. Quando qualche giorno sospendo la mia consueta passeggiata, e preferisco starmene nella mia cella a chiacchierare con Martino, allora ricevo parecchie visite dei miei compagni di carcere, fra i quali primo a venirmi a trovare è Salvatore Cappello, il decano dei cospiratori.

Salvatore Cappello, quasi cinquantenne, è un uomo simpaticissimo, dai capelli e dalla barba brizzolata, aitante della persona, energico, costante nei suoi propositi, di fede inconcussa nella redenzione della patria, di mente piccola ma equilibrata. Dal 1849 in poi ha passato i suoi giorni più in Vicaria che a casa propria. Noto alla Polizia per i suoi principî liberali, ad ogni menomo indizio di movimento popolare è stato sempre il primo ad essere messo in carcere. Io difatti ve l'ho trovato, ed è stato lui che me ne ha fatto gli onori di casa accogliendomi con molta cordialità e presentandomi ai suoi amici. Ricordo con piacere il primo giorno della mia entrata in Vicaria, per l'accoglienza veramente lusinghiera che mi si fece dai detenuti, però non posso dimenticare che poco mancò non prendessi una malattia per la esorbitanza delle granite di caffè e di arance che mi furono offerte, e che dovetti tracannare per non ferire le suscettibilità degli offerenti. Tutte quelle bevande mi avevano talmente enfiato, che io credevo, da un momento all'altro, scoppiassi. Se avessi potuto, avrei messo un cannello nella pancia per farne uscire tutto quel liquido che vi era entrato mal mio grado. Giovannino Grasso, che, voglia o non voglia, doveva seguire il mio esempio, non ne poteva più, e quando aveva agio di parlarmi, senza che gli altri lo udissero. mi susurrava all'orecchio in tuono lamentevole : *invece di queste orride granite, perchè non ci offrono bottiglie di vino?* Quelle espansioni *granitesche* mi furono fatali, e ne risentî gli effetti dolorosi durante tutta la notte, in cui ebbi sofferenze orribili.

Io e Martino pranziamo verso le quattro pomeridiane, ora in cui le nostre rispettive famiglie ci mandano il pranzo; gli altri detenuti pranzano tra mezzogiorno e l'una. Io profitto di questo momento per sgranchire le mie gambe e passeggiare a lunghi passi nel corridoio sgombro di passeggiatori. Nelle altre ore della giornata si passeggia a stento, a passi misurati, poichè lo spazio è troppo angusto per i sessanta detenuti, che sin'oggi siamo rinchiusi nello scompartimento dei Civili. Quel via vai di sessanta individui, in una lunghezza di pochi metri, fa girare la testa e stanca. Su questi sessanta, trenta sono impiegati del Regio Lotto, e su loro pesa la grave accusa di avere intinto in un imbroglio fatto a discapito dell'amministrazione. Da parecchio tempo si era avvertito, settimanalmente, uno spesseggiar di vincite, le quali, però, non erano esorbitanti ; ciò era fatto artatamente per non svegliare i sospetti dei capi amministratori. Nel mese scorso, sia per rivelazioni fatte da qualcheduno faciente parte della combriccola di truffatori, sia per altre ragioni sin oggi ignorate, si è scoverto che, dopo l'estrazione dei numeri, se ne scrivevano nei registri tre di quelli già estratti; con tale mezzo semplicissimo il guadagno era assicurato. Gl'imputati sono molti; mi auguro siano tutti innocenti, ciò si vedrà alla fine del processo in corso, per ora sarebbe prematuro qualunque giudizio pro o contro. Fra di loro vi saranno i rei e gli innocenti, ma discernere gli uni dagli altri non è possibile ; è per questa ragione che i trenta impiegati del Lotto non possono godere le simpatie dei detenuti politici; ciò nonostante siamo cortesi con loro, pur tenendoli a debita distanza.

Durante le mie celeri e vertiginose passeggiate, che fo quotidianamente nel corridoio all'ora in cui tutti i miei compagni sono occupati a pranzare, esalano tanti e tali odori di vivande, da ec-

citare fortemente il mio appetito. A misura che passo davanti
alle celle, ricevo inviti da tutte le parti e di tanto in tanto non
disdegno accettare qualche manicaretto succulento, che mi fa gola
e mi serve di aperitivo. La Vicaria non mi ha fatto perdere l'appetito, anzi lo ha accresciuto; se accettassi, come sarebbe mio
desiderio, tutto quello che gentilmente mi si offre, sarei sicuro
di prendere quotidianamente indigestioni, come quella che presi
il primo giorno della mia prigionia.

Vicaria 14 marzo 1860.

Oggi, durante la mia consueta passeggiata nel corridoio ho fatto
un po' di sosta nella cella di Alaimo e Gerace, giovani dai trenta
ai trentacinque anni, dalle lunghe barbe, dagli occhi vivaci, dalle
forme erculee. Questi due tipi, colossali e originalissimi, sono
beoni fuori misura e mangiatori di prima forza. Per appagare i
loro gusti di gastronomia dedicano le ore antimeridiane della
giornata ad apparecchiare con molta accuratezza le vivande destinate per il loro pranzo. Io vado quasi tutti i giorni a vederli,
quando sono intenti a cucinare, poichè la loro serietà, nell'attendere alle funzioni di cuochi è esilarante e mi diverte moltissimo. Oggi li ho trovati dediti, come al solito, a preparare la
cucina; e dopo di averli salutati dissi a loro:

— Cosa si pranza a mezzogiorno?

— Pranzo! mi rispose Gerace con viso compunto, abbiamo appena un po' di roba per toglierci la fame.

— In che consiste questa poca roba?

— *Cavaliruzzu miu; lu nostru pranzu si cumponi di vin-
tiquattru sosizzedduzzi, menzu capritteddu, e un rotulicchiu
di maccarruni* (1). Nientedimeno, quei due colossi si son messi
oggi in corpo ventiquattro rollatine, mezzo capretto, e un chilo
di maccheroni. Tutta questa roba Gerace ha creduto di farla

(1) Mio piccolo cavaliere, il nostro pranzo si compone di ventiquattro piccole rollatine, di mezzo piccolo capretto, e di un piccolo chilogramma di maccheroni.

scomparire a furia dei suoi diminutivi, che usa sempre nel suo linguaggio dialettale. Non parla che in dialetto, nè potrebbe essere diversamente, poichè Egli stesso confessa di avere sempre avuto un odio speciale per qualunque genere d'istruzione. Ciò nonostante la sua conversazione è divertentissima, e i suoi racconti, falsi o veri che siano, sono pieni di brio. Un giorno ci ha raccontato una sua corsa per la città, in costume adamitico, rincorso da parecchi birri. Una notte sorpreso dalla Polizia, mentre era in letto, per non lasciarsi agguantare unse il suo corpo di olio, e con questo mezzo, sgusciando dalle mani dei birri, riuscì a farsela franca. Nella sua corsa notturna avendo trovato, in un vicolo, l'uscio di un *catoju* (1) aperto, vi si precipitò dentro, e vi ebbe gratissimo asilo. Gerace ci ha narrato, con i più minuti dettagli, ciò che avvenne tra lui, unto di olio, e la donna che gli aveva dato ospizio; ma io mi astengo di confidare a questo diario quei fatti che val meglio indovinare anzichè descrivere.

Alaimo e Gerace, per la loro originalità e per la loro differenza tanto nel fisico, quanto nel morale, sono due individui degni di studio Il primo è biondo, anzi quasi rosso, il secondo è bruno; l'uno collerico e violento, l'altro dolce e paziente; questi due esseri, che tanto differiscono fisicamente e moralmente, sono due anime gemelle, si amano come fratelli, mai si bisticciano, e sono sempre di accordo in tutto e per tutto. Il vino rende feroce Alaimo, mentre Gerace, quando alza il gomito, diviene più espansivo del solito, e nella sua espansione abbraccia tutti indistintamente, compresi i Poliziotti e i facchini addetti al nostro servizio. Quando dopo il pranzo lo si vede nel corridojo con le braccia aperte, pronto a gettarle al collo del primo che incontra, è segno certo che Egli è già nella vigna del signore. Alaimo invece è da evitarsi, poichè con lui potrebbero avvenire scene molto gravi; e, quel ch'è peggio, ha certi parossismi di loquacità, che potrebbero compromettere parecchi detenuti, e anche la causa per cui sono qui rinchiusi. Per tale ragione non

(1) Così chiamansi in Palermo le case a pianterreno abitate dal basso popolo.

gli si confida alcun segreto, poichè in un momento di ebrezza, potrebbe dirlo ad alta voce anche in presenza dei poliziotti che ci sorvegliano. Alaimo non è comodo averlo per compagno di prigione e, quantunque mi sia simpatico e abbia molta deferenza per me. preferirei francamente fosse altrove.

Vicaria 16 Marzo 1860.

Ieri ho commesso una imprudenza, che avrebbe potuto costare molto cara a me. e compromettere seriamente il Barone Riso.

Stancampiano, il peggiore e il più insolente dei quattro manigoldi addetti alla nostra sorveglianza, jeri, senza alcuna ragione, si diede a canticchiare alcune strofe insolenti e volgari contro i liberali. Io fui invaso da tale ira, che se Cappello non mi avesse preso per un braccio, e non mi avesse spinto di forza nella sua cella, avrei preso a cazzotti e a calci quel mascalzone. Nel primo impeto del mio sdegno, scrissi a Riso in una striscia sottile di carta finissima, queste poche parole: *paga un uomo di buona volontà e fai rompere le ossa al birro Stancampiano, che ci ha insultati.* Io possiedo un fuma–sigari simile ad una pipa, e come questa diviso in due pezzi. Il pezzo inferiore rappresenta uno stivale, nel cui orlo s'immette il sigaro verticalmente, il superiore è un semplice cannellino di legno, lungo dodici centimetri, avvitato sul tacco dello stivale, con cui fa angolo acuto, e per mezzo del quale si aspira il fumo. In questo cannellino introdussi la striscia di carta, dopo di averla avvolta a guisa di cartoccio, e quando venne il mio fido Giovanni gliclo consegnai con incarico di portarlo al Barone di Calabria, e con preghiera di farlo ben pulire, e rimettermelo subito dopo che fosse pulito. Il fuma–sigari per arrivare nelle mani del mio domestico dovette passare per quelle di uno dei due birri di guardia fra i due cancelli, di cui ho dinanzi parlato. Il birro cominciò a giocherellare con l'oggetto, che io gli avea consegnato, e dopo di averlo esaminato nell'esterno, mise un occhio a traverso il buco interno del cannellino. A quell'atto, io

non ebbi più fiato, e imprecai, dentro me stesso , contro la mia
indole focosa e imprudente. Per fortuna il birro non si avvide
di nulla, e passò il bocchino al mio domestico, che mandai subito via. Come quel manigoldo non abbia visto la carta intro-
dotta nel cannellino, non so spiegarmelo : fatto sta che oggi
Giovanni me lo ha riportato lucente e ripulito, segno certo che
il mio scritto è arrivato al suo indirizzo. Quei minuti secondi
passati jeri da me, quando il birro applicò il suo occhio nell' interno del bocchino, furono orribili. Mi auguro di esserne ricom-
pensato da lunghe ore di gioja, che proverei se sapessi Stancampiano all'ospedale con le ossa rotte; ma chi sa !

Vicaria 18 Marzo 1860.

La gioja che provai jeri quando Giovanni mi riportò il mio fu-
ma-sigari fu grandissima, e ne avevo ben donde. Scampato il **guajo**,
che, per la mia inqualificabile imprudenza, avrebbe potuto colpire me, non solo, ma anche il mio amico Riso, fui preso da un
tale eccesso di brio, che mi misi a cantare, spingendo anche gli
altri a seguire il mio esempio. Per fare dispetto ai nostri oppressori, io dissi ai miei compagni, occorre mostrarci contenti
e di buon umore. Vi esorto, dunque, a concertare il finale della
Traviata con accompagnamento di caldaje, di padelle, di tegami,
insomma di tutti gli arnesi di cucina di cui possiamo disporre.
Detto fatto. Più di venti detenuti si presentarono tenendo in
mano gli accennati arnesi di cucina, con i quali si diede subito
inizio al concerto vocale strumentale. Io ne presi la direzione
imbrandendo un pezzo di legno qualunque, che faceva le veci di
bacchetta Si convenne che al punto culminante del crescendo
del finale tutti gli improvvisati professori di orchestra dovessero
cozzare i loro strumenti musicali gli uni contro gli altri; e così
si fece. Lo strepito discordante , prodotto dal cozzo di quegli
strani strumenti, giunse alle orecchie del Commissario Sferlazzo,
il quale credette che il corridojo dei Civili fosse in piena ri-

volta. Circondato dai suoi sgherri, salì in fretta e furia le scale
della prigione e invase repentinamente il nostro scompartimento.
Ma grande fu la sua delusione quando, invece di rivoltosi, trovò
pacifici artisti intenti a concertare un pezzo di musica. Ciò nonostante, essendosi accorto di essere caduto nel ridicolo, per
dare sfogo al suo dispetto, mi fece segno con la mano, soggiungendo: *il direttore dell' orchestra venga giù*. Io lo seguì in
quella stessa stanza che mi fu assegnata per prigione nell'agosto
1859, e, quando vi fummo dentro, il Commissario, con fiero cipiglio e con voce irata m'indirizzò severi rimproveri, conchiu-
dendo con dirmi:

— Il carcere è un luogo di espiazione e non di godimento, nè
puossi ammirare quell'allegria in persone che dovrebbero arrossire delle loro colpe.

— Signor Commissario, gli risposi risentito, io non ho colpe che
mi fanno arrossire, la Vicaria per me è un luogo come un altro,
nè varrà mai a far mutare in lugubre il mio naturale allegro.

— Adesso vedremo, rispose il Commissario, e rivoltosi a Caravella, che era presente, gli ordinò di rinchiudermi in una camera serrata.

Vi passai poche ore, e all'àve fui ricondotto nella mia cella.
Sarebbe una ostentazione la mia se dicessi di essere stato di buon
animo in camera serrata; la mancanza di aria e di luce e il
luridume che vi trovai m'impressionarono molto; ma quello che
più mi fece senso fu il puzzo orribile ch'esalava da tutte le parti
e di cui ho ancora impregnate le mie narici. La giornata di ieri
cominciò gaia e finì abbastanza triste per me, essa non si can-
cellerà facilmente dalla mia memoria. Oggi ripensando alle poche
ore passate in quell'orrido speco, rifletto quanto dura debba essere l'esistenza di quegli infelici, che sono condannati a restarvi
rinchiusi per mesi interi. Non canterò mai più; la musica mi è
divenuta odiosa, e fintanto che sarò in Vicaria, giuro di resistere a tutte le seduzioni di Euterpe. I miei compagni sono stati
affettuosissimi per me, e questa mane sono venuti a visitarmi
nella mia cella per manifestarmi il loro rammarico per ciò che

mi è accaduto ieri. Ma adesso tutto questo è passato, ed è inutile preoccuparsene ; si pensi ad altro.

Vicaria, 26 Marzo 1860.

Salvatore Cappello, non so come faccia, è al corrente di tutto quello che avviene in Palermo. Egli passa una buona parte della giornata alla sua finestra e, qualche volta, anche a quelle dei suoi amici, da dove gesticola e fa segni convenzionali con i detenuti di altri scompartimenti. La sera, dopo raccolte le varie notizie del giorno , le comunica ai suoi più intimi. Però io credo Egli abbia corrispondenza epistolare con qualcheduno del Comitato Lomonaco; se ciò non fosse sarebbe impossibile conoscere certi minuti dettagli del modo come procede la congiura. In questo momento è esaltatissimo , e ci ha fatto intendere che fra breve la rivoluzione scoppierà. Ci parla sempre di Crispi, per il quale ha un culto, e ci fa sperare l'intervento di Garibaldi. Io stento a credere quello che mi dice, poichè questo eccellente patriota appartiene alla vecchia scuola , che spesso è stata fatale, quella cioè d'inventare di pianta una notizia a fine di tenere sveglio lo spirito pubblico. Però questo sistema non essendo di alcuna utilità in Vicaria, a che pro metterlo in opera? Dunque le notizie del Cappello devono essere reali e non illusorie, ed esse ci fanno aprire il cuore alla speranza. Ci ha detto che il giovane Casimiro Pisani si centuplica nel raccogliere armi e munizioni, di cui vi sono varî depositi in parecchi punti della città. A quanto, però, ammonti il numero dei fucili , non ho potuto ancora saperlo, temo siano ben pochi. Intanto la tensione dei nervi aumenta in ragione diretta delle notizie che ci pervengono, e il vederci resi inutili e inoperosi, ci rende la prigionia intollerabile, e penosa. L'offerta fattami da Niederhaüsern in Prefettura il 28 Febbraio si affaccia sempre alla mia mente , e come fantasma mi perseguita giorno e notte. Io fui insensato in quel momento, e oggi, più che mai, risento il rimorso del mio rifiuto nell'acquistar la

libertà. Forse non sarei riuscito ; forse sarei stato riconosciuto
ad onta del mio travestimento, e della mia barba recisa, ma tutto
questo non avrebbe peggiorato la mia attuale posizione, e se non
altro sarei adesso senza rimorsi. Il pensare che da un momento al-
l'altro Palermo insorgerà, ed io debba essere qui rinchiuso, non
mi dà requie nè riposo. Giorni tristi sono questi per me, e per
quanto affetti buon umore. a fine di non darla vinta agli aguzzini
che spiano l'interno dell'animo nostro, pure il mio cuore è lugubre
e la mia pace è conturbata. Le notizie di Cappello mi hanno
posto l'inferno nell'anima ; lo stato di tutti coloro che fanno
parte della congiura è febbrile. Si passeggia silenziosi e cupi nel
corridoio, come leoni in gabbia. Si attende con ansia conoscere
il giorno che sarà fissato per la sommossa armata, ma son certo
che anche questa nuova mentre da un lato ci colmerà di gioia,
dall'altro ci prostrerà maggiormente. Prevedo brutti giorni per
noi detenuti, ma ho fede illimitata nella nostra causa, e mi sor-
ride il pensiero che ai giorni tristi ne succederanno altri d'incommensurabile felicità.

Vicaria 31 Marzo 1860.

La mia mente, da cinque giorni offuscata dalle notizie contradittorie che si avvicendano in Vicaria, non mi ha concesso occu-
parmi del mio diario. Ora corre una voce, ora ne circola un'altra ; gli arrestati, che sopraggiungono quotidianamente, si contra-
dicono tra di loro, poichè nulla sanno di certo e riferiscono soltanto le vaghe notizie raccolte in città. Fra i nuovi venuti non
uno fa parte della congiura, ciò, mentre da una parte ci consola,
dall'altra ci tiene al buio di tutto. Del resto val meglio così ; poco
importa s'ignori da noi quel che accade, purchè resti parimenti
sconosciuto alla Polizia. Meno quelli che sono di già dentro, nessuno del Comitato è stato sin'oggi arrestato. Questo è segno manifesto che Maniscalco nulla sa di positivo, e mena le mani a tentone com'è sua consuetudine. Cappello è la sola fonte da cui si
possa attingere qualche notizia ; però anch'esso non è ancora si-

curo di quel che accade in Palermo, e ci ripete sempre : che da
un momento all'altro si saprà qualche cosa di certo e di positivo.
L'ansia, intanto, in cui si vive nell'attuale momento è tremenda,
ed è sperabile si sorta al più presto possibile da questo stato penosissimo. Or ora Cappello è passato davanti alla porta della mia
cella e mi ha fatto segno di andarlo a raggiungere nella sua.
Vado a sentire ciò che vuole. . . . .

. . . .

Ho trovato riuniti il Dottore Onofrio Dibenedetto, Larussa e
Cappello ; al mio arrivo, questi ci ha detto in strettissimo segreto :
essere stato arrestato e chiuso in camera serrata un individuo, il
quale , prima che fosse stato messo dentro, aveva dichiarato ad alcuni suoi compagni di cospirazione, che non avendo la forza di resistere alla tortura (1). ove questa gli fosse inflitta, confesserebbe
ogni cosa. Questa dichiarazione precipiterà probabilmente gli eventi,
poichè si teme giustamente che, se la Polizia avesse un filo della
cospirazione nelle sue mani, tutto sarebbe perduto irremissibilmente. Spinti da forza maggiore si è costretti oramai affrettare il movimento ; da un istante all'altro , dunque, si fisserà il giorno
della sommossa armata. e noi ne saremo avvisati ventiquattr'ore

_____

(1) Correva voce in quei tempi — alla quale tutti prestavamo fede — che la
Polizia, a fine di strappare il segreto della congiura, applicasse agli accusati
politici uno strumento di tortura detto la *Cuffia del silenzio*. Però io ho conosciuto varie persone di tutte le classi della società, dalle più elevate alle più
infime, le quali, nel narrarmi i più minuti dettagli della loro prigionia, non
mi hanno mai fatto cenno di avere sofferto la benchè menoma tortura. Io non
fui mai torturato, i miei amici nemmeno ; nessuno vide mai la *Cuffia del silenzio* di cui tanto si è parlato ; è da credersi dunque che questo ordigno sia
stato una pura invenzione per eccitare l'odio contro i nostri oppressori. Insomma si è detto della Vicaria ciò che in altri tempi si disse della Bastiglia. Frantz
Funck-Brentano, nel suo libro, *Legendes et Archives de la Bastille*, ha smentito con documenti indiscutibili, tutte le falsità attribuite a questa prigione di
Stato ; verrà il giorno, forse, in cui qualche scrittore italiano, con la scorta di
buoni documenti, smentirà o affermerà quanto si è detto sulla Vicaria di Palermo.

prima. Questo è quanto ci è stato comunicato da Cappello. Alle tante nostre preoccupazioni, che ci affliggono, si è aggiunta anche quella di vedere compromesso il nostro segreto, che è stato la vera nostra forza. Esso si è mantenuto talmente rigoroso, che la Polizia non ha mai potuto sventarlo. Il segreto è esistito ed esiste anche fra gli stessi congiurati, ognuno dei quali è soltanto informato di ciò che si svolge nella sua piccola orbita, ma ignora completamente quel che si fa nelle altre conventicole. Ogni congiurato conosce gl'individui del proprio gruppo, non sa quelli che fanno parte di un altro. Cappello sa tutto, ma è riserbatissimo; dice soltanto ciò ch'è imprescindibile sapersi; parla di fatti, giammai di persone; il solo nome che ripete sovente è quello di Crispi, poichè essendo questi fuori dell'Isola, sa di non poterlo compromettere. Suppongo che tra l'uno e l'altro vi sia corrispondenza epistolare, ma come ciò avvenga lo ignoro. Parla pure di un intervento di Garibaldi; a questo io non credo. Vorrei continuare a scrivere, ma mi è impossibile; occorre che io smetta. Una gran quantità d'idee sconnesse e confuse si aggrovigliano nella mia mente, senza che io arrivi a sceverare l'una dall'altra e senza che possa precisarle e metterle in ordine. Vado a passeggiare nel corridoio, è la sola cosa alla quale sono abile in questo momento.

Vicaria 1 Aprile 1860 (sera).

L'emozione, che qui ha invaso l'animo di quei tali che fanno parte della congiura, è indicibile. Si va, come forsennati, da una cella all'altra per sapere notizie, quantunque si abbia la certezza di non poterne avere che dal solo Cappello. Si attende sempre con ansia di conoscere il giorno, che sarà fissato per la sommossa. Quest'oggi Cappello è stato agitatissimo; si è arrampicato, più del solito, alle finestre dei suoi amici, per fare e ricevere segni convenzionali dai suoi corrispondenti degli altri scompartimenti della Vicaria. Ma nulla ha potuto sapere, e ciò lo ha reso cogitabondo e silenzioso. Questa sera soltanto prima che fossimo rinchiusi nelle nostre rispettive celle, ci ha detto: *dimani avremo qualche notizia importante.*

Vicaria 2 Aprile (sera).

Anche questa giornata è stata più ansiosa della precedente. Cappello nulla ha potuto appurare; sembra che il Comitato esiti a prendere una risoluzione tanto grave, qual'è quella di fissare il giorno della insurrezione armata. La sua responsabilità è immensa e la sua esitanza si comprende facilmente; coloro che non hanno completamente smarrito il bene dell'intelletto, non possono non riconoscere quanto rischiato sia il passo che sta per darsi. Però, per rischiato che sia, è sorretto dalla fede incommensurabile che anima tutti, e acquista, sempre più, forza maggiore, allorchè si rifletta allo stato di prostrazione e di scoraggiamento in cui sono caduti i nostri oppressori. A giudicarli dai loro aspetti sparuti, sembra che siano individui condannati a morte, anzichè uomini nelle cui mani risiede la forza e il potere. Nei subalterni, che sventuratamente vediamo tutti i giorni, si rispecchia la paura dei loro capi. Oggi Caravella è salito, non so per quale ragione, nel nostro corridoio. Io, profittando dell'occasione, gli ho chiesto notizie della città; Egli non mi ha risposto, si è limitato soltanto a crollare il capo con una cera afflittissima e compunta. Non avendo avuto risposta alla mia prima domanda, gliene ho fatta una seconda così concepita:

— Per semplice curiosità, potreste dirmi se sono state arrestate persone di mia conoscenza? Nel caso ciò avvenisse potreste farmi la cortesia di farmelo sapere?

— Sino a questo momento, mi rispose, sono state arrestate molte persone del popolo; ma ove venissero qui condotti Signori suoi amici mi affretterò a farglielo sapere.

Ho addomesticato questo cerbero della Vicaria a furia di dolci, che gli offro per i suoi fanciulli tutte le volte che lo vedo. Con questo mezzo mi è riescito a rendermelo benigno, e fin dove si limita il suo potere, si mostra piuttosto gentile per me. A mò d'esempio, fin oggi non ha messo un terzo individuo nella mia cella, e mi ha promesso, che lo farà soltanto quando vi sarà costretto da forza maggiore. Questa sua promessa gli ha fruttato un involto di cioccolattini.

Vado a letto nella speranza di poter conciliar sonno; ma questo da parecchie notti si è allontanato dalla cella N. 4, e non credo che per ora vi faccia ritorno.

Vicaria 3 Aprile (notte).

Finalmente ci siamo; dimani all'alba scoppierà la rivoluzione. Mi sembra un sogno, eppure è una realtà. Cappello, non so come, ne ha ricevuto l'annunzio e si è affrettato comunicarcelo; i poliziotti ce lo hanno confermato con il loro contegno tenuto verso di noi durante la giornata; essi prevedono certamente qualche cosa di grave per loro. La paura si legge nei loro occhi e nelle loro sembianze; smessa la loro consueta baldanza, si sono mostrati tutt'oggi umili e striscianti, mentre prima sono stati sempre insolenti e audaci. Or ora, stando in ascolto allo sportellino dell'uscio, ho sentito confabulare tra di loro i birri Scarpinato, Marotta, Stancampiano e Campanella, e dalle loro confabulazioni, fatte sottovoce in prossimità della mia cella, ho potuto afferrare queste sole parole: *sti carugnuni liberali pari ca la vonnu fari pri daveru* (1)

In quest'ora inoltrata della notte, i manigoldi, che ci sorvegliano, suppongono i detenuti immersi in profondo sonno, e non sospettano che essi invece vegliano ansiosi aspettando la prossima alba. In questo momento supremo possono dormire soltanto coloro che ignorano quanto dovrà accadere da qui a qualche ora, ma non quelli che pur troppo lo sanno. Sono più che convinto che Cappello, Larussa, il Dottore Onofrio Dibenedetto, il giovane notaro Magliocco, ecc. non dormono sicuramente, e sono anch'essi, nè più nè meno, come siamo io e Martino, agitati da un solo pensiero, quello cioè della insurrezione pronta a scoppiare da un momento all'altro.

_____

(1) Questi vigliacchi liberali sembra vogliano farla davvero.

Io scrivo per distrarmi e per dare sfogo ai sentimenti che mi agitano. Martino scorre le pagine di un libro sbadatamente per attutire anch'esso l'emozioni dell'animo suo. Di tanto in tanto egli sospende di leggere, io di scrivere, e ci guardiamo ammutoliti, essendoci impossibile di formulare una frase, di profferire una parola.

Questa sera prima che scoccasse l'Ave, abbiamo scambiato con i nostri compagni affettuose strette di mano, sicuri che dimani resteremo rinchiusi nelle nostre rispettive celle; chi sa quanti giorni passeranno prima di poterci rivedere. Durante la giornata si è fatta una visita rigorosissima a tutte le inferriate delle finestre esistenti nei varî scompartimenti della Vicaria. I custodi ne hanno percosso le sbarre, una per una, con un pezzo di ferro, e, compita questa prima operazione, hanno strisciato lo stesso ferro, su tutta la superficie di ogni grata tante volte quante sono le linee dei piccoli quadrati risultanti dall'incrociarsi delle sbarre orizzontali con le verticali. Il rumore continuo assordante prodotto dal ferro dei custodi, ora cozzante ora strisciante sulle sbarre delle grate, ha influito ad accrescere la tensione dei nostri nervi.

Dopo l'Ave Caravella è salito nel nostro corridojo ed ha esaminato una per una le serrature e i chiavistelli delle nostre porte. I quattro poliziotti addetti alla nostra sorveglianza, i quali sin oggi hanno fatto il loro turno di servizio uno alla volta, di ventiquattro in ventiquattro ore, questa notte, sono rimasti tutti e quattro nel corridojo, e non fanno che confabulare tra di loro, come ho di già notato. Arrivano continuamente nuovi arrestati; ma ignoriamo chi siano: lo sapremo dimani. La loro entrata nel nostro scompartimento è preceduta dallo scroscio del ben noto mazzo di chiavi, che il Capo carceriere si compiace scuotere continuamente facendole cozzare le une contro le altre. È un via vai di birri e di arrestati: ancora nessuno dei nuovi venuti è stato messo nella nostra cella, Caravella ha mantenuto il suo impegno; ma ove un altro prigioniero debba essere rinchiuso con noi è da augurarsi che sia un nostro amico, o almeno una persona per bene, con cui si possa parlare liberamente. Il maggiore supplizio per noi sarebbe quello di essere costretti a tacere, per tema che nel nostro nuovo compagno si celasse qualche spione, pronto a denunziare i nostri discorsi.

Al movimento straordinario, che si avverte nell'interno della Vicaria, si accoppia anche quello dell'esterno. Le sentinelle su i bastioni che cingono il carcere sono state raddoppiate; le truppe sono uscite fuori dalle loro caserme e si sono accampate nella piazza della Consolazione. Tutta questa agitazione rivela chiaramente che la Polizia ha fiutato qualche cosa, ma, come al solito, vaga nel vuoto senza sapere su chi metter le mani. Prevede la tempesta vicina, non sa donde venga, ma sta in guardia; ciò basta per preoccuparci seriamente, poichè, in seguito a quanto noi osserviamo, è certo che dimani il governo sarà pronto a piombare con tutte le sue forze sul posto ove si sprigionerà la prima scintilla della insurrezione. Questa riflessione, la sola che io e Martino ci siamo comunicata dopo lunghe e penose ore di silenzio, ha maggiormente accresciuto le nostre angosce. La sorpresa era il fattore principale che avrebbe potuto giovare alla riuscita della nostra causa: eliminato questo fattore, l'esito è incerto, non solo, ma le probabilità della vittoria sono più per i nostri oppressori che per noi. Il Governo dispone di *12000* fucili, ai quali noi, secondo ci ha detto Cappello, non possiamo opporne che *120*. Vero è che le squadriglie dei Comuni circonvicini verranno subito in rincalzo dei Palermitani, ma arriveranno a tempo opportuno? o, Dio non voglia! giungeranno quando la sommossa è stata repressa in città? Un'altra ragione milita in nostro vantaggio, ed è questa. I nostri oppressori ignorano le forze di cui noi possiamo disporre, e nella loro impaurita fantasia le centuplicano sapendo tutto il paese essere loro avverso. Ciò li rende esitanti nelle loro risoluzioni, e non sicuri di quel che fanno. Noi invece sappiamo le forze che dobbiamo affrontare ed abbiamo quella fede che manca nei nostri nemici. Questa fede, sorretta dalla volontà unanime dei nostri concittadini, supplirà alla deficienza delle nostre armi e varrà a farci trionfare . . . .

Che momenti orribili sono questi per noi ! Nessuno potrà mai concepirli, e tutto quello che uno possa dire è sempre inferiore alla realtà. Ora scrivo, ora butto via la penna, ora mi sdràjo in sul letto nella speranza di conciliar sonno, ma impossibile. Penso a quei giovani arditi, che in questo momento vegliano con le armi in pugno, aspettando l'ora fissata per la rivolta, e tale pensiero mi lacera l'anima, riflettendo all'impossibilità assoluta di trovarmi in mezzo a loro nel momento della lotta. Perchè pensare? perchè riflettere ? perchè non mi è concesso almeno immergermi in profondo letargo, e così rendermi incapace di sentire, di pensare, di riflettere, di ragionare ? Io e Martino invochiamo il sonno, ma invano, i nostri occhi ricusano di chiudersi. Abbiamo tentato varie volte distenderci su i nostri letti, sperando di trovare nel sonno un momento di calma, ma sforzi inutili ; dopo pochi istanti di assopimento ci siamo alzati di scatto, come se una susta ci avesse sospinti . . . .

Albeggia ; scrivo meccanicamente, il mio pensiero è altrove; le mie orecchie sono sempre intente ; ogni leggiero rumore che venga da fuori fa aumentare i battiti del mio cuore, e questi divengono più violenti a misura che l'orizzonte si rischiara. Mai come in questo istante ho sentito tutto il peso della prigionia . . . . Si sentono le prime fucilate in città . . . . le campane suonano a stormo . . . . il cannone romba . . . . le truppe gridano, Viva il Re . . . . Io e Martino, abbracciandoci commossi, profferiamo sottovoce, *Viva l' Italia* !

Vicaria 7 Aprile 1860 (sera)

Riprendo la penna, abbandonata da quattro giorni a causa delle grandi emozioni che hanno prostrato l'animo nostro.

Alla notte angosciosa del tre succedette un giorno ancora più agitato e più emozionante che mai ; egli resterà incancellabile nella mia mente e nel mio cuore finchè io viva. Quando all'alba del quattro udimmo le prime fucilate, l'emozione ci vinse, ed io e Martino, con le orecchie intente, ne seguivamo lo scoppiettio continuo senza osare di muovere le labbra, e frenando financo la nostra respirazione. Il rombo delle campane che sonavano a distesa, i colpi di cannone che di tanto in tanto si udivano, accoppiati a quelli non interrotti dei moschetti, erano indizio sicuro che la lotta ferveva, e indecisa ne era la sorte. Quei varî rumori. prodotti dalle campane e dalle armi da fuoco, ci animavano; ma grande, inenarrabile fu il nostro dolore, allorchè nulla più si udì in città e tutto rientrò nel più cupo silenzio. Quel silenzio era fatale per noi, e ci annunziava che la insurrezione era stata vinta. Nel mentre in città tutto taceva, si era aperto un fuoco vivissimo di moschetteria verso il Monastero delle Croci, sito nei pressi della Vicaria. Forse erano le squadriglie dei fratelli Dibenedetto e di Tondu, che da Carini erano venuti in appoggio di Palermo; ma il loro soccorso giungeva troppo tardi, la città era già caduta in mano dei nostri nemici. Nè poteva essere diversamente, poichè se ciò non fosse stato, le campane avrebbero continuato a sonare e i cannoni avrebbero fatto sentire la loro voce. Anche in altri punti fuori di Palermo si udivano, di tanto in tanto, colpi di fucili; erano certamente altre squadriglie dei Comuni circonvicini, che anch'esse arrivavano nei dintorni della città quando la sommossa era stata già repressa. Ad ogni rumore di schioppettate la speranza rinasceva in noi, ma svaniva un momento dopo quando tutto rientrava nel silenzio. Così passammo tutta la giornata del quattro, in una continua alternativa di speranze e di delusioni. La sera, finalmente, stanchi, oppressi, abbattuti dalle continue emozioni, il sonno ci vinse e così potemmo godere di alquante ore di riposo e di calma.

Anche il giorno cinque, giovedì santo, nelle ore pomeridiane, si udirono varie fucilate verso il villaggio dei Colli. Ieri, giorno sei, in varî punti fuori di città, vi fu fuoco vivo di moschetteria, ed ha continuato anch'oggi rinforzato da parecchi colpi di cannone, tirati da una nave di guerra, verso la spiaggia di Villabate. Dalla nostra finestra abbiamo visto salpare la nave, e, seguendola con gli occhi, abbiamo potuto vedere altresì i tiri delle sue artiglierie in direzione della suddetta spiaggia. Questi fatti

provano evidentemente che le squadriglie rivoluzionarie battono
ancora la campagna e non hanno voglia di deporre le armi.

Il silenzio che regna nel recinto della Vicaria è sepolcrale; non
si ode una voce, non un respiro; sembra che si sia in una dimora
di morti. Eppure circa mille uomini siamo rinchiusi in queste mura, non tenendo conto della sbirraglia e dei soldati che ci custo-
discono. Anche nella Piazza della Consolazione regna il più cupo
silenzio nelle file delle truppe che vi sono accampate; la paura
traspare nel loro contegno abbattuto. Quantunque la rivolta sia
stata repressa, pure i nostri nemici non dormono sonni tranquilli;
temono l'ignoto, e non hanno torto di temerlo. Se il principio è
stato infelice per noi, speriamo la fine sia tale per loro. L'insurrezione è stata domata ma non spenta; il fuoco è coperto di ce-
nere, verrà il momento in cui tornerà a divampare.

È strano come nei momenti più dolorosi della vita si presenti
alle volte qualche circostanza, che, dando una nota comica, pro-
voca il riso. Chi più, chi meno, nel corso della sua esistenza, a-
vrà potuto notare in casi di morte di qualche amico o congiunto
come un'osservazione insignificante o un caso inatteso abbiano
interrotto la corrente lugubre e allontanato per un istante i tristi
pensieri. Un gatto che insegua un sorcio, un uomo che cada giù
dall'asino, un vecchio calvo cui si distacchi la parrucca dal capo,
una facezia sfuggita inavvertentemente, sono fatti che hanno
sempre provocato il riso degli astanti, quand'anco questi fossero
sotto l'impressione di un dolore qualunque. Un caso simile è avvenuto nel nostro corridoio allorchè si è saputo l'arrivo dei Monaci della
Gancia, arrestati per i fatti del quattro aprile. La loro entrata
in Vicaria ha destato una certa ilarità, per l'opinione che godono
in Palermo e per tutte le storielle che corrono sul loro conto.
Alaimo appena ebbe saputo il loro arrivo si affacciò allo sportellino della sua porta e, ad alta voce, formulò un'avvertenza a
tutti i prigionieri, la quale produsse uno scoppio di risate generali. Strano contrasto! nel mentre la tristezza regnava nel nostro
corridoio, una frase faceta valse a promuovere l'ilarità. Parecchi detenuti, a proposito dell'incidente dei monaci, intavolano certe

conversazioni, a traverso gli sportellini, le quali fanno per qualche momento mettere in obllo i nostri guai.

Il silenzio cupo, profondo, lugubre, che da pochi giorni regna in Vicaria, fu interrotto la sera del quattro da un canto sepolcrale veniente dallo scompartimento dirimpetto al nostro, in cui sono rinchiusi i monaci della Gancia. I santi frati, salmeggiando, intonarono a coro una preghiera, la quale però non fu bene accolta dai prigionieri. Questi manifestarono la loro disapprovazione con fischi ed urli, in seguito ai quali i monaci tacquero. Invero il salmeggiare dei frati gancitani somigliava a un *de profundis*; in quegli momenti tristi fece una pessima impressione, e s'interpretò come ci si volesse fare intendere noi fossimo alla vigilia dei nostri funerali. I frati scelsero male il momento della loro preghiera, e invece di cantarla a coro, avrebbero potuto farla silenziosamente ognuno per proprio conto. Il loro canto fu inopportuno; eglino se ne sono avveduti e ravveduti, e da quella sera in poi non lo hanno più ripetuto.

Vicaria 8 Aprile 1860 (sera).

Questa mane, giorno di Pasqua, vi è stato gran movimento di truppa. Una grossa colonna di fanteria, artiglieria e cavalleria è partita in direzione del villaggio dei Colli; i battaglioni, rimasti nella Piazza della Consolazione, si sono disposti in colonna di pelottoni all'imboccatura della strada che mena al citato villaggio. Durante tutta la giornata, gli allarmi sono stati continui; ripetute volte i gendarmi a cavallo, con le pistole in mano, si sono lanciati alla corsa in sulla strada suddetta. Noi abbiamo sperato, da un momento all'altro, udire colpi di moschetteria, ma le nostre speranze sono state deluse. Verso la sera abbiamo udito poche fucilate nei dintorni della Vicaria; sono state forse le sentinelle dei bastioni, che hanno scaricato i loro fucili su qualche innocuo cittadino di passaggio sotto le mura delle prigioni.

Nelle ore pomeridiane Caravella è salito nel corridoio. Appena ebbi udito la sua voce, lo pregai di accostarsi alla porta della mia cella. Egli venne subito, e avendogli chiesto notizie degli avvenimenti del giorno quattro, mi ha narrato succintamente che la rivoluzione, scoppiata nel Convento della Gancia, era stata subito repressa. Che nella lotta var: caddero morti e feriti, e molti sono stati condotti in prigione, fra i quali tutti i monaci della Gancia. Mi ha detto pure che la sera del tre è stato chiuso in Vicaria il Duca della Verdura, il quale trovasi in una cella del nostro corridoio assieme ad altri tre prigionieri. Di questi tre, il primo è di dubbia fama, il secondo sotto processo per furto e omicidio, e il terzo compromesso nell'affare del lotto. Povero Duca, mi addolora saperlo in sì cattiva compagnia, sarei ben lieto se gli potessi stringere la mano; lo farò appena ne avrò il destro. Il Caravella mi ha detto finalmente che in Palermo si è messo lo stato d'assedio e si son tolte le corde a tutte le campane per evitare che, in una occasione qualunque, possano sonare.

Vicaria 9 Aprile 1860 (sera).

Caravella, memore della promessa fattami il giorno due, quest'oggi si è affrettato a farmi sapere che sono entrati in Vicaria e rinchiusi separatamente in camere serrate il principe Antonio Pignatelli di Monteleone, il Barone di Colobria Riso, il Cavaliere Giovanni Notarbartolo di S. Giovanni, il Principe di Giardinelli e il Principe Corrado Valguarnera di Niscemi. Ha soggiunto che furono catturati tutti e cinque in casa Pignatelli, ove trovavansi riuniti il giorno 7, e la loro cattura fu eseguita dal famigerato Disimone Capitano di Gendarmeria. Un battaglione di Cacciatori, comandato dal Maggiore Scappaticci, aveva circondato il Palazzo Monteleone all'alba del detto giorno, e quando tutte le uscite erano ben guardate, il Disimone, con altri Ispettori di Polizia, entrò nel Palazzo e si diede a ricercare, da per tutto, coloro per i quali era stato emanato l'ordine di cattura. Riuscite vane le sue ricerche, intimò alla Duchessa di Monteleone, alla Principessa Marianna Pignatelli e alla Baronessa Carcamo - madre, moglie e sorella del Principe Antonio—che uscissero di casa loro.

Dato tale ordine, affidò ai Poliziotti la sorveglianza interna del
Palazzo e ai soldati la esterna. Il Principe Pignatelli e i suoi amici,
che stavano riuniti assieme in un nascondiglio, appena furono av-
vertiti dello sfratto imposto alle tre Signore, per impedire che
un tal fatto si compisse, si presentarono subito al Disimone. I cinque catturati, in due carrozze di Casa Monteleone, furono trasportati al Comando Militare in Piazza Bologna. Indi ammanettati
furono condotti al Forte Castellamare, facendo loro percorrere a
piede tutta la via Toledo. Rimasero il giorno otto nella Fortezza
per essere giudicati dal Consiglio di Guerra, che vi siede in
permanenza. Idea di Maniscalco era forse quella di farli condan-·
nare a morte dal Tribunale Militare ed eseguirne immediatamente la sentenza; ma vi si oppose il Principe di Castelcicala, Luo-
gotenente del Re, il quale ordinò che fossero sottoposti ai Tribunali ordinar^. In seguito a quest'ordine, dal Forte Castellamare
sono stati questa mane trasferiti in Vicaria.

Questa narrazione mi è stata fatta dal Caravella, il quale mi
ha pure riferito un dettaglio della cattura, che rivela l'animo
forte ed elevato di Corrado di Niscemi. Nella lista della Polizia fi-
guravano soltanto Riso, Giardinelli, S. Giovanni e Pignatelli; a
questi quattro Signori difatti il Disimone aveva comunicato l'ordine
di cattura; di Niscemi non si era curato poichè non era compreso
nella detta lista. Questi, però, quando si vide escluso dal numero
dei catturati, non resse all'idea di separarsi dai suoi amici, e,
presentatosi risolutamente al Capitano, chiese di volere dividere
con loro la sorte che li attendeva. Disimone non esitò un momento, e ne ordinò subito la cattura. L'atto di Niscemi è tanto
nobile e generoso, che non occorrono comenti per metterlo in
rilievo.

Vicaria 10 Aprile 1860.

Il pensiero che i miei amici sono rinchiusi in quegli antri
puzzolenti, che si nomano camere serrate, mi accora moltissimo.
Poveri giovani! quanto devono soffrire! Vi sono ordini severissimi

per loro, poichè sono a torto stimati da Maniscalco quali promotori della rivolta. La severità del Direttore di Polizia ha molto
intimorito Caravella ; questi, mentre non ha mai esitato di tenermi al corrente di tutto quello che accade in Vicaria, oggi
invece è divenuto riserbatissimo e si mostra molto imbarazzato
quando gli fo alcune domande concernenti i miei amici. Anche
il Caravella li considera quali uomini pericolosissimi e compro-
mettenti. Il vitto quotidiano di questi infelici si compone di una
scodella di fave o ceci, di un tozzo di pane e di una brocca
d'acqua; tale è la razione di viveri che spetta a tutti i detenuti
indistintamente. Mediante danaro, mi auguro, potranno forse cor-
rompere qualche guardia e procurarsi qualche cosa da mangiare.
Ho tentato di fare vibrare la corda del lucro nell'animo di Caravella, mettendogli sotto gli occhi le ricchezze di Riso e degli
altri miei amici , e facendogli riflettere quale compenso conside-
revole si potrebbe ottenere se, tutti i giorni, si procurasse al Barone e ai suoi compagni un pezzo di carne. Ma Egli ha fatto orecchie da mercante e non si è degnato nemmeno rispondermi fingendo il distratto. Decisivamente ha gran paura di compromettere sè stesso e anche i suoi sottoposti.

-Per chi non ha visto e provato, anche per poche ore — come
è avvenuto a me — le camere serrate è impossibile se ne possa
fare un'idea esatta e adeguata. Quella dimora è orribile, ed è questa la ragione per cui tanto mi angoscia di sapervi rinchiusi i miei
amici. Immensa è la differenza tra la loro carcerazione e la nostra;
a noi, meno la libertà, nulla ci manca, e sarebbe menzogna dire il
contrario. Noi siamo provveduti di letti, e quegli infelici non
posseggono che un semplice pagliericcio disteso per terra; noi
abbiamo la luce, gli altri sono avvolti nelle tenebre; noi finalmente abbiamo provigioni da poter mangiare per parecchi giorni,
mentre quei disgraziati sono costretti a nudrirsi di fave e pan
nero. Vero è che anche noi sin dal quattro aprile siamo privi
del consueto pranzo; ma noi, però, avendo preveduto questo caso
ci eravamo a tempo debito provveduti di abbondanti viveri; senza
queste misure di precauzione , anche noi saremmo oggi costretti

a cibarci di fave e di pan nero come tutti gli altri. Tali sono
le attuali condizioni dei detenuti tanto nelle camere serrate,
quanto negli altri scompartimenti della Vicaria.

Vicaria 11 Aprile 1860.

Altri due miei amici sono oggi entrati in Vicaria, il Padre
Ottavio Lanza di Trabia e il Marchese di Fiumedinisi Cesarò;
tutti e due sono stati rinchiusi in camere serrate. Non so come
il Padre Ottavio potrà sopportare fisicamente le durezze e le angustie della camera serrata, è certo però che moralmente le sop-
porterà con fierezza e dignità. Il suo corpo esile, emaciato e malaticcio fa contrasto col suo animo temprato d'acciajo; quanto
possa dirsi su gli alti sentimenti di cui Egli è dotato è sempre
inferiore alle sue virtù reali e positive. Il sentimento di patria
è altissimo in lui; la memoria di suo fratello il Principe di
Scordia, morto in esilio, gli è sacra ed è scolpita indelebilmente
nella sua mente e nel suo cuore.

Caravella, nel parteciparmi la cattura di Cesarò e di Lanza,
ha soggiunto che Mariano Indelicato, distinto ed intelligente giovane, e Jacuzzu, domestico del Principe Antonio Pignatelli, si
trovano anch'essi rinchiusi in camere serrate. Caravella è una
vera consolazione per me; senza le sue informazioni sarei al bujo
di ogni cosa. Egli appaga tutte le mie curiosità, però appena gli
chiedo notizie dei miei amici, si chiude nel più assoluto silenzio;
chi sa, nella sua piccola testa, che idea spaventosa si sarà fatta
di loro. È tanto vero questo, che ogni qualvolta ne sente profferire i nomi impallidisce.

Quest'oggi, mentre ero sdrajato in letto leggendo les Chroniques de l'Oeil de Bœuf, mi son visto cadere addosso tre pani
freschi, che Caravella mi ha lanciati di nascosto a traverso lo
sportellino, senza che la sbirraglia subalterna se ne sia accorta.
Era la cosa di cui difettavamo nella cella N.º 4, poichè di carne
e polli rifreddi, formaggio, ova toste e arance non soffrivamo
penuria. Tra i tanti miei tentativi con Caravella, ho fatto anche

quello di fare pervenire ai miei amici delle camere serrate alquante fette di carne rifredda; ma egli non ha voluto appagare questo mio desiderio, dicendo: ciò lo avrebbe seriamente compromesso. Ad onta delle sue ripulse, non posso fare a meno di essergli grato per le sue cortesie, che mi ha fatte e continua a farmi. La sua premura di portarmi il pane fresco, di cui gli avevo esternato il desiderio giorni prima, è stato un pensiero degno di una persona gentile e delicata, e non di un carceriere.

La severità, che si è adottata per i miei amici di camera serrata, m'impensierisce e mi tiene in palpito continuo per la sorte che potrebbe loro toccare. Non ho potuto strappare a Caravella a che ne sia il loro processo, e tutte le volte che gliene parlo mi risponde: non saperne nulla. Un'idea soltanto mi consola, ed è questa. Se il Governo avesse voluto prendere misure di rigore contro di loro, a quest'ora le avrebbe di già prese. L'ordine di Castelcicala, che li ha sottratti al Tribunale militare e affidati ai Tribunali ordinarî, è garanzia di sicurtà; una condanna severa potrà forse colpirli, ma la loro vita è salva. Questo è quanto di meglio si possa sperare per il momento; quello che potrà accadere nell'avvenire nessuno lo sa, e noi, sopratutto, privi di qualunque notizia, possiamo saperlo meno degli altri. La speranza solleva il nostro spirito e la fede ci sorregge; in forza di queste due virtù, sopportiamo serenamente lo stato attuale, in attesa di uno stato migliore.

Vicaria 12 Aprile 1860.

Dopo i fatti del giorno quattro, credevo positivamente di non potermi mai più rialzare dall'abbattimento fisico e morale in cui ero caduto. Invece, sono appena scorsi otto giorni, da quel memorando avvenimento, ed io mi sento come prima, ho ripreso il mio consueto buon umore, e riacquistato la fede, che stavo per perdere. Lo stesso si è verificato in tutti i prigionieri; ciò si deduce dalle conversazioni gaie, che fanno, ad alta voce a traverso gli sportellini, in tutte le ore della giornata. Questo passaggio istan-

taneo dalla tristezza alla allegria mi ha colpito, e non so spiegarmelo. Sembra, dal quattro Aprile a oggi, siano passati otto
anni anzichè otto giorni. Un psicologo se studiasse l'animo di noi
prigionieri nel momento attuale, e volesse paragonarlo con quello
che era otto giorni fa, forse potrebbe spiegarci la ragione per cui
una impressione tanto dolorosa e tanto violenta si sia potuta in
sì poco spazio di tempo cancellare dal nostro cuore. In quanto a
me, non posso che affermare soltanto il fatto, senza saperne dare
la spiegazione; affido questa cura ai dotti in psicologia, i quali
dicono di conoscere a fondo il cuore umano. Io confesso di non
avere mai capito il mio, tanto meno quello degli altri; se avessi
voluto, nei pochi anni di mia esistenza, studiare la mia psiche,
avrei dovuto imbrattare molti fogli di carta, per sbraitare teorie
contradittorie e inconcludenti. La mia ignoranza, in materie psi-
cologiche, e anche in altre, è immensa; io lo riconosco e mi ci
rassegno; questa è la ragione che non mi fa molto apprezzare gli
scrutatori dell'anima umana, alla quale, anzichè il nome di *psiche*, preferirei le si desse quello di *sfinge*. Se si adottasse questo
vocabolo invece dell'altro, forse si sarebbe più prossimi alla verità.

Vicaria 14 Aprile 1860.

Oggi si compiono dieci giorni da che siamo stati chiusi a guisa
di bestie feroci nelle nostre rispettive gabbie, e quarantacinque
da che sono entrato in Vicaria.

Tutte le mattine si aprono le nostre celle, una alla volta, e
vi si fa un simulacro di pulizia. I due facchini del corridoio,
Scoma e Giannotta, adoprano scope di vimini pari a quelle che
si usano per spazzare le vie e le stalle; invece dovrebbero servirsi
di zappe e di rastelli, così solo potrebbero estirpare la crosta di
immondizie che covre i pavimenti. A misura che si apre ogni
cella, ne vengono fuori i prigionieri, ai quali è concesso di passeggiare, per pochi minuti, nel corridoio. Ho colto questa occasione per andare a vedere il Duca della Verdura con cui ho ba-
rattato poche parole, a traverso lo sportellino della sua porta.

Tutti i giorni fo lo stesso visitando altri amici, i quali, a loro volta, vengono da me quando la mia cella è richiusa dopo fattavi la polizia; quest'ora è attesa da noi, tutti i giorni, con grande ansietà, poichè è la sola in cui possiamo sgranchire le nostre gambe e godere pochi istanti di libertà.

Dal quattro Aprile in poi, il vecchio birro Gaetano Marotta è stato anch'esso rinchiuso nel nostro corridoio, ed è il solo addetto alla nostra sorveglianza tanto di giorno quanto di notte. Gli altri tre poliziotti salgono, a turno, uno ogni mattina, per assistere allo spazzamento e per tenerci d'occhio durante le nostre brevi passeggiate nel corridoio. Appena si accorgono che uno di noi si avvicina alla porta di qualche suo amico gridano: *è permesso passeggiare, ma non accostarsi alle celle degli altri prigionieri;* ma nessuno dà loro retta, e i loro urli non impediscono che si dia una stretta di mano e si scambino poche parole a traverso gli sportellini. Ma il nostro incubo è Marotta, il quale ad onta della sua tarda età non si stanca di passeggiare tutta la giornata nel corridoio, origliando alle nostre porte, nella speranza di sorprendere qualche nostra conversazione per poi riferirla al Commissario. Il vecchio ribaldo ha l'aspetto di un uccello di rapina, ma non di un uomo; il suo fisico è odioso, il suo abbigliamento è nauseabondo per il grasso che lo ricopre e il puzzo che ne esala. Il mento e il naso di questo vecchio cisposo, bavoso, tabaccoso e puzzolento, poco ci manca si cozzino tra di loro, tanto l'uno è rivolto in su e l'altro in giù. I pochi denti rimasti ancora nella sua bocca sono gialli e lunghi; i suoi occhi biechi e acuti, quantunque piccoli, tentano di penetrare nei più reconditi nascondigli del nostro pensiero. La pelle del suo volto, simile ad una vecchia pergamena, è solcata in tutti i sensi di rughe; le sue orecchie enormi si piegano sotto la pressione di un lurido berretto pretesco, che gli copre il capo sino alla nuca. Nella sua gola, secca e lunga, si agita continuamente un enorme *pomo di Adamo* (tiròide) che fa ribrezzo a guardarlo, e farebbe girare gli occhi ove se ne volessero seguire i rapidi movimenti; le sue braccia e le sue gambe sono quattro stinchi, che potrebbero servire da cappellinai. Tutte queste singole membra costituiscono un vero scheletro ambulante, anziché un corpo umano vivente.

Sin da ieri le truppe, che si erano acquartierate, sono ritornate ad accamparsi nella Piazza della Consolazione. Se ne ignora la ragione; ma la loro ricomparsa sotto le armi ha fatto rinascere in noi la speranza di udire nuove fucilate. Io e Martino passammo tutta la giornata di ieri alla finestra in osservazione; ma nulla avemmo da osservare. Anch'oggi la truppa è rimasta sotto le armi, chi sa cosa sarà accaduto o accadrà; è certo però che lo stato della città non deve essere tranquillo. Un altro fatto è venuto a convalidare questo nostro sospetto. Stamane, nel mentre i facchini attendevano allo spazzamento delle celle, ad un tratto, lo hanno sospeso per ordine del Commissario, e le chiavi, tanto delle porte dei detenuti quanto del cancello del corridoio, sono state portate giù al Capo Carceriere. Questo fatto anormale ha fatto strepitare parecchi prigionieri, le celle dei quali, per il sospeso spazzamento, erano rimaste sudice più di prima. Ma dopo qualche ora, è ritornato il poliziotto con le chiavi, e così i facchini hanno potuto compiere la interrotta pulizia.

Nei pochi istanti di libertà di cui ho goduto, durante lo spazzamento della mia cella, sono andato a vedere Cappello, il quale mi ha detto: *fra breve vi parteciperò qualche buona nuova.* Credo che egli sogni; come mai potrà avere notizie in questi tempi in cui ogni comunicazione con l'esterno è assolutamente interrotta? Stiamo a vedere.

Vicaria 15 Aprile 1860.

Oggi le truppe sono rientrate nelle loro rispettive caserme. Il Caravella mi ha spiegato la ragione per cui in questi ultimi giorni i soldati sono stati di nuovo accampati. Egli mi ha detto, che in seguito a sentenza di morte emanata dal Tribunale militare, ieri furono moschettati, a Porta S. Giorgio, tredici rivoluzionari accusati di aver preso parte ai fatti del quattro Aprile. Il Governo, per misura di precauzione, ha stimato di tenere sotto le armi l'intera guarnigione di Palermo; ma, ad onta di un tale spiegamento di forze, non è riescito a impedire una imponente dimostrazione. Ieri, in sul tramonto, una folla immensa percorse via Toledo, dalla Piazza Marina alla Piazza Vigliena, emettendo il grido di *viva l'Italia e Vittorio Emanuele*. Le turbe, ha soggiunto il Caravella, furono disperse dalle baionette dei soldati, e molti cittadini furono arrestati e condotti in carcere.

Ieri dunque, poche ore dopo la fucilazione di quei tredici infelici, la popolazione di Palermo dimostrò che la pena di morte non l'atterrisce, in prova di che ebbe il coraggio di protestare contro l'atto sanguinario consumato dal Governo, gridando: *viva l'Italia e Vittorio Emanuele*. Innanzi alla bocca dei puntati cannoni, sotto la pressura dello stato d'assedio, di fronte all'efferatezza della Polizia, la dimostrazione di ieri è stata un atto di sublime ardimento, è stata una protesta che, all'armata violenza, gettava la inerme disperazione di un popolo. Ciò è prova manifesta che i rigori e le pene sono insufficienti a spegnere il sentimento d'indipendenza in un popolo, quando questo ha volontà assoluta, ferrea, concorde e decisa di spezzare le catene della sua schiavitù. Tale è il popolo di Palermo, il quale, se oggi, per mancanza di armi, non può ricominciare la lotta, lo farà tosto che un'occasione qualunque gli si presenterà propizia. Le bande rivoluzionarie battono ancora la campagna, me lo ha detto Caravella; fintanto che queste esisteranno, c'è sempre speranza che la nostra causa trionfi.

Ieri, io e Martino, stando ad osservare attraverso le sbarre della finestra, vedemmo da lontano tre carri scortati da birri e da gendarmi. Credemmo che fossero carichi di armi tolte ai cittadini, invece contenevano i tredici corpi di quegli infelici che erano stati moschettati a Porta S. Giorgio. Pur ignorando questa tragedia, è strano come, ad un tratto, fossi stato preso da una inesplicabile tristezza, che mi tenne abbattuto una parte della giornata. Sia stato presentimento il mio, o incosciente divinazione del dramma di sangue, che si era svolto fuori le mura della città; sia stata disposizione casuale del mio spirito, è certo però che jeri tutto mi andò di traverso. Scrivevo, e l'inchiostro si versava su i fogli del mio scritto; bevevo, e l'acqua mi cadeva addosso; preparavo il lume per la sera, e l'olio traboccava dal suo orciuolo. Insomma se la mia natura si prestasse alla superstizione, in seguito a questi fatti, dovrei credere a tutte le bubole alle quali molta gente presta cieca fede. Ma io, malgrado ciò, non ci crederò mai.

Vicaria, 16 Aprile 1860

Ieri fui triste e lugubre, oggi sono invece di buonissimo umore, senza che nessuna causa avesse contribuito a rendermi jeri oppresso e oggi gajo. Il passaggio dalla tristezza alla gioia . e viceversa, accade non solo da un giorno all'altro, ma anche nel corso della medesima giornata. Vi sono momenti in cui siamo oppressi come se colpiti da una grave sventura; però una parola detta sbadatamente, o una idea stravagante venuta fuori dal nostro cervello basta a mutare in riso i nostri sospiri e fare nascere il brio ove prima era la malinconia. Su questo argomento abbiamo chiacchierato, tutta la giornata, io e il mio compagno di cella, e abbiamo finalmente conchiuso che la nostra prigionia non è tale quale taluni vorrebbero fare intendere che fosse. Coloro che sono cipressi ambulanti e si atteggiano a vittime della sventura ingrandiscono e spesso inventano sofferenze non esistenti, a fine di rendersi interessanti agli occhi del pubblico. Nè con questo io voglio sostenere che la vita dei prigionieri sia cosparsa di fiori e riboccante di godimenti. Nè tampoco intendo asserire l'attuale prigionia sia paragonabile a quella del 1859 che fu mitissima; voglio soltanto protestare contro l'esagerazioni, che ristuccano e nascondono la verità. La mancanza di libertà e di moto, il distacco dai nostri parenti e amici, il mutamento assoluto del nostro modo di vivere, la privazione di tutti quei comodi di cui si gode in casa propria, ci fanno molto soffrire indubitatamente. Taluni istinti innati nell'uomo, violenti nell'età giovanile, sono sofferenze acutissime per i prigionieri. Questi, privi di libertà, rinchiusi nello spazio angusto di una cella, e riconcentrati sempre in sè stessi, si abbandonano, anche senza volerlo, alla loro fantasia, la quale, infiammandoli sempre più, li esalta e li mette in uno stato di parossismo esasperante. Ma a tali sofferenze si deve sapere resistere quando si ha tempra virile e non effeminata; esse sono sensibilissime, è pur troppo vero, non sono tali però da non potersi sopportare. Il volere ingrandire tutti questi varî generi di privazioni e di ristrettezza con frasi e parole iperboliche, per farsene un vanto, è lo stesso che perdere il merito del sagrifizio che ognuno di noi deve alla patria.

La prostrazione dello spirito occorre evitarla in tutti i modi, poichè è la cosa peggiore che possa accadere a chi è rinchiuso in prigione. Si può comprendere l'abbattimento di spirito in chi ha commesso delitti di sangue, perchè tormentato dai rimorsi e perseguitato dai fantasmi delle sue vittime. Ma coloro, cui s'imputa a colpa l'amore della patria e il desiderio di volerla libera e indipendente, devono essere fieri della loro carcerazione, nè si possono ammettere i loro lai e i loro scoraggiamenti. In forza di questa verità gli arrestati politici rinchiusi in questo scompartimento, quasi tutti tengono alto il morale, nulla curandosi delle angustie alle quali sono sottoposti; quei pochi che ci affliggono con le loro geremiadi, sono da noi mostrati a dito, e se ne sta lontani. Si chiami apatia, si chiami egoismo, si dia qualunque altro titolo al nostro stato attuale d'indifferentismo, poco importa; è certo però che senza questo indifferentismo, la nostra esistenza in prigione sarebbe orribile. Divenuti fatalisti, per forza maggiore, attendiamo impassibili gli eventi e abbiamo fede nell'avvenire; questa fede ci rianima, ci fa stare allegri e dà bando ai tristi pensieri. I nostri amici e parenti si affliggono di noi perchè ci reputano infelici e sconsolati; noi, invece, ci addoloriamo di loro, sapendo quanto grande sia la preoccupazione che li contrista per le nostre supposte sofferenze. La calma la più benefica regna in noi e fra di noi; ne era omai tempo per riposarci delle agitazioni dell'animo nostro, le quali, durante i giorni che precedettero e seguirono immediatamente la insurrezione del quattro Aprile, ci tennero in continuo orgasmo.

In un momento di brio, ho fatto oggi quattro versacci epigrammatici per mettere in ridicolo un nostro compagno di carcere. La sua persona tozza e obesa ha più della foca che dell'uomo; in forza di tale somiglianza, al suo nome di battesimo si è sostituito quello dell'animale marino con cui tutti noi chiamiamo il Signor L. La sua presunzione è pari alla sua ignoranza; il suo sussiego e la sua prosopopea sono indisponenti, e, a me specialmente, mi hanno sempre messo fuori di gangheri. Prima che fossimo rinchiusi nelle nostre celle, poco mancò un giorno che il mio piede non facesse conoscenza con qualche parte del suo corpo. In seguito alla nostra segregazione, non potendolo più punzecchiare a voce, lo fo in iscritto. Dopo di avere copiato i miei brutti versi su varie cartoline, per mezzo di Giannotta ne ho inviato una copia alla foca, e ho fatto distribuire le altre a tutti i miei amici del corridojo. Questi, durante la intera giornata, li hanno letti ad alta voce a traverso i loro sportellini, e l'altro nel sentirli ripetere continuamente, non ha fatto che andare, cioè restare in bestia, e dibattersi nella sua cella imprecando contro di me. Io ho goduto di tutte le sue escandescenze, e me ne sono molto divertito.

Vicaria, 17 Aprile 1860.

Questa mane la foca, profittando del suo momento di libertà, nel passare davanti alla mia cella mi ha scagliato ad alta voce parole di minaccia, e ha soggiunto che appena saremo usciti di prigione saprà punire il suo offensore. Io non gli ho risposto; lo hanno fatto per me parecchi detenuti, con una salva di suoni labiali abbastanza energici.

Sin dal quattro Aprile è stato proibito ai prigionieri di affacciarsi alle finestre; ma questo divieto non si è mai rigorosamente osservato. Stamane, per una recrudescenza di zelo nel Commissario Sferlazzo, si è rinnovata la proibizione, e, per renderla più

efficace, si è ordinato alle sentinelle di tirare su quei prigionieri
che si mostrassero alle finestre. Tale ordine si era dato anche
prima, e poco mancò che io e Martino non ne avessimo speri-
mentato gli effetti in una delle sere immediate al giorno quattro.
Oppressi e abbattuti per l'infelice esito della nostra impresa, eravamo taciturni, e solo di tanto in tanto ci comunicavamo idee e
riflessioni sconclusionate e senza nesso. Quando ad un tratto fummo
scossi da ripetuti colpi di moschetti, nei pressi della Vicaria. Al-
l'udire quei colpi ci lanciammo istintivamente alla finestra senza
aver preso prima la consueta precauzione di spengere il lume e
senza aver curato di tenerci lontani dalle sbarre. Una zelante sentinella appena ci ebbe scorti ci aggiustò una fucilata che per una
linea non ci colse. La *stagnarola* (1) aveva colpito lo sguancio
della finestra, e il calcinaccio, staccatosi violentemente dal muro,
ci percosse in viso. Il pensiero del soldato non poteva essere più
delicato di quel che fu; visto che noi ci eravamo mostrati tanto
premurosi di sentire le fucilate da lontano, egli volle farcene sentire una da vicino. Oggi un'altra sentinella ha avuto la fregola
di adoprare la sua arma da fuoco, e spinto dal suo ardore belli-
coso, in ogni momento ha spianato il suo fucile su quei popolani
che dalla Piazza della Consolazione speravano di vedere i loro
congiunti a traverso le grate del carcere. Se un gruppo di donne
non si fosse allontanato a tempo, quell'animale era già pronto a
fargli fuoco addosso. Noi, ad onta del divieto, prendendo però le
debite precauzioni e tenendoci molto indietro dalla inferriata, riu-
sciamo a vedere ciò che accade nella Piazza sottostante, senza farci
scorgere dalle sentinelle.

Vicaria 18 Aprile 1860.

Quel vecchio cisposo, bavoso, tabaccoso e puzzolente di Marotta tutta la giornata non ha fatto altro che mostrarci la sua

_____

(1) Così chiamavansi allora le cartucce di latta di cui servivansi i soldati
che montavano di guardia.

odiosa figura incastonata nello sportellino della nostra porta. Quante volte mi è venuto l'istinto di scaraventargli sul naso il calamaio che ho qui sotto mano ; ma, non avendo desiderio alcuno di rivedere la camera serrata, me ne sono astenuto. Credo che quel manigoldo si preoccupi molto di vedermi scrivere, e non sarebbe fuori proposito che ne facesse rapporto al Commissario. Faccia pure il suo comodo, ciò non m'impedisce che io alterni il tempo scrivendo il mio Diario, e leggendo *les Chroniques de l'Oeil de Boeuf*. Questa lettura è il mio svago più favorito, mi diverte moltissimo, e la trovo esilarante. Nel libro di Touchard Lafosse lo spirito è profuso a larghe mani ; gli aneddoti scandalosi che vi si leggono sono vivaci e pieni d'interesse; i motti sono arguti. Chi sa se, rileggendo queste cronache quando sarò divenuto vecchio e libero, mi produrranno lo stesso effetto piacevole che mi producono adesso, che sono giovane e in carcere. Oggi giudico il libro secondo le impressioni della mia età giovanile, in avvenire potrò forse giudicarlo diversamente. È appunto per questo che ho voluto scrivere le impressioni della mia gioventù, per raffrontarli, quando accadrà, con quelle della mia vecchiaia.

La differenza tra la cronaca e la storia consiste in questo : alla prima è concesso di narrare alcuni fatti intimi per mezzo dei quali, svelandosi financo i segreti di alcova, si può ritrarre a vivo la persona o la cosa che si vuol mettere in evidenza ; alla seconda ciò non è concesso. Le cronache, mettendo in rilievo alcuni motti arguti e caratteristici, e alcuni tratti della vita privata di qualche signore o signora, bastano a farcene conoscere l'indole, le inclinazioni, le tendenze. Così il Lafosse per darci un'idea esatta di ciò che fu la Duchessa di Bourbon — una delle tre figlie di Luigi XIV e della Marchesa di Montespan — ha cominciato per metterci sotto gli occhi quattro versi di lei indirizzati al Duca di Bourbon e da lei declamati in una cena offerta alle sue amiche. Indi, per meglio delineare questa donna eccentrica, ce ne ha fatto altresì conoscere i motti arguti contro il proprio marito, e gli apprezzamenti sul signor di Mersan, che fu il primo amante a cui ella concesse i suoi favori. Non trascrivo i versi della Duchessa di

Bourbon perchè, quantunque pieni di spirito, sono alquanto scurrili; ne noto però alcuni fatti caratteristici che per la loro originalità meritano, a mio avviso, di essere ritenuti, e mi rincrescerebbe se sfuggissero dalla mia mente.

Louise Françoise de Bourbon (M.lle de Nantes) in tenerissima età sposò Luigi III Duca di Bourbon nipote del gran Condé. Egli fu il sesto principe del nome; la sua bruttezza era fenomenale; nano e tozzo di corpo; figura sebàcea; testa grossa e mostruosa; fiero nel cipiglio. Il suo morale faceva riscontro al suo fisico; l'odio alimentava il suo animo, non ebbe mai un amico. Quantunque fosse dotato di una certa cultura, ciò nonostante la sua conversazione era sgradevole, poichè priva di quelle forme graziose che attirano la simpatia. Un uomo simile non era fatto certamente per ispirare amore alla giovane Mademoiselle de Nantes, la quale, sin dal primo giorno del suo matrimonio, aveva concepito un'avversione e una repugnanza invincibile per suo marito. Egli fu il bersaglio dei frizzi i più mordaci e degli epigrammi i più arguti di sua moglie, la quale non glieli risparmiò mai. Il talamo nuziale procurò al Duca di Bourbon allori molto più numerosi di quanti Rocroy e altri campi di battaglia ne avevano procurato all'estinto suo zio. Questi allori erano intrecciati dalla Duchessa di Bourbon, la quale, per ridicolizzare maggiormente suo marito, ne faceva pompa narrando i fatti i più intimi della sua alcova. Un giorno per dimostrare quanto grande fosse la repugnanza, il disgusto, e l'odio, che aveva per il Duca, disse: *tutte le mie infedeltà, per numerose che siano, non arriveranno mai a lavare la sozzura delle carezze che mi sono state fatte da un simile macacco.* Per quanto fosse tenace nell'odio per suo marito, altrettanto era facile e volubile nell'amore per gli altri. Il suo primo amore fu per il signor di Mersan; fu il più violento, e durò tre giorni. Ella, a proposito di questo suo primo amore, confidò a qualche sua amica: che il primo giorno aveva trovato il signor di Mersan adorabile; il secondo giorno le sembrò soltanto amabile, e il terzo giorno finalmente lo giudicò monotono, perchè si ripeteva con troppa uniformità. Questa avventura si seppe in Corte e fece gran chiasso; il solo ad ignorarla fu il Duca di Bourbon. Luigi XIV ammonì severamente la figlia; ma questa poco si curò dell'ammonizione paterna. Madame de Maintenon, nella sua qualità di moglie del Re, ebbe l'infelice ispirazione di farle anch'essa un ammonimento; ma la Duchessa di Bourbon, che si era rassegnata ad ascoltare le parole del padre, respinse quelle della Maintenon, alla quale così rispose: *voi siete devota e pedante, ciò sta bene; io alla vostra età sarò forse come voi, ma per ora fo ciò che voi avete fatto quando eravate giovane come me.* La risposta della giovane Duchessa di Bourbon fu quella che meritava la vecchia bigotta, e che meritano tutte quelle vecchie e quei vecchi, che, dimentichi delle scappate della loro giovinezza, annoiano i giovani con i loro sermoni ristucchevoli. Il mondo è stato, è, sarà sempre lo stesso; in esso vi sono e vi saranno sempre gli stessi vizî e le stesse virtù. Le donne ameranno gli uomini, e questi avranno sempre un'adorazione per quelle. I filosofi e i moralisti potranno sbraitar quel che vogliono, le loro dottrine non varranno mai ad interrompere quel fluido animatore che attira l'uno all'altro sesso. I vecchi, in maggioranza, sono gelosi e invidiosi dei giovani, perchè non possono più fare ciò che questi fanno. Quando noi saremo vecchi diverremo forse come loro; ma, per mio conto, sento sin da oggi che non diverrò mai tale, e sono più che convinto che anche decrepito amerò sempre i giovani, sarò indulgente per loro, e dividerò spiritualmente i loro godimenti, non potendoli più dividere materialmente.

Riassumo un altro aneddoto curiosissimo, che ho letto nelle stesse cronache e che mi ha molto divertito; egli è il seguente:

Il signor di Lionne, ministro degli affari esteri sotto il regno di Luigi XIV, aveva una figlia maritata col signor di Coevres. Questi, venuto in sospetto che la moglie gli fosse infedele, riunì un consiglio di famiglia a cui affidò l'ingrato incarico d'indagare la condotta di lei; e, ove fosse colpevole, infliggerle una pena adeguata alla colpa. Il giudizio del consiglio di famiglia fu severo, e la troppo sensibile consorte fu condannata ad essere rinchiusa in un chiostro. Stavasi per eseguire la spietata sentenza, quando intervenne il Vescovo di Laon, fratello di Lionne e zio della bella peccatrice. Costui perorò la causa in favore della nipote, di cui fece rifulgere l'innocenza, dimostrando che le voci sparse sulla condotta di lei erano calunniose. Con la sua eloquenza e con l'autorità della sua evangelica parola, riuscì a convincere il signor di Coeuvres, e ne ottenne l'assoluzione conjugale.

Appena ebbe riportata la vittoria sul marito, il Vescovo si accinse a riportarne un'altra più gradita sulla moglie. Per raggiungere il suo intento andò subito a trovarla e, dopo di averle esternato, con calde parole, l'amore che da lungo tempo lo struggeva per lei, le chiese un compenso di tenerezze per tutto quello che egli aveva fatto a fine di salvarla dal chiostro. La Signora di Coeuvres, che era condiscendentissima con gli uomini che le piacevano, ma molto rigorosa con quelli che non le andavano a genio, si atteggiò a donna offesa, e respinse sdegnosamente la dichiarazione amorosa di suo zio. L'astuto prelato non si curò della ripulsa e, sospettando qualche intrigo di amore della nipotina, di cui gli erano noti gli istinti bollenti, si diede con grande impegno a scoprirlo, nella speranza di poterne trarre qualche utile vendetta. Egli occupava un appartamento del Palazzo Lionne, ove abitava pure la Signora di Coeuvres, in modo che, potendola sorvegliare da vicino, gli fu facile raggiungere il suo intento. Difatti una sera mentre leggeva il suo breviario, fu interrotto nella sua pia lettura da un suo fido, il quale era corso in fretta da lui per prevenirlo che il Duca di Sceaux aveva scalato le mura del giardino e si era introdotto nel corridojo comune alla Signora di Coeuvres e alla Signora di Lionne. Sua Eminenza a tale annunzio entrò subito nel gabinetto di suo fratello Lionne, e, senza nulla spiegargli, lo condusse nell'indicato corridojo, che era completamente al bujo.

La Signora di Lionne, in quella stessa sera, aveva dato convegno nella sua stanza al Conte Fieschi e, impaziente di non vederlo arrivare all'ora convenuta, uscì nel corridojo per an-

dargli incontro. Procedendo a tentone in quel bujo pesto, che la
circondava, il caso volle che s'imbattesse nel Duca di Sceaux, e
avendolo scambiato per il Conte, che in quella notte aveva preferito forse di andare altrove, gli disse:

— Sei tu ?... Oh ! quanto hai tardato a venire.

Appena ebbe profferite queste parole, per rifarsi del tempo
perduto, gli gettò le braccia al collo. Ma, nel compiere tale atto,
sentì che il corpo che abbracciava era molto più pingue di quello
del suo amante. Accortasi dell' equivoco e smarrita per la sorpresa, emise un grido, che avrebbe ivi fatto accorrere il Signor
di Lionne, se di già non vi si fosse trovato.

— Per amor del cielo tacete. le disse a voce bassa il Duca di
Sceaux, e riflettete bene. che ove vostro marito sopraggiungesse,
imputerebbe a voi la colpa di avermi fatto venire qui.

— Che ! siete voi Duca, rispose la Signora di Lionne, allorchè lo ebbe riconosciuto; ma cosa siete venuto a fare ?

— Per non mentire, vi dirò che non andavo in cerca di voi,
come voi non andavate in cerca di me; seguite dunque la vostra
avventura e permettete che io segua la mia.

— È impossibile io aderisca a questo vostro desiderio; suppongo che siate venuto per mia figlia; ma, visto che il caso vi
ha ricondotto a me, è mia volontà decisa di profittarne.

Il Duca di Sceaux era stato amante della Signora di Lionne
e l'aveva abbandonata per la Signora di Coeuvres. Il dialogo tra
la Signora di Lionne e il Duca di Sceaux. riportato da Lafosse,
essendo alquanto scabroso, io lo tronco per non offendere le ca-
ste orecchie di qualche gentile lettrice nelle cui mani potrebbe
per caso capitare questo mio diario. Dirò soltanto che la Signora
di Lionne, non volendo rinunziare al Duca di Sceaux, e questi
non volendo, a sua volta, mancare all' impegno assunto con la
Signora di Coeuvres, si convenne di comune accordo: che le due
Signore passassero la notte nella stanza della Signora di Lionne
in compagnia del Duca di Sceaux.

Tralascio la descrizione che fa Lafosse di questa scena intima
di famiglia, e mi limito a narrarne lo scioglimento. Il Vescovo

di Laon e il Ministro degli Affari Esteri avevano ascoltato tutta la conversazione, e quando i tre attori si furono ritirati nella stanza della Signora di Lionne, il Prelato disse al fratello:

— Eh bene! ne dubitereste ancora?

— Disgraziata moglie! disgraziata figlia! rispose il Signor di Lionne con un profondo sospiro.

— Questo è tutto? riprese il Vescovo assetato di vendetta..... Ma che! per Dio, sareste forse capace di non risentirvi di un simile affronto? Vorreste lasciare impunito un fatto che vi disonora?

— Questo sarebbe il mio avviso, disse freddameate il povero marito; il chiasso accrescerebbe il mio disonore; evitiamolo.

— Corpo di bacco! io non divido affatto il vostro avviso, seguì il Prelato, che era fuori di sè per la gelosia; a voi è permesso prendere il vostro partito sul fatto concernente vostra moglie; ma la Signora di Coeuvres è mia nipote, e in quanto a lei non intendo che la cosa finisca così dolcemente.

Dette queste parole, il Vescovo irritato si avanzò verso l'appartamento di sua cognata; suo fratello ve lo seguì per compiacenza, e siccome questi aveva una doppia chiave della camera della sua consorte, così poterono tutti e due trovarsi di botto vicino ai tre amanti, i quali pensavano a tutt'altro in quel momento, ed erano ben lungi dal sospettare una sì sgradevole sorpresa. La Signora di Lionne, nel vedersi colta in flagrante atto di adulterio, si precipitò alle ginocchia del marito prodigandogli carezze, promesse, e giuramenti di mai più ricadere in quella colpa; la Signora di Coeuvres abbracciò il Vescovo scongiurandolo di nascondere l'avvenimento al marito; il Duca di Sceaux, profittando di quel parapiglia, se la svignò. La Signora di Coeuvres, intanto, per assicurarsi la protezione e il silenzio di suo zio, di cui temeva la vendetta, gli si accostò all'orecchio e gli disse:

— Sarò vostra senza riserva.

— Questa notte stessa, rispose il Vescovo sottovoce, e a questa condizione vi prometto di calmare la tempesta.

— Fatemi mandare via, rispose la nipotina..., vi attendo nella mia stanza. Così ebbe fine l'avventura. Al Vescovo non gli riesci difficile calmare suo fratello, il quale si era rassegnato da lungo tempo alle infedeltà della moglie; però il fatto di vedere la madre e la figlia dividersi lo stesso amante lo aveva immerso in profonda meditazione.

L'avventura narrata da Lafosse potrebbe essere forse giudicata inverosimile da chi la leggesse con tutti i dettagli nelle *Chroniques de l'Oeil de Boeuf*; invece non è tale. Qui in Palermo, pochi anni fa, ne è avvenuta una quasi simile tra madre e figlia; e gli attori di questa scena sono ben noti in città. Non c'è niente d'inverosimile nè di nuovo sotto la cappa del cielo, e in tutti i tempi e in tutti i paesi sono esistite ed esistono Signore di Lionne e Signore di Coeuvres. Se si volessero scrivere le cronache scandalose delle varie società dei nostri tempi, ci sarebbe da fare spassare il pubblico, tanto quanto lo ha spassato Touchard Lafosse.

Vicaria 19 Arile 1860.

Questa notte ho fatto sogni deliziosissimi. Ho sognato di avere riacquistata la libertà e di trovarmi in mezzo agli amici e alle persone a me più care; ho scarabocchiato in proposito un sonettaccio in vernacolo siciliano col titolo *il Sogno.*

L'ozio ha fatto destare la vena poetica ne' prigionieri, i quali con i loro versi prendono continuamente a calci la prosodia, e spesso la grammatica. Si fanno pure sciarade che gli autori ripetono a voce alta a traverso gli sportellini, e gli ascoltanti hanno il compito di scioglierle. È un passatempo che ci tiene occupati per una buona parte della giornata. È strano che si sia così spensierati in Vicaria, mentre nei dintorni rumoreggiano ancora le armi rivoluzionarie. Questa spensieratezza deriva dal convincimento, potentissimo in noi, che un giorno o l'altro le nostre catene si spezzeranno. Lo stato attuale lo giudichiamo provvisorio e di corta durata; in forza di questo convincimento sopportiamo allegramente la nostra prigionia, e sentiamo meno le sofferenze, di cui dovremmo risentirci, per la mancanza di libertà e di tanti altri bisogni indispensabili all'esistenza dei giovani.

Sin dal quattro Aprile le campane della città tacciono; soli noi, rinchiusi in Vicaria, sentiamo, durante la notte, la campana del carcere, la quale con i suoi lenti rintocchi, ripetuti in ogni quarto d'ora, avvisa alle scolte di dare il grido notturno di *allerta sentinella*. Nei primi giorni della mia carcerazione lo squillo della campana della Vicaria, continuo e monotono, mi era insopportabile, poichè m'impediva di poter conciliar sonno; ma oggi che mi ci sono assuefatto, produce in me lo stesso effetto della canzone cantata dalle balie presso la culla dei bambini. Quel suono è divenuto dilettevole al mio orecchio e, invece di tenermi desto, mi fa dolcemente addormentare.

Vicaria 20 Aprile 1860 (sera)

Ci è stato permesso di poterci affacciare di nuovo alle finestre senza tema di ricevere qualche palla di fucile. I rigori si vanno rallentando, e la mattina, durante la pulizia delle celle, ci è concesso un quarto d'ora abbondante di libertà nel corridojo. Tali concessioni mentre da un lato ci fanno piacere, dall'altro ci angustiano, poichè ci rivelano che il Governo comincia ad essere più sicuro di sè. Però le bande armate esistono ancora — me lo ha ripetuto Caravella — come va dunque che il Governo mostri maggiore sicurezza ? Non se ne capisce nulla; quanto pagherei se potessi avere qualche notizia certa sullo stato attuale delle cose. Ma ciò non è possibile, nè occorre pensarci. Mia sorella Teresa mi scrive giornalmente; ma è invasa da tal paura che nelle sue brevi lettere non trapela una parola alludente all'attualità. Se avessi saputo prevedere la mia prigionia, mi sarei messo di accordo con Teresa di scrivermi una pagina delle sue lettere con l'inchiostro, e l'altra col sugo di limone. Le lettere si mandano e si ricevono aperte; il Commissario legge le nostre, prima d'in-

viarle ai loro indirizzi, e quelle dei nostri parenti, prima che ci
siano rimesse.

In questa giornata ho avuto momenti di grande allegria, senza
nessuna ragione, ai quali però ne sono succeduti altri di profonda tristezza. Sono stato tormentato da un forte dolore di gola,
che ha contribuito a rendermi di pessimo umore. Ho molto abu-
sato del permesso di potere stare liberamente alla finestra e la
mia gola ne ha risentito gli effetti.

È uno spettacolo curiosissimo vedere tutti i carcerati, con le
loro mani afferrate alle sbarre delle grate, respirare l'aria fresca
di cui sono stati privi per parecchio tempo. A vederli, a certa
distanza, sembrano antropomòrfi, anzichè uomini. Ma quel che
più colpisce l'occhio è la vista dei monaci gancitani, le cui ispide
e lunghe barbe, le ruvide tonache e soprattutto gli aspetti ve-
nerandi sono in evidente contrasto con le figure da patibolo, che
si vedono nelle altre finestre.

Ho ideato di scrivere una cantica in versi siciliani, intitolata
I Gancitani in Vicaria; chi sa se metterò in esecuzione questo progetto; è certo però debba fare qualche cosa che mi tenga
maggiormente occupato, poichè la lettura delle Cronache di Lafosse, quantunque mi diverta, è molto frivola, e la compilazio-
ne del diario non mi appaga abbastanza. In avvenire, forse, mi farà piacere rileggere queste pagine, che mi ricorderanno gli attuali
tempi, ma per ora mi annoiano mortalmente (1).

Vicaria 21 Aprile 1860. (sera)

Ieri soffrii mal di gola, oggi ho sofferto spasimi atroci al-
l'orecchio destro. Decisivamente il fresco preso alla finestra non
mi è stato propizio. Questa maledetta finestra finirà, un giorno
o l'altro, per esserci fatale; or ora nella sua parete esterna è
arrivata una palla di fucile, per avvertirci di chiudere gli scuri,

_____

(1) Chi sa se queste pagine, che mi annojavano tanto in Vicaria nel 1860,
non annoino nel 1900 i miei lettori.

che, per dimenticanza, avevamo lasciati aperti. Un momento dopo
è venuto un birro a ricordarci che la sera i prigionieri hanno
l'obbligo di chiudere le finestre delle loro rispettive celle. Quest' avvertenza avrebbe dovuto precedere la fucilata del soldato,
invece ci è stata comunicata dopo.

Nel corso della giornata sono arrivati nel nostro corridojo tre
nuovi prigionieri: Stabile, Carreca e Salafia; mi sono ignoti
tutti e tre.

Vicaria 22 Aprile 1860. (Domenica sera)

Stamane abbiamo avuto la santa messa, alla quale le pareti del
corridoio hanno soltanto assistito. I prigionieri rinchiusi nelle
loro celle nulla hanno visto, e se il tintinnio del campanello,
nel momento della consacrazione, non avesse loro rammentato
che celebravasi la messa, avrebbero completamente ignorato
questo fatto. Il mistico sacrifizio, nel luogo in cui si compie, è
una vera profanazione. In fondo al corridojo si erge l'altare, ai
piedi del quale invece di candelabri, si vedono scope, brocche,
piatti sporchi, e vasi da notte; il suolo invece di essere coperto
di tappeti, lo è di foglie di lattuga, di avanzi di frutta putride,
di gusci di ova e di scorze di arance. Tutto ciò si riflette alla
parte materiale; in quanto poi alla parte morale, non si sa comprendere come si possa celebrare la messa in quello stesso luogo
in cui si fanno discorsi osceni, si bestemmia, e qualche volta
s'impreca fin contro la divinità, di cui l'altare sta sempre lì
sotto agli occhi di tutti. Si capirebbe la messa nelle prigioni se
ci fosse, come in quelle di Mazas a Parigi, una cappella centrale
su cui, a guisa di raggi, convergessero i varî scompartimenti del
carcere. I carcerati di Mazas hanno nei loro scompartimenti una
vasta finestra, dalla quale vedono perfettamente la cappella e
assistono tutti alla messa; ma in Vicaria, una tale cappella non
esistendo, è inutile che vi si celebri il sacro rito. I regolamenti
carcerarî impongono di compierlo tutte le feste, e così si è
fatto sino al quattro Aprile. Da quel giorno in poi non se n'è

più parlato; stamane soltanto è stato rimesso in vigore. Il Commissario avrebbe potuto, durante la celebrazione della messa, farci uscire dalle celle, e poi rinchiuderci di nuovo; ma non lo ha fatto per paura forse di una ribellione. Sferlazzo dimentica che, oltre la sbirraglia, ha due compagnie di truppe a sua disposizione, e non riflette che noi non siamo tanto stupidi da offrire loro l'occasione di far man bassa su di noi. Basti della messa, ne ho parlato troppo, per non avere altro da dire; adesso vado a letto.

Vicaria 23 Aprile 1860 (sera).

Questa mane il Commissario ci ha onorato di una sua visita ed è stato abbastanza cortese con noi. Mi ha trovato che leggevo l'*Oeil de Boeuf;* ha voluto darci un saggio del suo francese leggendo ad alta voce il frontespizio del libro, e sono stati tanti gli spropositi che ha detti che noi abbiamo potuto a stento frenare il nostro riso. Ci ha fatto sperare che fra breve verrà l'ordine di aprire le nostre celle, e così potremo riprendere la vita che facevamo prima del quattro Aprile.

Ho richiamato l'attenzione del Commissario sulle fucilate, che di tanto in tanto si tirano alle finestre dei prigionieri. A questo proposito ci ha narrato che la moglie di Caravella avendo dimenticato una sera di chiudere la finestra della sua abitazione, poco mancò che non fosse rimasta vittima di una fucilata. Io, profittando dell'occasione, ho detto al Commissario: *Ella dovrebbe porre un freno agli spiriti bellicosi dei soldati, i quali sono troppo zelanti nell'eseguire gli ordini ricevuti.* Sferlazzo non rispose e, dopo di averci salutati, continuò a fare le sue visite agli altri detenuti.

La morale di quanto ci ha detto il Commissario è, che in Vicaria, secondo lui, nessuno è al coverto dell'ira soldatesca, nemmeno le persone addette alla Polizia. Egli ha voluto rovesciare la responsabilità sulla truppa, mentre questa non fa che eseguire gli ordini della Polizia. Speriamo, sì per l'una che per l'altra, venga il giorno del giudizio.

Oggi è arrivata una nave da guerra con bandiera tricolore; però non abbiamo potuto discernere se sia piemontese o francese. La rada è coverta di legni stranieri, che tutte le Nazioni europee hanno spediti nelle nostre acque.

Vicaria 24 Aprile 1860.

Nel corso della giornata sono venuti tra noi tre nuovi arrestati, Salmeri, Simoncini e il giovine avvocato Giuseppe Palmeri mio amico. Ho chiesto al Caravella di avere quest'ultimo nella mia cella, per evitare che un bel giorno vi possa essere destinato qualche sconosciuto. Ho soggiunto che preferiamo avere un amico con noi e restare sin da oggi pigiati come sarde nel barile, anzichè correre l'alea di avere per compagno dio sa chi. Però Caravella mi ha rassicurato dicendomi che nelle celle vi sono ancora posti disponibili per i nuovi arrestati; ma ove non vi fosse più spazio passerebbe Palmeri nella nostra cella, e farebbe occupare il posto lasciato dall'avvocato da qualche nuovo venuto.

Carreca, entrato in Vicaria il giorno 22, oggi è stato messo in libertà. Felice lui! il suo arresto sarà stato certamente uno dei tanti granchi a secco preso dal Direttore di Polizia.

Questa mane non abbiamo ricevuto il pranzo, e vi è stato gran movimento di truppe. Chi sa cosa c'è di nuovo; ad onta però della mancanza del pranzo, noi ci siamo nutriti benissimo di pesce lesso, di carne rifredda, e di mezzo pollo, che il Duca della Verdura ha avuto il gentile pensiero di mandarmi.

Vicaria 25 Aprile 1860 (sera).

Quest'oggi abbiamo ricevuto il pranzo, temo che quello di ieri sia stato divorato da qualche birro di buon appetito.

Sta notte ho fatto un sogno curiosissimo. Ho sognato di trovarmi in via Porrazzi fuori Porta Nuova; quando ad un tratto vidi venirmi incontro, seduta mollemente su di un asino, una signorina a me simpaticissima. A quella vista non ressi, e lanciatomi come un forsennato su di lei l'abbracciai e la baciai in bocca. Non pago abbastanza di averla baciata e stretta nelle mie braccia, tentai di montare anch'io sull'asino; ma l'orecchiuta bestia, mentre io stavo per spiccare il salto, si scostò ed io stramazzai al suolo. Alla scossa mi son destato, però invece di trovarmi per terra mi son trovato in letto. Avrei preferito, in fede mia, di trovarmi disteso in via Porrazzi, purchè il sogno fosse stato realtà; ma ciò non essendo, mi sono rivolto sull'altro fianco e riaddormentato saporitamente.

Vicaria 26 Aprile 1860.

L'adagio ben noto: *i giorni si seguono ma non si somigliano* è smentito dalla vita che noi meniamo in carcere. Essa è immutabile, si segue tutti i santi giorni con una monotonia snervante, e si somiglia in tutte le più minute cose. Invano per distrarmi scrivo il diario, invano leggo le Cronache di Lafosse, mi restano sempre lunghe ore di ozio che mi annoiano e mi fanno sbadigliare. Per evitare la noja e gli sbadigli scarabocchio versi siciliani abbastanza liberi, i quali, mentre a me servono di svago, farebbero probabilmente sbadigliare coloro che avessero l'infelice idea di leggerli.

Questa mane ho visto Verdura, e mi ha detto che spera fra breve uscire di prigione. Glielo auguro di cuore: vorrei anch'io poter nutrire una simile speranza; ma non ci penso nemmeno, e son convinto che il giorno della mia libertà è ancora ben lontano da me.

Vicaria 27 Aprile 1860 (sera).

Quest'oggi ho riso come poche volte mi è accaduto nella vita. Non avendo voglia nè di leggere, nè di scrivere, e tanto meno

di comporre i soliti miei versi, ho passato parecchie ore alla
finestra per respirarvi l'aria fresca. In un momento di giovanile
sentimentalismo, dimentico delle ore passate in camera serrata
per avere cantato il finale della Traviata, mi son messo a cantare l'aria del Trovatore:

Ah! sì ben mio con l'essere
Io tuo, tu mia consorte etc.

Non avevo ancora finito questa frase musicale, che un coro
di suoni labiali, venienti dalle varie finestre della Vicaria, mi
ruppe il canto nella gola. Io e Martino, a quello inaspettato e
unanime applauso, siamo stati presi da un eccesso tale di risate,
che per lunga pezza non ci è riuscito di poterle frenare. Con-
vengo che quei suoni speciali della plebe siciliana e napoletana
sono molto volgari, e poco armoniosi; però è innegabile che mentre
da un lato vi paralizzano, troncandovi la parola in bocca e preclu-
dendovi la via a qualunque risposta, dall'altro eccitano l'ilarità.
Il motto il più arguto di un uomo di spirito non ha l'efficacia
della manifestazione volgare, ma caratteristica, della plebe si-
culo-niapoletana. Se un oratore, nel meglio della sua perorazione,
fosse interrotto da una salva di quei suoni labiali, non gli resterebbe altra cosa da fare che avvolgersi nella sua toga e andarsene via; qualunque sua frase armoniosa e civile non varrebbe
a cancellare l'effetto prodotto da quelle tali modulazioni discor-
danti e volgari della plebe.

Vicaria 29 Aprile 1860 Domenica.

Questa mane si è ripetuta la messa, alla quale nessuno di noi
ha assistito, poichè siamo rimasti rinchiusi nelle nostre celle,
come Domenica passata. Speravamo pochi momenti di libertà, ma
il Commissario non ha stimato opportuno di concederceli; le pareti del corridoio, come l'altra volta, sono state le sole ad assistere al sacro rito.

Sono usciti di Vicaria quaranta *scattiaturi* (1); la Polizia è fra questi che recluta sovente i nuovi birri, ed è a questo fine che ha concesso la libertà a questi quaranta galantuomini.

Ieri non ho avuto voglia di fare alcuna cosa, nemmeno di scarabocchiare nel mio diario; del resto la nostra vita in carcere è, come ho detto dianzi, così monotona, che nulla offre da esser degno di nota. Oggi mi sento giù moralmente e fisicamente, e soffro molto con la gola; anche il Duca della Verdura è stato poco bene; il Dottor Saladino, medico delle Prigioni, è venuto a visitarlo, e, dopo la visita, ha avuto il cortese pensiero di passare davanti alla mia cella per darmi una stretta di mano e parteciparmi i saluti della famiglia Agnetta, alla quale mi uniscono legami di affettuosa amicizia.

Vicaria 1 Maggio 1860 (sera).

Leggendo l'*Oeil de Boeuf* mi ha molto divertito un dialogo, tra Luigi XIII e il Maresciallo Bassompierre, che qui riassumo, poichè vi ho rinvenuto motti arguti e spiritosi, degni, a mio avviso, di essere ritenuti.

Era l'anno 1628, in cui le armi del Re Cristianissimo assediavano la Rochelle, piazza forte dei Protestanti. Riunitosi un giorno il Consiglio di guerra sotto la presidenza di Luigi XIII, Bassompierre vi si presentò con un pidocchio in sul vestito. Il lurido insetto non sfuggì all'occhio del Re, che, celiando, lo fece notare al Maresciallo, rivolgendogli queste parole:

— Per S. Luigi, voi introducete nel Consiglio un personaggio di una specie abbastanza strana.

— Maestà, rispose tranquillamente Bassompierre, sono questi i profitti ordinarî della guerra; del resto io stimo che questo insetto sia di buona razza, poichè ben mi ricordo di averne veduti parecchi sul vestito del vostro glorioso padre. Egli si era

(1) Ladroncelli.

talmente familiarizzato con loro, che li schiacciava con un giro
di pollice ; a vedergli compiere quell'atto, con mirabile destrezza,
sembrava ne avesse appreso l'arte alla corte dei miracoli sotto
la direzione del principe dei pezzenti.

— Il vostro insetto, a quel che pare, è molto ben nudrito.

— Sire, non ne menerò vanto, poichè qualcuno potrebbe dire
che al vostro servizio soltanto i pidocchi ingrassino.

Il Re, un po' piccato di questa risposta, riprese sempre in
tuono scherzevole :

— Malgrado ciò il vostro corpo non è punto deperito, e la vostra pinguedine è prova evidente che quanto avete detto è ine-
satto. Quale voi siete adesso, tale siete stato sempre, e tale eravate quando nel 1621, nella qualità di Ambasciadore, faceste
l'entrata a Madrid caracollando su di un mulo. Doveva essere
veramente molto curioso vedere un mulo cavalcato da un asino
tanto grasso.

— Sire, il motto è arguto e gioviale ; però prego ricordarsi
che in quella occasione io rappresentavo Vostra Maestà.

Il dialogo sarà forse una invenzione di Lafosse ; però è bene
ideato, e i motti arguti di Bassompierre potrebbero accettarsi
per veri, se si riflettesse all'alta posizione che aveva presso il
Re e alla illimitata amicizia che questi aveva per lui. Ma, a mio
avviso, le ragioni, che maggiormente inducono a prestar fede alle
risposte argute del Maresciallo, derivano naturalmente dalle qua·
lità essenziali di questo illustre e valoroso gentiluomo, il quale,
per testimonianza di tutti gli storici, brillò sempre per la sua
intelligenza, per il suo spirito, per le sue arguzie e per la sua
franchezza.

Vicaria 2 Maggio 1860 (sera).

Questa mane abbiamo avuto uno spettacolo gratis offertoci da
un soldato in sentinella su i bastioni. Questo animale, ubriaco fra-
dicio, si è posto a ballare usando del suo fucile come le ballerine
usano di una ghirlanda di fiori. Contento di divertire i carcerati,

che si stavano a guardarlo dalle loro rispettive finestre, e felice
degli applausi che ne attirava per i suoi ripetuti passi a solo, li
ringraziava sorridendo e facendo loro profondi inchini.

Dopo il pranzo abbiamo avuto la felice idea di far venire il
Dottore Saladino nella nostra cella, per così rompere la monotonia
che ci uccide. Per raggiungere il nostro intento, Martino ha finto
di avere fortissimi dolori viscerali, ed io mi sono affrettato ad
invocare l'assistenza del medico. Quando Saladino è venuto nella
cella, vedendo Martino contorcersi in tutti i sensi, se ne è im-
pensierito; ma appena la Guardia si è allontanata, il finto ammalato si è rizzato in piede abbracciando l'amico Dottore, ed io
mi son messo a ridere in tono canzonatorio. Saladino, accortosi
della burletta, ha voluto continuarla, minacciandoci di farne rapporto al Commissario; fatto sta che Egli è rimasto una buona
mezz'ora con noi, prolungando le sue osservazioni mediche e scrivendo ricette, che furono spedite ma non adoprate. La mezz'ora
passata in compagnia di Saladino è stata una vera consolazione
per noi. Egli ci ha assicurato che lo spirito pubblico in Palermo
è splendido; che le squadriglie degli insorti non hanno deposto le armi e battono sempre la campagna, quantunque varie colonne mobili siano sguinzagliate contro di loro. Ci ha detto finalmente che fra breve Garibaldi sbarcherà in una delle nostre spiagge.
Questa ultima notizia ci ha esaltati, nel momento in cui Saladino ce
l'ha comunicata; ma adesso, che ci ripensiamo con calma, esitiamo
a prestarvi fede; ci sembra molto difficile che un sì bel sogno
possa convertirsi in realtà. Dimani, all'ora della pulizia, parteciperò
questa nuova a tutti gli amici.

Vicaria 3 Maggio 1860 (sera).

Un mese fa, a questa stessa ora della sera, noi vegliavamo aspettando ansiosi l'alba del quattro aprile col cuore pieno di speranze;
i nostri aguzzini vegliavano anch'essi, ma in preda alla più gran
paura. Allora erano umili e striscianti, oggi invece, stimandosi
sicuri, hanno ripreso la loro arrogante baldanza. Il birro Stan-

campiano, il peggiore ribaldo tra i ribaldi, senza che alcuna causa
ve lo abbia spinto, ha osato dire ad alta voce queste precise parole: *speru vidiri fucilari, comu li tridici chi sunnu stati fucilati a Porta S. Giorgiu, tutti i Signuri nobili chi avemu in
Vicaria* (1). E stava per continuare sullo stesso ritmo, quando
un urlo d'indignazione, tremendo, minaccioso, ha echeggiato nel
corridoio. Quell'urlo, di quasi cento persone, emesso con voce
unanime a traverso gli sportellini, ha spaventato il vigliacco, poichè ha temuto che i detenuti da un momento all'altro mandassero in frantumi gli ostacoli, e irrompessero nel corridoio; tanto
è stato imponente lo strepito prodotto dai calci impetuosi e violenti dati alle porte delle celle. Quell'anima codarda, invasa dalla
paura, ha balbettato alcune parole di scusa, giurando di aver
detto il contrario di quello che noi avevamo capito. Ad onta di
tutte le sue scuse e delle sue ritrattazioni, se noi non fossimo
stati rinchiusi, quel ribaldo avrebbe passato un brutto quarto d'ora.

Quest'oggi ci sono stati rimessi tre proclami per ordine del
Commissario Sferlazzo. Il primo, indirizzato ai Siciliani, promette
amplissimo indulto e generoso perdono alle persone compromesse. Il secondo annunzia che sarà tolto lo stato di assedio; il
terzo finalmente richiama in vigore i consigli di guerra e la
pena di morte per gli *asportatori e detentori di armi*.

Il primo proclama, datato 3 maggio 1860, è così concepito:

« Sua Maestà cedendo facile agli innati sensi di sua clemenza
« nei dì medesimi in cui più faceva d'uopo di severità, conce-
« deva generoso perdono a quei traviati che avessero deposto
« spontaneamente le armi.

« Disperse le bande dal valore delle reali milizie, la prima
« parola che alle persone compromesse dirigevasi dai Coman-
« danti Generali delle colonne mobili, si fu quella del concesso
« amplissimo indulto etc. ».

Fin qui il proclama; intanto noi non vediamo gli effetti del
concesso amplissimo indulto, poichè non si parla affatto di

(1) Spero di veder fucilare, come quei tredici che sono stati fucilati a Porta
S. Giorgio, tutti i Signori nobili, che abbiamo in Vicaria.

metterci in libertà, non solo, ma nemmeno di aprire le porte delle nostre celle. Mentre da un lato si fa sapere al mondo intero il perdono sovrano, dall'altro si continua a fare arresti e a mantenere in pieno vigore i tribunali militari. Si promette di togliere lo stato di assedio, e questo invece sussiste ancora; si sbraita che l'ordine pubblico è completamente rimesso, e intanto le campane della città continuano a tacere, poichè i loro batacchi sono privi delle corde che dovrebbero metterli in movimento. *Lunga promessa con l'attender corto* è la divisa dei Borboni, e tale sarà sempre, finchè resteranno sul trono. Le bande rivoluzionarie sono disperse, pur troppo è vero, ma Palermo è focolare che arde e fuma. Le dimostrazioni numerose e imponenti, che, in seguito ad avvisi affissi sulle cantonate della città, si manifestano ora in una via, ora in un'altra, sono la prova la più evidente che nell'animo dei Palermitani si mantiene vivo lo spirito di rivolta, e di emancipazione. Ma le dimostrazioni, per imponenti che siano, non varranno mai a sottrarci dal giogo che ci opprime; occorrono, invece, fucili e uomini arditi per raggiungere i nostri ideali. Garibaldi potrebbe essere il nostro salvatore se alla testa di una legione di volontarî italiani venisse in nostro soccorso; allora soltanto l'ora della rivincita potrebbe sonare per noi. Ma se questo soccorso ci mancasse, è inutile illudersi, la nostra causa potrebbe, per ora, considerarsi come perduta. Garibaldi, se venisse, rannoderebbe attorno a sè le disperse bande, rialzerebbe il morale dei cittadini, e da tutte le parti della Sicilia accorrerebbero uomini per combattere contro gli oppressori della nostra patria. Garibaldi dunque è la nostra àncora di salvezza, egli è la sola nostra speranza; auguriamoci che questa possa essere appagata al più presto possibile.

Quando stamane ho comunicato la notizia, datami jeri da Saladino, a Salvatore Cappello, questi ha sorriso e mi ha ricordato di avermela già partecipata molto tempo prima. Egli è sicuro dell'intervento di Garibaldi, non solo, ma afferma che fra giorni sarà fra noi. Le sue parole hanno l'impronta della verità e della convinzione, e anche io comincio adesso a credere ciò che prima non credevo. In Palermo, secondo m'ha detto Saladino, tutti aspettano Garibaldi, lo stesso Governo ne paventa l'arrivo, dunque la venuta del vincitore di Varese non è più un sogno, ma una realtà. Tutta la giornata, io e Martino, non abbiamo fatto altro che parlare del grande avvenimento che si prepara; è stato questo per noi un argomento inesauribile di conversazione, e sono passate le ore senza che noi ce ne fossimo accorti.

Vicaria 4 Maggio 1860.

È scorso un mese dal 4 aprile, giorno angoscioso, fatale, in cui vedemmo soffogate le nostre aspirazioni e svanite le nostre speranze; il 4 maggio, invece, è un giorno di gaudio inenarrabile per noi. Oggi i nostri ideali hanno ripreso forza maggiore, e le nostre speranze si sono potentemente rinfocolate, poichè l'intervento di Garibaldi non si considera più come dubbio, ma come assoluta certezza. Dallo scetticismo si è passati alla fede, con la stessa facilità come, da un momento all'altro, siamo usi a passare dalla tristezza alla gioja e viceversa. L'annunzio della venuta dell'eroe di Montevideo si è diffuso fra noi come un baleno, ed ha sollevato un tripudio generale. I prigionieri ridono, cantano e conversano ad alta voce, ma quella di Alaimo sovrasta tutte le altre. Questo atleta, nei suoi momenti di ebbrezza, rivolge sovente alla sbirraglia le seguenti parole in puro dialetto siciliano: *Carugnuni, Piddu arriva, arrunchiatevi li spaddi* (1). Sempre imprudente, come al solito, finirà per avere qualche guajo, e farlo anche avere agli altri; è innegabile però, che quando egli fa sentire la sua voce, promove l'ilarità in tutto il corridojo. La sua avvertenza ai compagni di prigione a proposito dell'arrivo dei Monaci della Gancia in Vicaria, e il suo annunzio alla sbirraglia a proposito della venuta di Garibaldi sono due motti caratteristici, che rivelano l'arguzia di Giovambattista

(1) Vigliacchi, Giuseppe arriva, stringetevi i panni addosso.

Alaimo, dai suoi intimi chiamato, con voce dialettale, semplicemente *Titta*.

In mezzo alla gioja che regna nel corridojo, è circolata questa mane la voce che tutti gli arrestati politici saremo inviati
all'isola di Ustica; magari! Non si sa da dove sia scaturita
questa notizia; non è però difficile indovinare che essa provenga
dal gabinetto del Commissario. Noi l'abbiamo accolta con entusiasmo, e saremmo felici, se si effettuasse; così solo potremmo
respirare un po' d'aria e godere di una splendida traversata
di circa quattr'ore su di un battello a vapore. Sferlazzo ha creduto incuterci spavento con tale notizia, noi invece ne siamo felicissimi.

Vicaria 5 Maggio 1860 (sera)

La speranza di godere un pò di libertà nel corridojo svanisce
di giorno in giorno, e, quantunque sia stato proclamato il famoso
amplissimo indulto, non si è potuto ancora ottenere che si aprano
le porte delle nostre celle. Pazienza! oramai ci siamo assuefatti
alla vita claustrale, e, voglia o non voglia, occorre che ognuno
di noi vi si sottoponga.

Ho letto tutta la giornata, e ho mangiato benissimo; però la
digestione è molto laboriosa, nè potrebbe essere diversamente,
visto lo stato di quasi immobilità a cui siamo condannati in tutta la santa giornata. Questa mane nei pochi istanti di libertà,
che ci sono concessi durante lo spazzamento delle celle, ho corso
nel corridojo saltando come un daino, tanto era in me il bisogno
di muovere le gambe, le braccia, e tutto il corpo. I miei compagni nel vedermi passare come un forsennato davanti alle loro
celle, senza nemmeno salutarli, hanno riso del mio nuovo genere di ginnastica, però lo hanno imitato anch'essi quando a loro
volta, hanno potuto godere del quarto d'ora di libertà.

Dopo il pranzo mi sono arrampicato alla finestra, e vi sono rimasto sino al momento in cui la campana del carcere ci ha annunziato la prima ora dopo l'ave. La serata è splendida; l'odor

di *zagara* (1), che viene dalle campagne circostanti, c' imparadisa, ma di tanto in tanto è soffocato dai puzzi, che esalano dai bastioni e che provengono dalle continue irreverenze della soldatesca e della sbirraglia.

Smetto di scrivere perchè ho sonno e perchè non ho più altro da dire.

— Buona notte, Martino.

Martino non risponde ; egli è di già in braccio a Morfeo. Beato lui ; non fa che dormire e vaneggiare ; povero giovane è innamorato e non pensa che all'oggetto del suo amore, legge Byron e sospira, quando ha finito di leggere e di sospirare si addormenta.

Vicaria 6 Maggio 1860 (sera)

Il caldo comincia ad essere alquanto sensibile, e rende più acute l'esalazioni pestilenziali venienti dai bastioni ; botti di acqua di Colonia non varrebbero ad attutirle.

Sono stati messi in libertà diciotto ladroncelli ; si vede che alla Polizia occorrono nuovi coscritti. L' indulto è stato fatto per loro, ma non per noi ; essi sono gli eletti, noi siamo i reprobi. Dopo l' ave, due battaglioni hanno lasciato la Piazza della Consolazione e si sono avviati al Molo. Alla luce delle lanterne, appese in cima ai fucili dei soldati, ho potuto seguire con l'occhio la colonna, la quale si è imbarcata su di un battello a vapore. Chi sa, se andrà a Napoli o pure in qualche altro punto dell' isola. Sin da jeri regna un'agitazione insolita nelle truppe, alcuni battaglioni vanno in città, altri ne vengono ; soldati partono per Napoli, soldati ne arrivano ; insomma si osserva un movimento continuo di cui non sappiamo renderci conto. Vorrei appurare qualche cosa, ma Caravella da qualche giorno non si lascia vedere ; appena salirà nel corridojo tenterò di avere schiarimenti in proposito.

(1) Fior di arancio o di limone.

Vicaria 7 Maggio 1860 (mattina)

Or ora ho osservato, dalla finestra, un originale piantato nella piazza della Consolazione, sventolando un fazzoletto e facendo segni continui con le mani e col cappello. Taluni carcerati gli hanno chiesto ad alta voce: *cosa volete ? chi cercate ?* ma egli non ha risposto e ha continuato a gesticolare sventolando il fazzoletto. Finalmente parecchi dei nostri hanno sventolato anch' essi i loro fazzoletti; l'ignoto personaggio pare che attendesse questo segno per risolversi ad andar via, difatti appena i carcerati hanno sventolato i loro fazzoletti, se ne è andato a passo celere. Cosa abbia voluto significare con i suoi segnali, e chi Egli sia, non si sa nè si saprà mai; si potrebbe supporre che fosse un maniaco.

Ho dormito male e la testa mi pesa; non vedo l'ora che si apra la porta della mia cella; sento il bisogno di **passeggiare** e di muovermi più degli altri giorni.

Sera

Questa giornata è stata ben triste per me. Ho fatto molti castelli in aria; tante idee non liete son passate per la mia mente, le corde del mio cuore hanno vibrato suoni dolorosi.

Penso alla venuta di Garibaldi, fo tutti gli sforzi per credervi, ma quantunque le mie aspirazioni mi inducano a prestarvi fede, nonostante in fondo al mio cuore il dubbio mi martella. Tutti i miei compagni ne sono più che convinti; Cappello mi canzona chiamandomi *lo scettico*; ma io, ad onta dei loro convincimenti, mi dibatto sempre nell'incertezza, e deploro di non poter credere positivamente, ciò che gli altri credono ciecamente. Le contradizioni dell'animo mio sono incomprensibili a me stesso. Mentre, da un lato ho fede illimitata che la nostra causa, malgrado tutti gli ostacoli, debba un giorno trionfare, dall'altro lato mi ostino a dubitare dell'intervento di Garibaldi, che desidero con tutta la forza dell'anima. Perchè questa mia ostinazione nel dubbio ?

non lo so. Intanto io non fo che pensare a lui, poichè stimo sia il
solo uomo che possa salvarci dalla critica posizione in cui ci tro-
viamo ; non sogno che la sua venuta in Sicilia, e vi sono fin dei
momenti in cui mi pare di vederlo vittorioso alla testa dei suoi
legionarî. Decisivamente io sono un impasto di contradizioni e
d'incoerenze ; però in cima a queste contradizioni e a queste
incoerenze sta salda la mia fede : se ciò non fosse, a quest'ora
dalla Vicaria sarei stato trasferito all'ospizio dei pazzi.

Smetto di scrivere e vado subito a dormire ; il solo sonno potrà cancellare i tristi pensieri, che mi hanno conturbato in tutta
la giornata. In prigione è impossibile si evitino tali momenti di
profonda tristezza, la quale deriva talvolta da cause reali, talvolta da cause fantastiche, e sovente da nessuna causa. La privazione di libertà, e di altre cose, contribuisce molto a renderci
per qualche ora ipocondriaci ; ma fortunatamente lo stato d'ipo-
condria è passeggiero e svanisce per forza di volontà ; questa
forza ci ritempra e ci fa sopportare il carcere spensieratamente.
Mi auguro che il giorno seguente sarà per me più gajo di quello
che, grazie al cielo, è oramai passato.

Vicaria 8 Maggio 1860 (sera).

Questa mane si è celebrata una messa nella Piazza della Consolazione, alla quale hanno assistito i due Reggimenti, che sono
qui acquartierati. Alla fine della messa si è cantato il te deum
per ringraziare il Signore delle vittorie riportate dalle regie
truppe su i predoni rivoluzionarî. Sono questi i titoli lusin-
ghieri che il Governo si compiace accordare a coloro che com-
battono per la libertà e l'indipendenza del proprio paese. Però
ad onta delle vittorie riportate, le quali, secondo i bandi go-
vernativi, hanno rimesso la tranquillità nell'Isola, questa sera
ci è stato di nuovo comunicato l'ordine di tenere chiuse le finestre.

Il Governo asserisce, e vorrebbe farci intendere, che il paese
è tranquillissimo, e che vi si gode la pace degli angeli ; se ciò

fosse vero, egli, in prova delle sue asserzioni, dovrebbe rallen-
tare i rigori nelle prigioni; invece li aumenta privandoci finanche dell'aria di cui oggi si sente gran bisogno. Il caldo comincia ad essere abbastanza sensibile. Noi, della cella n.º 4, poco
curandoci dell'ordine ricevuto dal Commissario, abbiamo spento
il lume, abbiamo spalancato la finestra, e, in questo momento in
cui scrivo, godiamo della dolce temperatura primaverile, che ci
fa dilatare i polmoni. Son convinto che i nostri compagni avranno
fatto lo stesso.

Vicaria 9 Maggio 1860 (sera).

Questa mane, contro il mio solito, essendomi svegliato pertempissimo la mia cella è stata la prima ad essere spazzata; i
due facchini, mediante compenso, hanno prolungato la pulizia
per una buona mezz'ora, ed io ne ho profittato passeggiando
senza interruzione per tutto il tempo. Rientrato nella cella ho
letto, e, dopo la colazione, ho fatto con Martino la consueta
partita di *whist* con due morti.

In questo momento (sono due ore dopo l'ave) Cerami, che oc-
cupa la cella accanto alla mia, è stato colpito di accidente. Il
Dottore Bellittieri, detenuto politico, cui si è permesso di pre-
stare soccorso all'infermo, mi ha detto che difficilmente potrà
scamparla poichè il colpo è mortale. Cerami è un vecchio set-
tantenne, che da venti mesi langue in prigione. Egli è compreso
nel numero degli imputati di falsificazione nell'amministrazione
della Lotteria Reale; però la sua bontà, il suo atteggiamento
modesto e addolorato, e i suoi canuti capelli ce lo hanno fatto
sempre considerare come innocente, anziché come reo. Il rantolo
di quell'infelice si sente dalla nostra cella ed è straziante. Sarà
una brutta notte per noi, e prevedo si dormirà ben poco.

Vicaria 11 Maggio 1860.

Ieri ho dormito tutta la giornata per rifarmi del sonno perduto nella notte dal nove al dieci, in cui il povero Cerami finì di vivere. Più del rantolo dell'agonizzante era penosa per noi la voce stridula, monotona, piagnolosa del padre assistente, il quale, invece di consolare sommessamente e con parole dolci chi stava per morire, lo atterriva gridando come una gazza snidata, e rammemorandogli le pene dell'inferno e le glorie del paradiso. La voce del prete rintronò nel corridojo durante la notte intera, tenendo svegli tutti i detenuti, e togliendo al povero vecchio morente quella pace di cui aveva il diritto di godere negli ultimi istanti della sua vita.

La morte di Cerami ha ridestato in me una dolorosa memoria della mia infanzia. Avevo appena otto anni di età, quando la più grande delle sventure mi colpì togliendomi il mio caro ed amato genitore. La famiglia era raccolta attorno al suo letto di morte; ma, in seguito all'ordine di un padre crocifero fatto venire in casa nostra per assistere il morente, ne fu strappata quasi di viva forza. Ricordo mio padre che, non potendo più parlare perchè le forze gli mancavano, faceva segno con le mani di non distaccarlo dai suoi figli, ma l'inesorabile frate tenne fermo, e noi fummo trascinati in un'altra stanza. Io sino a quel momento non avevo capito lo stato grave di mio padre, ma l'arrivo di quell'uomo, che indossava una veste nera con una croce di drappo rosso sul petto e un'altra sulla spalla, mi atterrì, e proruppi in lagrime. Il mio vecchio domestico Giovanni, con gli occhi rossi di pianto, mi sollevò nelle sue braccia e mi portò via. Dopo qualche momento le cure affettuose dei miei riescirono ad acchetarmi; ma quando nelle mie orecchie rintronarono le grida del padre assistente, io ricominciai a piangere dirottamente, e spinto da una forza irresistibile corsi come un forsennato nella stanza di mio padre. Lo vidi, e fu l'ultima volta, dibattersi nel letto, agitando le braccia e le gambe, ma egli non si accorse di me,

poichè il così detto consolatore appena mi vide mi si lanciò
contro ed impedì che io dessi l'ultimo abbraccio a mio padre.
Quella impressione straziante si ridestò in me vivissima l'altra
notte, quando nella voce del padre assistente mi parve di riu-
dire quella del crocifero, che, molti anni prima, aveva straziato sì
crudelmente il mio cuore infantile. I conforti della religione,
somministrati così barbaramente con acute grida e con urli spa-
ventosi, dovrebbero invece chiamarsi torture della religione, perchè tali sono, tanto per chi se ne va, quanto per chi resta.

Vicaria 12 maggio 1860 (sera)

Quest'oggi il facchino Giannotta ci ha narrato, che un certo
Cav. Pulito, condannato a 25 anni di ferri per omicidio, ha in-
veito contro i suoi compagni di cella Palmeri e Gambacorta. In-
tervenute le Guardie lo hanno condotto via, e per ordine del
Commissario lo hanno chiuso in camera serrata.

Non si sa comprendere come questo omicida si trovi in Vicaria, mentre dovrebbe essere in uno degli stabilimenti carcerarî
destinati a coloro che devono espiare una condanna. Palmeri e
Gambacorta, per evitare di venire alle mani con l'omicida, si sono
prudentemente arrampicati sulla finestra; ma se il Pulito si fosse
trovato nella cella di Alaimo e Gerace, o in qualche altra, il
fatto avrebbe potuto avere uno svolgimento abbastanza grave.

Il giovane notajo Magliocco alla sua intelligenza e al suo spirito accoppia una strana qualità, quella cioè d'imitare alla perfezione il miagolio dei gatti. Egli non avendo nulla da fare si
è seduto oggi sulla finestra, e, per suo semplice diletto, si è messo
a miagolare. Io e Martino, nel primo momento, abbiamo impre-
cato contro quella bestia, che intorbidava la nostra lettura, ma
le risate e i discorsi dei nostri compagni del corridojo ci hanno
subito fatto comprendere che il nostro supposto gatto era il Magliocco. Se la cosa si fosse limitata alle sue miagolate, nulla ci
sarebbe stato di nuovo; ciò che ha destato però la generale ilarità è stata la conversazione intavolatasi tra i gatti reali della

Vicaria e l' uomo—gatto. Quando la conversazione languiva, Magliocco la rianimava miagolando più forte; quando i veri gatti tacevano, il falso gatto ricominciava a miagolare in suono lamentevole, e gli altri subito rispordevano a coro; insomma è stata una scena veramente curiosa e divertente. Sembra che i gatti comprendano Magliocco; sarebbe curioso, se un giorno il nostro amico arrivasse a capire quel che dicono i gatti. Questi sono numerosi in Vicaria, e si aumentano sempre più, sotto le cure paterne di Caravella e della sua famiglia. Abbiamo scherzato molto tempo con Magliocco, chiedendogli spiegazioni sui suoi dialoghi con i gatti. È stato un chiacchierio generale a traverso gli sportelli, che si è prolungato sino al momento in cui ognuno di noi si è arrampicato alle proprie finestre per respirare l'aria fresca.

Vicaria 13 Maggio 1860 (sera).

Annovero questo giorno fra i più belli della mia vita. Cappello ci ha fatto pervenire, per mezzo del facchino Giannotta, un bigliettino in cui era scritto: *Garibaldi è sbarcato*. A tale annunzio io e Martino siamo divenuti pazzi di gioia, e come noi tutti i detenuti. In tutte le celle il tripudio è generale; ognuno manifesta la gioia dell'animo suo in varî modi; chi canta, chi ride, chi declama versi, e fin Giannotta esterna il suo contento saltarellando nel corridoio. Questo facchino è stato sempre il nostro postino, ed è per suo mezzo che si è mantenuta costante la corrispondenza epistolare tra tutti noi. Lo stimavamo una spia, perchè tali sono ordinariamente tutti i facchini destinati al servizio dei prigionieri, ma Giannotta non fa parte di questa categoria, e si è rivelato un uomo fidatissimo. Ieri si conobbe pubblicamente in Palermo lo sbarco di Garibaldi a Marsala, avvenuto il giorno 11. Oggi è stato comunicato a Cappello, e questi si è affrettato a farlo conoscere a noi, e di segnalarlo ai compagni degli altri scompartimenti. La sbirraglia ritorna ad essere avvilita come nei giorni dello scorso Aprile, e i nostri guardiani sono più morti che vivi. Per ben due volte nel corso della giornata si è fatta la visita ai catenacci delle nostre celle, la Polizia, a quel che pare, teme molto che i carcerati possano tentare una evasione in massa. Caravella è in uno stato da far pietà; stravolto nel viso, i capelli irti, gli occhi stralunati, la fronte corrugata, ha l'aspetto, povero diavolo, di un uomo che abbia perduto la ragione. Durante la duplice visita fatta ai chiavistelli delle nostre celle l'ho interrogato sulla causa che spinge la Polizia a prendere simili precauzioni; ma egli non ha osato rispondermi, e si è limitato a contorcere la bocca e a crollare il capo. Ciò che non ho potuto ottenere oggi l'otterrò dimani; è da lui che potrò sapere qualche cosa di certo.

Vicaria 14 Maggio 1860.

Le mie previsioni si sono avverate; Caravella oggi mi ha detto: che sono sbarcati in Marsala i diavoli rossi con *Canibardo* alla loro testa; egli è spaventato dagli avvenimenti, e prevedendo tempi tristi per lui cerca in tutti i modi di mettersi sotto l'egida della nostra protezione. Ciò che ha detto a me lo ha ripetuto a Cappello e anche ad altri carcerati, storpiando però, nella sua ignoranza, il nome di Garibaldi. La plebe palermitana inclina a storpiare tutti i nomi; nel 1848 di Pio Nono creò *Pronorio*; nel 1859 di Solferino ne fece *surfareddu*; e oggi di Garibaldi ne ha fatto *Canibardo*.

Caravella mi ha parlato di un proclama del comitato rivoluzionario affisso alle cantonate della città, annunziante lo sbarco di Garibaldi. Io l'ho scongiurato di procurarmene una copia; egli mi ha risposto: che sarebbe pronto a servirmi ove lo potesse, ma i proclami essendo stati subito strappati dalle cantonate e lacerati dalla Polizia, gli era impossibile di appagare il mio desiderio.

Caravella si era appena allontanato dalla mia cella, quando a traverso lo sportellino vedo la mano di Giannotta con un foglio di carta piegato. Corro ad impadronirmi del foglio, e spiegatolo

subito, vi trovo trascritto il proclama desiderato: « Garibaldi è
« con noi, e il suo nome suona vittoria. I nostri sforzi sono co-
« ronati, compiti i nostri voti. Non sia lordato di sangue il giorno
« del vicino trionfo; e se nei perigli fummo intrepidi, siamo ora
« generosi e magnanimi. Offesi ed offensori tiriamo un velo sul
« passato, ed uno sia il grido: Viva Vittorio Emanuele, viva Ga-
« ribaldi ». Sotto questo proclama Cappello aveva scritto: *dopo
di averlo letto rimettete il foglio a Giannotta:* e così è stato
fatto.

Cappello ha ricevuto il proclama, trascritto col sugo di limone,
in un foglio di carta in cui erano avvolti fazzoletti e calze. È
strano che la Polizia ignori questo mezzo di corrispondenza epistolare, che si conosce fin dall'infanzia. Mi ricordo, quando ero
in collegio, che noi allievi per semplice divertimento scrivevamo
col sugo di limone il quale non lascia traccia alcuna sulla carta.
Chi riceve il foglio lo passa leggermente su di un lume acceso, e sotto l'azione del calorico le parole appariscono come se
fossero scritte con l'inchiostro rosso. La Polizia del carcere, sia
per ignoranza, sia per ignavia, non sottopone alla prova del lume tutte le carte che dall'esterno pervengono ai carcerati; se
ciò avesse fatto o facesse, noi non saremmo stati nel passato,
nè saremmo nel presente informati di tutto quello che è accaduto e accade in città. La cecità della Polizia in tutti i tempi
è stata immensa; oggi alla cecità si accoppia lo spavento, e le
due cose unite assieme offuscano la mente dei Commissarî, degli
Ispettori e di tutti i poliziotti.

Lo sbarco di Garibaldi li ha atterriti; da due giorni in qua
il loro dissolvimento si manifesta sotto tutte le forme; oramai
l'ora fatale della loro rovina è prossima a scoccare; auguriamoci
che essa scocchi al più presto possibile.

Vicaria 15 Maggio 1860 (sera).

Questa mane, pertempissimo, Caravella è salito nel nostro corridoio per annunziare al mio compagno di cella che il cugino di

lui, Martino Beltrani Scalia, era stato arrestato e condotto alle Grandi Prigioni.

Appena avuto l'inatteso annunzio, io e Beltrani Morello abbiamo pregato il Capo Carceriere di assegnare il nuovo arrivato nella nostra cella, e così è stato fatto.

È strano, ma è pur troppo vero, che nei nostri affetti i più puri e i più elevati si mescoli qualche volta un certo sentimento di egoismo, senza che noi ne avessimo il più lontano sospetto. Questa riflessione mi si affaccia spontanea nella mente, pensando alla gioia che ho provata stamane quando Caravella ci ha comunicato la cattura del mio amico. Il sentimento egoistico di averlo a compagno nella mia stessa prigione ha soffocato in me ogni altro sentimento, e ha fatto sì che io, invece di essere addolorato della sua carcerazione, ne sono stato contentissimo. I misteri del cuore umano sono impenetrabili, ma io non intendo approfondirli; preferisco piuttosto notare l'atteggiamento comico del mio amico d'infanzia nel momento in cui si è presentato nella nostra cella.

Io ero seduto nel vano della finestra aspettando il suo arrivo; quando ad un tratto, dopo i soliti rumori di chiavi e di chiavistelli, si apre la porta della cella e lo vedo apparire in sulla soglia accompagnato da Caravella. Mi precipito giù per abbracciarlo, ma egli, con gesto severo, mi arresta dicendomi sotto voce: *fingi di non conoscermi*. Io non comprendo il suo contegno misterioso, e aspetto che il Caravella si ritiri per averne la spiegazione. Rimasti finalmente soli, mi ha detto: che egli aveva serbato quel contegno per nascondere i nostri legami di amicizia, i quali avrebbero potuto compromettermi. Questa sua dichiarazione, invece di convincerci, ha eccitato una grande ilarità in me e in Beltrani Morello. Noi non tenendo conto dello stato nervoso in cui trovavasi in quel momento il povero Martino, e giudicando leggermente il pensiero delicato e affettuoso che lo aveva spinto ad assumere quell'atteggiamento severo, lo abbiamo preso in giro, e lo abbiamo tormentato tutta la giornata ripetendogli continuatamente, in tuono canzonatorio, quel suo *fingi di non conoscermi*. Quantunque un poco indispettito, ha finito per ridere anch'esso della sua strana idea, poichè ha capito che la nostra amicizia, ben nota a tutti in Palermo, non poteva essere ignorata dalla Polizia. Ma pur mettendo da parte questa ragione, la sua tema di compromettermi era quanto poteva esservi di più comico, visto che tutti noi essendo oramai in carcere, nessuna cosa poteva comprometterci più di quanto lo eravamo.

Martino Beltrani Scalia è stato arrestato ieri verso le 3 p. m. e chiuso nel Commissariato di Polizia al Papireto, ove ha passato la notte in mezzo a una torma di camorristi; stamane è stato condotto a piede in Vicaria. Il suo arresto avvenne nel momento in cui disponevasi a partire per andare a raggiungere Garibaldi, passando per Gibilrossa ove sono raccolte le bande armate. Egli ci ha affermato quanto alto sia il morale della popolazione in Palermo, e quanto depresso sia quello del Governo. Si attende con ansia il primo scontro tra i Garibaldini e i soldati borbonici, ma nessuno diffida del risultato, e tutti sono certi che Garibaldi da un giorno all'altro entrerà vittorioso in Palermo. Tutte le bande accorrono dalle varie parti dell'Isola, per riunirsi al vincitore di Varese. Martino riceverà da casa sua dispacci scritti col sugo di limone, così siamo sicuri di essere informati direttamente degli avvenimenti, che giornalmente si svolgeranno.

Qui dentro intanto i rigori aumentano, e questa mane ci sono stati tolti financo quei pochi momenti di libertà, di cui abbiamo goduto sin oggi. Prevedo che non ci sarà più concesso di ricevere il pranzo, ma ciò non monta poichè la nostra cibaria di riserva è più che sufficiente; ciò che ci rincrescerebbe molto sarebbe, se s'interrompesse la corrispondenza epistolare con le nostre famiglie, e se si vietasse l'invio di pacchi di biancheria, di sigari e di dolci. Se ciò avvenisse non si potrebbe più avere alcuna notizia, e si resterebbe al buio di tutto. Ma ciò probabilmente non avverrà, poichè l'avvilimento dei nostri guardiani è al colmo, la loro demoralizzazione si manifesta sotto tutte le forme, e nello stato miserando in cui sono ridotti, non penseranno certamente a fare adesso ciò che non hanno saputo fare nel passato.

Io, intanto sono felicissimo di dividere la mia prigionia con i

due Martini chiamati, l'uno *il bianco*, l'altro *il nero* ; tali sono
i soprannomi con i quali in Palermo si distinguono i due cugini ; soprannomi derivanti dal colorito della loro pelle. Martino
Beltrani Morello è detto *Martino il nero*, suo cugino *Martino
il bianco*. L'entrata di quest'ultimo nella nostra cella ha fatto
scomparire quel poco di spazio libero ancora esistente, il quale
è stato occupato dal letto del nuovo arrivato. Da oggi in poi saremo costretti a passare la nostra giornata, chi su i letti, chi
nel vano della finestra. Ma quantunque pigiati come sarde nel
barile, siamo lieti di essere assieme, e poco ci curiamo del resto.

Vicaria 16 Maggio 1860.

Da che Garibaldi ha messo piede nell'Isola, nessuno più du-
bita del trionfo della nostra causa. Questa fede cieca assoluta ha
ringagliardito gli animi degli insorti ed è arra di sicura vittoria. Martino il bianco ci ha messo a giorno del vero stato delle
cose; noi prigionieri, che diffidavamo della nostra sorte, oggi siamo
sicuri che il giorno della scarcerazione non è lontano da noi.

Il Governo, colto da vertigine, all'annunzio dello sbarco di Garibaldi, ha tentato di nasconderlo per quanto ha potuto; ma, accortosi
dell'impossibilità di negare un fatto già noto a tutti, lo ha affermato bandendo di nuovo lo stato di assedio. Il Generale Salzano
comandante la Piazza di Palermo nel bandire lo stato di assedio
ha dichiarato : « essere costretto a prendere questa misura, per
« l'arrivo di ottocento venturieri aventi alla loro testa un Ge-
« nerale e uno Stato Maggiore. » Al bando governativo ha risposto la stampa clandestina diretta da un Comitato di cui nessuno conosce le persone, ma di cui tutti seguono i precetti e i
consigli. Questo potere invisibile si è impadronito moralmente
del paese, mentre il potere materiale si sfascia invaso dallo spavento. Un manifesto, indirizzato alle truppe dal Comitato, esorta
queste all'affratellamento : « Soldati, i vostri Generali vi tradi-
« scono; l'onorata divisa del guerriero è per essi mutata nella
« lurida casacca dello sgherro. Noi vi stendiamo nuovamente la

« mano; deponete le armi; abbracciamoci come fratelli. » Tale è
lo stato attuale di Palermo. Di Garibaldi, se ne ignorano fin oggi
le mosse, come pure i dettagli del suo sbarco.

Vicaria 21 Maggio 1860.

Da quattro giorni non mi sono curato del mio diario, poichè
la esaltazione di tutti noi prigionieri è stata ed è tale da farci
perdere completamente il bene dell'intelletto.

La nostra esaltazione, confinante col delirio, è derivata dal-
l'annunzio di un combattimento avvenuto a Calatafimi il giorno
15, in cui le truppe borboniche comandate dal Generale Landi
sono state sconfitte; la vittoria dei Garibaldini è stata completa.
Questa lieta nuova ci è stata comunicata dalla famiglia di Martino il bianco, ed e stata scritta col sugo di limone in un involto di carta contenente varî dolci. Messi da parte i dolci, abbiamo acceso una candela stearica, e ci siamo accinti alla solita
operazione di riscaldare la carta per vedere se vi si scorgesse
qualche segno di scrittura. Difatti appena il foglio cominciò a
riscaldarsi vi apparve un punto rosso, indizio certo dello scritto
che conteneva. Allora Martino il nero si pose subito in vedetta
allo sportellino della porta per avvertirci, ove il poliziotto di
guardia si fosse avvicinato alla nostra cella; Martino il bianco
si diede a passare e ripassare la carta sulla fiamma della candela; ed io, pronto con un lapis in mano, ebbi il compito di scrivere le parole, che Egli mi dettava, a misura che apparivano
chiare nel loro colorito rosso. Il dispaccio era così concepito :
« Truppe borboniche comandate dal Generale Landi, sconfitte;
« Garibaldi si avanza vittorioso alla volta di Palermo. » Appena
decifrato il dispaccio, se ne fece una copia, e per mezzo del fido
Giannotta si comunicò ai nostri amici del corridoio. Quando tutti
lo ebbero letto, per mezzo dello stesso Giannotta, ci fu rimesso
e noi lo bruciammo immediatamente.

Visto che i miei nervi mi hanno permesso di riprendere la

penna, ne profitto per notare ciò che ho saputo e veduto nei giorni scorsi.

È partito per Napoli il Principe di Castelcicala, ed è stato surrogato dal Generale Ferdinando Lanza nominato commissario straordinario in Sicilia con tutti i poteri dell'*Alter Ego*. Il giorno 18 è venuto a passare in rivista le truppe accampate nella Piazza della Consolazione, ed ha messo in libertà il Duca della Verdura. Questa nuova, partecipatami da Caravella, mi ha fatto gran piacere. Il Duca, distintissimo gentiluomo e patriota senza macchia, può essere di grande utilità in Palermo in questi momenti supremi. Il Generale Lanza, nel metterlo in libertà, ha creduto forse compiere un atto politico, sperando di rendersi amica l'aristocrazia di Palermo; ma s'inganna a partito. L'aristocrazia palermitana è incrollabile nei suoi sentimenti patriottici, nè si lascia così facilmente abbindolare dalle false promesse dei Borboni e di coloro che li rappresentano. Il Generale in un suo manifesto, che Sferlazzo ha fatto circolare in Vicaria « comincia con « attestare le benevole intenzioni del Re, promette, nel regio « nome, amnistia, ferrovie, un Principe della Casa regnante che « verrebbe ad amministrare con equità e giustizia; e finisce con « minacce di mali di cui nessuno può prevedere la intensità e « la durata. » Parole sprecate inutilmente alle quali nessuno presta fede.

Mentre il Generale si affatica invano ad acchetare i Palermitani con false promesse, le autorità della Vicaria sembra che temano, da un momento all'altro, un attacco sia dalle bande degli insorti, sia dai Garibaldini.

Noi giudichiamo da quel che vediamo, e le misure che si prendono in Vicaria, mettendo cannoni su i bastioni e coronando di una gran quantità di sacchetti di terra le mura di cinta, indicano che i nostri alti carcerieri temono qualche colpo di mano. Se avvenisse veramente un attacco alle prigioni, sarebbe per noi uno spettacolo stupendo. Intanto regna un continuo movimento di truppe; battaglioni partono per Napoli e altri ne arrivano, fra i quali ne è arrivato uno di Bavaresi; ma in mezzo a que-

sta straordinaria agitazione di armi e di armati lo spirito guer-
resco è ben lontano dai battaglioni che noi abbiamo sotto gli
occhi e osserviamo tutti i giorni. Una prova di quanto io affermo ci è stata data stamane dal soldato di sentinella di rimpetto
alla nostra finestra. Questo infelice con la fantasia alterata dai
preparativi di guerra fatti in Vicaria, nel sentire ripetuti colpi
di cannone tirati da una nave estera per salutare il porto, ha
creduto che la Vicaria fosse attaccata. Penetrato da questa falsa
idea, è stato colto da tale spavento, che, senza dare campo alla
riflessione, è scappato a tutta corsa abbandonando il suo posto.
Vi è ritornato, pallido e tremante, quando si è accorto del suo
errore.

Tutte le potenze europee hanno mandato le loro squadre nella
rada, la quale è irta di legni da guerra. Ciò prova il grande
interesse che ha destato in Europa lo sbarco di Garibaldi nella
nostra isola. Il Governo, intanto, che tentò di nascondere questo
sbarco ai Palermitani, sembra che abbia oggi tentato di nascondere alla guarnigione di Palermo la sconfitta di Calatafimi. Nel-
l'intento di tenere alto il morale delle truppe, si è fatta, forse,
correre la voce di una vittoria anzichè di una sconfitta. Illusi
di questa falsa notizia, i soldati accampati nella Piazza sottostante alla Vicaria si sono dati alla pazza gioia, e l'altro giorno, dalla nostra finestra, li abbiamo visti ballare, cantare al
suono della musica militare alternando ai canti e alle danze le
ripetute grida di Viva il Re. Però questo tripudio è stato interrotto ad un tratto dall'arrivo di una torma di soldati sban-
dati, zoppicanti, laceri nei vestiti, e senza armi: costoro certamente venivano da Calatafimi. Gli ufficiali alla vista poco conso-
lante di quegli infelici, fecero subito cessare la musica e imposero
silenzio alle truppe.

I balli e i canti dei soldati, ai quali noi abbiamo assistito dalla
nostra finestra, giustificano abbastanza la mia supposizione, che
può essere erronea, ma non inverosimile.

Vicaria 22 Maggio 1860.

Martino il bianco, tutto raccolto in sè con la mente, e aggomitolato col corpo nel vano della finestra, legge Byron, e accompagna la sua lettura con gesto solenne o teatrale. Martino il nero, disteso sul suo letto, legge la storia del Guicciardini sonnecchiando e sbadigliando; io, in posizione scomodissima, mi sto a sedere sulle assicelle del mio letto, scarabocchiando nel mio cartolare appoggiato sul materasso, che mi serve da tavolo da scrivere.

Nelle prime ore pomeridiane è stata battuta la generale; le truppe hanno preso le armi, e tre compagnie di fanteria, un drappello di cavalleria, e una sezione di artiglieria sono partiti in fretta e furia verso il Monte Pellegrino. Siamo stati ansiosi, sperando da un momento all'altro di udire il rombo del cannone e lo scoppiettio dei fucili; ma abbiamo sperato invano: dopo qualche tempo la piccola colonna è ritornata al campo, e tutto è rientrato nell'ordine.

Ogni stormir di fronde produce un allarme, tanto è la paura che invade i difensori del trono. Costoro prendono le ombre per giganti, gli alberi per Garibaldini, e così rinnovano tutti i giorni la vecchia storia dei mulini a vento di Don Chisciotte.

Vicaria 23 Maggio 1860.

Da che Martino il bianco è entrato per terzo nella nostra cella, la calma, che prima vi si respirava, è scomparsa, e da otto giorni si vive in continua agitazione. Il giorno dopo il suo arrivo ruppe una catinella piena d'acqua allagando ogni cosa; in seguito ha rotto un bicchiere, e un altro arnese che per verecondia non oso nominare. Ma tutto questo sarebbe nulla se non mettesse in iscompiglio il sistema di vita tranquillo e sereno, che Martino il nero e io abbiamo adottato durante i mesi di nostra prigionia. Il mio caro amico d'infanzia pretenderebbe che noi ci conformassimo ai

suoi sistemi, i quali sono diametralmente opposti ai nostri; di là
deriva la guerra intestina. Egli si addormenta nelle prime ore
della sera, e si sveglia all'alba; noi, invece, andiamo a letto molto
più tardi di lui e ci piace di prolungare il nostro sonno nelle
ore mattutine per così rendere più corte le lunghe giornate. Ma
ciò non è possibile, polchè il nostro caro compagno, appena desto, comincia a strepitare, e non si accheta se non quando ci ha
barbaramente svegliati. Noi, a nostra volta, prendiamo la rivincita nelle ore pomeridiane in cui il nostro tiranno sente il bisogno di dormire ; allora ci vendichiamo delle nostre sofferenze
mattutine, non concedendogli un solo momento di riposo. Gli
stessi dissensi accadono per l'ora della colazione e del pranzo,
come pure per quella in cui si deve accendere il lume. Chi pre-
ferisce un'ora, chi ne vuole un'altra, insomma è un inferno continuo, ma in fondo divertente.

C'è proprio d'ammattire quando si pensa che io e Martino il
nero siamo la causa di avere perduta la nostra pace; poichè è
stato in seguito alle nostre preghiere, che Caravella ha assegnato
nella nostra cella quel demonio scatenato. Se noi riflettessimo
seriamente al colossale errore, che abbiamo commesso, ci sarebbe
da prenderci a calci noi stessi, ove le nostre gambe avessero
la lunghezza e la elasticità da ritorcersi in dietro per colpire
quella parte del nostro corpo in cui il dorso cambia il suo nome.
Ma sventuratamente non c'è che fare, e visto che il male è fatto
occorre ripararlo. Vero è che i nostri dissensi domestici ci di-
vertono e ci fanno passare il tempo allegramente, ma non è men
vero che, se non si stabilisse una norma ragionevole di vita, almeno per le ore di sonno, noi non potremmo andare più avanti;
senza dormire è impossibile si resista a lungo. Convinti di questa
necessità assoluta, e stanchi oramai di guerra, abbiamo deciso di
fare un trattato di pace, al quale dobbiamo tutti e tre sottostare
sorupolosamente. Stasera lo scriverò, dimani sarà discusso e firmato.

Prima di chiudere la giornata, voglio notare un breve collo-
quio avuto con Caravella, a proposito della battaglia di Calata-.

fimi, di cui non si fa più mistero, anzi se ne parla apertamente da cella a cella; ne parlano financo i nostri guardiani. Trovandomi allo sportello della mia porta ho visto passare il Capo Carceriere e, pregatolo di accostarsi, gli ho rivolto questa domanda:

— È vero che i poveri soldati sono stati battuti a Calatafimi?

— Signore, altro che battuti, quei disgraziati sono stati tutti infilzati vivi.

— Che cosa mi andate raccontando; quel che dite non può essere vero.

— Mi scusi tanto, ma io le racconto la verità. I demoni rossi non tirano fucilate, ma corrono avanti come forsennati, piombano addosso ai nostri poveri soldati e, gridando viva *Canibardo*, l'infilzano tutti con le loro baionette.

- Ma come avviene questo fatto? I soldati hanno fucili e cannoni, e se sapessero adoprarli potrebbero tenere i Garibaldini a distanza.

— Signore, i Garibaldini, come voi li chiamate, non sono uomini ma demoni, e le palle non penetrano nei loro corpi.

Dopo di aver fatto questa profonda osservazione, si è segnato ed è andato via.

Vicaria 24 Maggio 1860.

Cappello ci ha fatto sapere che dalla sua finestra si osserva un nugolo di fumo attorno al villaggio del Parco (1); quel fumo, secondo lui, deriva da un fuoco vivissimo di moschetteria, che dura da molto tempo. Se il giudizio di Cappello non fosse fallace, in questo momento le truppe borboniche si troverebbero impegnate in un combattimento contro le nostre bande armate o contro i Garibaldini. Dimani si saprà di certo qualche cosa.

Dopo una discussione molto comica io e i due Martini, di comune accordo, abbiamo firmato il seguente Trattato:

(1) Parco è un grosso villaggio situato a dieci chilometri a libeccio di Palermo.

TRATTATO FRA I DUE MARTINI E FRANCESCO RINCHIUSI IN VICARIA
NELLA CELLA N. 4 CORRIDOJO DEI CIVILI.

Noi tre sottoscritti, stanchi di una guerra fratricida, che ci ha recato tanto danno sconvolgendo l'ordine di ogni cosa, perturbando seriamente la nostra digestione, ed infliggendoci la suprema tortura di non più dormire, giuriamo sulla testa dei figli altrui di deporre ogni astio ed ogni dispetto, e di osservare scrupolosamente i seguenti articoli del Trattato.

Art. 1° — Ciascun di noi *ad libitum*, sia di giorno sia di notte, può dormire in letto o in sedia, o anche nel vano della finestra, se gli fa piacere, senza che gli altri ne turbino il riposo.

Art. 2° — La mattina si apriranno gli scuri della finestra quando di comune accordo lo giudicheremo opportuno, ma non più tardi delle ore 9 a. m.: la sera si chiuderanno quando la campana della Vicaria suonerà le due ore dopo l'ave. Quest'ora si potrà protrarre di comune accordo.

Art. 3° — Siccome l'adempimento delle varie incombenze domestiche è stata una delle cause della guerra intestina, per scongiurare ogni ripresa di ostilità (che Dio ce ne scansi e liberi) ognuno di noi si obbliga a disimpegnare le proprie incombenze. Martino il bianco assume l'incarico di preparare il lume e di chiudere lo sportellino della porta nell'ora stessa in cui si chiudono gli scuri della finestra; Martino il nero accetta quello di chiudere la finestra, sparecchiare la tavola e pulire i piatti sporchi; Francesco s'incarica di apparecchiarla e di asciuttare i piatti già lavati.

Data lettura alle parti presenti e stipulanti seguono le firme

Francesco
Martino il bianco
Martino il nero

Articolo suppletivo

Si pranza quando si ha appetito senza ora determinata. Nel caso
non si fosse di accordo, si determinerebbe l'ora a maggioranza di voti.

> *Francesco*
> *Martino il bianco*
> *Martino il nero*

Se Maniscalco leggesse questo trattato, certamente ci mette-
rebbe in libertà, poichè si avvedrebbe che noi non siamo quegli
uomini politici tanto pericolosi come egli crede, ma semplicemente
scolari in vacanza che pensiamo a divertirci di tutto. Tali difatti
dovremmo essere giudicati se si tenesse conto della nostra condotta fanciullesca tenuta in Vicaria.

Per suggellare la pace, abbiamo fatto una partita di Whist col
morto. Ho detto male *partita di Whist*, considerando che questo nobile gioco è talmente imbastardito dai due cugini, da
poterlo chiamare con vocabolo più adatto *gioco Beltrani*. Tutti
e due lo giocano malissimo, non ne hanno alcun concetto, ma
presuntuosi, come tutti gl'ignoranti, pretendono di conoscerlo a
perfezione. Intanto si passa piacevolmente il tempo, ed io rido e
godo di tutte le sciocchezze che fanno i miei cari amici.

> *Vicaria 25 Maggio 1860.*

Un dispaccio, inviatoci questa mane da casa Beltrani, ci ha
dato la triste nuova che Rosolino Pilo, fratello del Conte di Capace, è stato spento da una palla di fucile, in un attacco avvenuto il giorno 21, sulle alture di S. Martino presso Monreale,
tra le nostre bande e le truppe borboniche.

Durante l'intera giornata le nostre orecchie sono state assordate da un cannoneggiamento continuo, derivante da altre navi estere giunte nella nostra rada.

In questi ultimi giorni sono stati messi in libertà parecchi dei nostri compagni fra i quali Magliocco, Cortegiani, Tramontano e altri, in quanto a noi non se ne parla nemmeno. Decisivamente Maniscalco ci deve reputare quali uomini molto pericolosi. Tanto meglio; noi siamo fieri di questa reputazione, vera o falsa che sia, e intanto attendiamo serenamente che la nostra sorte si compia. Del resto ci penserà Garibaldi alla nostra liberazione, e siamo più che convinti che questa avverrà quanto prima.

Al frastuono della giornata, prodotto dal continuo cannoneggiare delle squadre estere e del castello, è succeduta la calma di una serata primaverile veramente deliziosa. Oggi siamo stati piuttosto malinconici, e quando al cadere del giorno la banda militare ha intonato la consueta preghiera dell'ave, n i ne siamo stati commossi. Quella musica mistica, lamentevole e armoniosa ci ha fatto, più dell'usato, una impressione vivissima, e ha schiuso i nostri cuori a sentimenti benevoli verso quei poveri soldati, che inconsapevolmente sono ciechi strumenti di oppressione. Quelle note musicali, così bene interpretate ed espresse con tanta maestria dalla banda napoletana, hanno prodotto in noi lo stesso effetto, che produssero in Giusti gli armniosi concenti della banda austriaca nella chiesa di S. Ambrogio in Milano. Il ricordo di questo poeta ha richiamato alla nostra memoria la sua stupenda poesia *Sant' Ambrogio*, e ognuno di noi ne ha declamato, a balzi, qualche strofa. Martino il nero in tuono sentimentale ha detto:

> Un cantico tedesco lento lento
> Per l'äer sacro a Dio mosse le penne.
> Era preghiera e mi parve lamento
> D'un suono grave, flebile, solenne,
> Tal che sempre nell'animo lo sento.

Martino il bianco, nell'intento forse di fare dimenticare la comicità del suo *fingi di non conoscermi*, (sforzi inani) ha assunto un contegno severo ed energico , e in tuono solenne ha continuato :

A dura vita, a dura disciplina
Muti derisi solitarî stanno,
Strumenti ciechi d' occhiuta rapina
Che lor non tocca e che forse non sanno.

Ed io, finalmente, in tuono modesto e alla buona, ho conchiuso.

Povera gente ! lontana dai suoi
In un paese qui che le vuol male,
Chi sa che in fondo all'anima po' poi
Non mandi a quel paese il principale ;
Gioco che l'hanno in tasca come noi.
Qui se non fuggo abbraccio un caporale,
Colla sua brava mazza di nocciolo,
Duro piantato lì come un piolo.

Vicaria 26 Maggio 1860 (mattina)

Stamane appena i nostri occhi si sono schiusi alla luce del giorno, il commissario Sferlazzo si è affrettato a parteciparci un manifesto del Governo. annunziante : *la sconfitta dei Filibustieri al Parco, e la fuga di Garibaldi verso Corleone; il Generale Bosco* (continuava lo stesso manifesto) *lo insegue e promette di farlo prigioniero.* Nessuno di noi ha prestato fede a tutte queste fandonie, anzi siamo convinti del contrario.

(sera)

Nelle ore pomeridiane abbiamo ricevuto un dispaccio da casa Beltrani così concepito : *Dimani Garibaldi entrerà in Palermo.* Questa notizia è in aperta contradizione con l'altra comunicataci

dal Governo. Quale delle due sarà la vera? Il dubbio, che mi
si affaccia adesso alla mente, non l' ho avuto quando abbiamo decifrato il dispaccio, poichè allora non ho riflettuto e ora
rifletto. La riflessione è una doccia fredda, che smorza ogni entusiasmo, frena gli slanci della fantasia, e osteggia qualunque
fede. Quando poche ore fa abbiamo ricevuto l' annunzio, che dimani Garibaldi sarà in Palermo, nessuno di noi tre ne ha dubi-
tato, e con l'anima riboccante di cieca fede ci siamo lanciati
l'uno nelle braccia dell'altro commossi ed ebri di gioja. Ma per
mio malanno, in questo momento in cui scrivo, la riflessione è venuta a sconvolgere le mie idee, ad avvelenare la mia
gioja, ad intorbidare la mia cieca fede che avevo nell'entrata di
Garibaldi in Palermo. Ma a che pro lambiccarmi il cervello sofi-
sticando? A che pro angustiarmi di cose fantastiche e non reali?
Intanto, mentre io corro dietro a vani fantasmi, e mi perdo in
vaghe supposizioni, i miei amici dormono tranquillamente. Il loro esempio mi seduce; vado a dormire anch'io.

Evasione dalle prigioni 28 Maggio 1860 ·

Palermo 19 Giugno 1860.

Oggi le truppe borboniche hanno sgombrato Palermo e preso imbarco per Napoli. Oggi stesso il Generale Lanza, prima che partisse, ha messo in libertà i miei amici, i quali, dopo lo sbarco di Garibaldi, dalle camere serrate della Vicaria erano stati trasferiti in Castello, e ivi trattenuti come ostaggi. Questi cari giovani, acclamati freneticamente dal popolo delirante, hanno percorso trionfalmente le vie che dal Castello menano al Palazzo Reale, in cui Garibaldi ha preso stanza dopo la partenza di Lanza. Il Generale, nel riceverli, ha rivolto a loro parole molto lusinghiere e ben meritate.

Il tripudio e l'entusiasmo di tutti i cittadini è più facile imaginare che descrivere, l'aspetto della città è imponente. Sotto l'impressione di tanta felicità generale, col cuore riboccante di gioia rientro in casa e metto termine al diario della Vicaria, narrando la vigilia e il giorno della nostra evasione.

Quantunque il 26 Maggio fossimo stati avvisati che il giorno seguente Garibaldi sarebbe entrato in Palermo, ciò nonostante la notte dormimmo tranquillamente; ma all'alba del 27 fummo desti per soprassalto dal rombo del cannone. A questo rumore, tanto grato alle nostre orecchie, quasi spinti da una susta, balzammo in piedi su i letti e ci arrampicammo istintivamente alla finestra per osservare l'atteggiamento delle truppe accampate nella piazza sottostante. Ma appena ci fummo mostrati dietro alla grata, le sentinelle spianarono i loro fucili minacciandoci di tirare su di noi ove non fossimo rientrati. Noi rientrammo subito, poichè sarebbe stata ostinazione da matti se per un semplice istinto di curiosità ci fossimo esposti a ricevere una palla in fronte. Il fuoco intanto continuava vivissimo in città, però il fragore delle cannonate e delle fucilate non ci rincorava tanto quanto la vibrazione delle campane, sonanti a stormo. Il tintinnio delle campane, che sin dal 4 aprile non avevamo più udito, ci faceva balzare il cuore di gioia, e ci metteva in tale orgasmo, che, senza riflettere ai danni che avremmo potuto avere, gridavamo come forsennati: *le campane ! le campane!* Quante emozioni, quante angoscie, quanti sentimenti contrarî agitavano i nostri cuori in quegli istanti memorabili! Alla fede illimitata che avevamo nella vittoria succedeva il dubbio della sconfitta e mentre la fede ci colmava di gioia, il dubbio ci prostrava nella tristezza. Con la speranza di una prossima libertà, si alternava il timore di vederla delusa; e all'entusiasmo che ci destavano i colpi dei cannoni e dei moschetti succedeva il rammarico di non potere prendere parte alla lotta. Il vederci rinchiusi dentro quel triste loco, mentre i nostri amici spargevano il loro sangue; il non potere dividere con loro i pericoli e la gloria; l'essere condannati all'inerzia e all'impotenza giusto in quel momento in cui le sorti della nostra patria decidevansi, era tale tortura, tale angoscia, tale strazio per noi da non potersi esprimere con parole.

In tutto il recinto della Vicaria regnava lo stesso silenzio di tomba che vi era stato il giorno del 4 Aprile; pari silenzio regnava nella Piazza della Consolazione ove erano accampati circa cinque mila uomini. I battaglioni erano schierati in ordine di battaglia; i soldati silenziosi e immobili restavano ritti nei loro ranghi. Ma verso mezzogiorno i battaglioni furono disposti in colonne di compagnie, e ai soldati fu permesso di togliersi i zaini e di sedersi nei loro rispettivi posti.

Il nuovo atteggiamento delle truppe ci aveva alquanto turbati; poichè la nostra esaltazione e la nostra accesa fantasia ci ave-

vano fatto supporre che le cose andassero bene per i nostri nemici e male per noi. Ma il fuoco non interrotto di fucileria, e
le vibrazioni delle campane, le quali non cessavano un istante di
sonare a distesa, ci rassicuravano che la lotta ferveva e i nostri
erano padroni della città. Difatti se Palermo fosse caduta in potere dei borbonici, primo loro pensiero sarebbe stato quello di
far cessare il suono delle campane, che per quanto rincori e in-
gagliardisca un popolo che insorge, per altrettanto avvilisce i suoi
oppressori. I rintocchi delle campane a stormo, emanazione di
gioia nel giorno della redenzione di un popolo, ribombano come lugubre mortorio nel cuore dei satelliti della tirannide. Queste riflessioni valsero a calmare le nostre imaginarie apprensioni.

All'ora in cui si distribuiva il pasto (1) ai carcerati, due facchini, portanti per le anse una enorme caldaia di fave bollite, si
accostarono alla porta della nostra cella accompagnati dal birro
Stancampiano, quel famigerato ribaldo di cui ho di già parlato (2).
I suoi occhi sinistri, stralunati, iniettati di sangue, giravano ferocemente nelle loro orbite lasciando scorgere l'ira mista allo
spavento; i suoi capelli irti e scomposti gocciolavano sudore sulle
sue tempie; insomma non era una figura umana la sua, ma quella
di una larva infernale. Questo farabutto si accostò al nostro sportello, e, mediante un cucchiaione di latta, ci porse la nostra
porzione di fave, che noi ricusammo.

Profittando dell'occasione propizia, nell'intento d'infliggere una
tortura a quel mascalzone, gli rivolsi la parola, e in tuono canzonatorio e sardonico gli dissi: *Che cosa avete? mi sembrate
alquanto preoccupato.* Egli non mi rispose, ma mi guardò bieco,
crollando il capo e facendo un sogghigno diabolico. Quel sogghigno era molto eloquente, nè era difficile capirne il significato,
che era questo: *guai a voi, se le cose volgeranno a vostro*

----

(1) Tutte le volte che *per ordine superiore* si respingeva il pranzo inviatoci
dalle nostre famiglie, l'amministrazione delle Carceri distribuiva anche a noi
una zuppa di fave, o di ceci, o di fagioli.

(2) 3 Maggio pag. 141.

danno. Però in quei momenti sublimi, in cui il nostro pensiero
era tutto rivolto al trionfo della nostra causa e alla ricupera-
zione della nostra libertà, non potevamo curarci di quella tacita
minaccia, che, invece di prostrare il nostro spirito, aumentò la
nostra ilarità e il nostro appetito. Appena quell'essere abietto si
fu allontanato dalla nostra cella, imbandimmo la nostra parca
mensa, e ci affrettammo a divorare un piatto squisito di maccheroni apparecchiati dai nostri amici Cappello e Bracco e da questi
fattici pervenire per mezzo del fido Giannotta. Si pranzò allegramente, si brindò alla salute di Vittorio Emanuele e di Garibaldi, e così si mise fine al desinare.

Durante la giornata l'eco delle fucilate e dello scampanìo si
era ripercossa continuamente nelle nostre orecchie ; ma verso le
quattro pomeridiane non udimmo più il suono delle campane ;
questo silenzio c'impressionò orribilmente.

A mezzogiorno — come dianzi ho detto — avevamo imaginato
che le cose andassero male per noi, perchè le truppe dall'ordine
di battaglia erano passate a quello di colonna, e perchè era stato
loro concesso di riposarsi nei ranghi. Alle quattro pomeridiane
supponemmo che la città fosse caduta nelle mani dei nostri nemici, perchè più non udivamo il suono delle campane. L'esaltazione aveva offuscato la nostra mente e ci aveva resi inetti a qual-
siasi riflessione o ragionamento. La dolorosa supposizione che Palermo fosse in potere delle truppe infranse la nostra gioia, di-
strusse le nostre speranze, e prostrò l'animo nostro. Accoccolati
su i nostri rispettivi letti, io e i due Martini ci guardavamo
negli occhi, senza proferire una parola. Non solo noi della cella
n. 4, ma anche gli altri nostri compagni, erano tutti convinti della
caduta di Palermo, ma nessuno osava manifestare questa dolorosa convinzione.

Le ore passate in quell'ansia mortale furono orribili. A traverso gli sportelli delle nostre porte s'interrogava e si rispondeva a vicenda ; ma tanto le interrogazioni quanto le risposte non
avevano il senso comune, nè potevano averlo, poichè nè le une
nè le altre erano formulate con chiarezza. Si domandava conti-

nuamente, perchè le campane non sonavano; ma nessuno rispondeva a tuono, anzi ognuno di noi cercava di nascondere il dubbio che ci tormentava. Eppure la risposta sarebbe stata facile e
rassicurante a darsi, se un solo di noi avesse fatto riflettere
che non si poteva udire il suono delle campane perchè il vento
spirava contrario. Ma nessuno aveva la testa a posto in quella
giornata, e fu per questa ragione che il silenzio delle campane
pesò come incubo penosissimo sulle anime nostre, per lunghe ore.

Lo stato di nostra agonia si prolungò sino all'Ave, ma allo
scoccar di quest'ora ci parve di udire un lontano tintiunio di
campane. *Hai udito?* dicemmo tutti e tre simultaneamente, *pare
di sì*, rispondemmo ad una voce. Allora, per potere udire con maggiore facilità qualunque rumore venisse da fuori, ci rizzammo in
piedi sui letti, ci avvicinammo alla finestra, e lì restammo con
le orecchie intente, senza profferire una parola e frenando financo il nostro respiro. Ma dopo pochi istanti di aspettativa, u-
dimmo finalmente le campane sonanti a stormo; a quel suono
un grido unanime, generale di gioia echeggiò nel corridojo, e da
cento voci si udì ripetere: *le campane! le campane!* Soprag-
giunta la sera, ci arrampicammo alla finestra, e di là volgendo
lo sguardo verso Palermo, osservammo un gran fascio di luce
spandere il suo riflesso da per tutto. Oramai non c'era più dubbio; l'esito della giornata era stato a noi favorevole, la nostra
causa aveva trionfato, e i Palermitani celebravano la vittoria illuminando tutte le case della città. Tale fu il nostro ragionamento dopo avere udito il suono delle campane, e visto il riflessso
della città illuminata.

Il cannone taceva, le fucilate erano rarissime, i soldati accampati nella piazza sottostante stavano silenziosi, e noi, dalla nostra finestra, ne spiavamo i benchè menomi movimenti.

Erano scorse due ore dall'Ave, quando sopraggiunse un ufficiale di Stato Maggiore, il quale dopo che ebbe conferito col
Comandante delle truppe andò via a spron battuto. Si avvertì
allora un certo movimento nelle file dei soldati, derivante da un
drappello di circa cento uomini, che moveva alla volta di Pa-

lermo. Pochi minuti dopo i battaglioni si misero anch'essi in movimento e seguirono anch'essi l'avanguardia; così in pochissimo tempo tutte quelle truppe scomparvero e la piazza restò completamente sgombra. Alquante fucilate, che udimmo verso Porta Macqueda, ci fecero supporre si tentasse di sorprendere Palermo con un assalto di notte. Ma pochi momenti dopo i colpi di moschetto cessarono, e durante la notte non si udì altro che il continuo tintinnio delle campane sonanti a distesa. Notte memorabile fu quella che difficilmente potrà dimenticarsi da tutti coloro che erano rinchiusi in Vicaria.

La Piazza della Consolazione era rimasta completamente sgombra di truppe, i quartieri erano stati chiusi, e finanche il picchetto di guardia era stato tolto.

Quest'ultimo fatto ci assicurava che le truppe avevano definitivamente abbandonato quel posto; nè poteva essere diversamente, poichè, se avessero dovuto ritornare, non avrebbero tolto il picchetto di guardia, e avrebbero lasciati i quartieri aperti come altre volte avevano fatto. Non era più dubbio che i soldati fossero andati via per non più ritornare; non sapevamo però se la sbirraglia delle Prigioni li avesse seguiti. Eravamo in questa incertezza, quando Alaimo dallo sportello della sua porta gridò con voce stentorea: *Picciotti state pronti che fra breve usciremo in libertà.* Le parole di Alaimo atterrirono il vecchio Marotta, il quale, paventando un'evasione in massa, si diede a gridare con quanta voce avesse nella strozza: *Caravella! Caravella! accorrete subito con le guardie*; ma i suoi strilli non ebbero eco alcuna; nessuno rispose; nessuno venne in suo soccorso. Illudendosi che la sua voce non fosse stata udita dal Capo Carceriere, si afferrò alla corda della campana d'allarme, appesa in fondo al corridojo, e si diede a sonarla a distesa. Senza che ne avesse la coscienza, quel vecchio malvagio accoppiava il suono della campana della Vicaria a quello delle altre della città. Noi, intanto, che avevamo preparato le nostre valige, le disfacemmo subito, e riflettendo che le cose avrebbero potuto volgersi a male per noi ove la sbirraglia fosse salita, rimettemmo tutto a posto, e ci coricammo. Quei momenti in vero non furono piacevoli, poichè il pericolo che ci minacciava non era lieve. Se i birri fossero stati ancora nelle prigioni, al primo grido di Marotta sarebbero saliti, e trovandoci preparati per la evasione, avrebbero potuto fare man bassa su di noi. Ma ciò fortunatamente non fu. Indarno il vecchio continuava a gridare a squarciagola e a suonare la campana, nessuno rispondeva al suo appello. Ma dopo lungo gridare e lungo scampanare la voce gli venne meno, la corda della campana gli si spezzò nelle mani, ed egli stramazzò al suolo. Noi ne udimmo il tonfo e ne fummo lieti. Momento terribile dovette essere per il vecchio ribaldo quello in cui gli si svelava sotto la più spaventevole forma il suo prossimo avvenire. Questo incidente, quantunque ci avesse fatto passare istanti di ansia mortale, ciò nonostante valse a rassicurarci che la sbirraglia aveva sgombrato il carcere. Non restavano a nostra guardia che due compagnie di soldati; nè su questo ci cadeva dubbio alcuno, poichè i ripetuti: *allerta sentinella,* in ogni quarto d'ora, ci affermavano la loro presenza.

Per quella notte ogni tentativo d'evasione sarebbe stato follia, poichè le due compagnie di soldati l'avrebbero impedita; ma si sperò che il giorno seguente Garibaldi venisse a liberarci. Ciò però non poteva accadere, nè accadde, ignorandosi in Palermo che le truppe avevano abbandonato la Piazza della Consolazione.

Svanita ogni idea di fuga, si tentò di conciliar sonno per così dare un poco di tregua a tutte le forti emozioni della giornata; ma ciò non fu possibile. Si dormiva tutto al più una mezz'ora, e poi ci si svegliava per soprassalto; e tutti e tre, mettendoci a sedere su i rispettivi letti, ci facevamo interrogazioni inconcludenti. Rassicurati, dal suono continuo delle campane, che la città era sempre in potere dei nostri, ci ristendevamo, e ricominciavamo a dormire, se pur tale possa chiamarsi quel sopore che nei momenti agitati della vita ci fa per poco tenere chiusi gli occhi. Così passammo l'intera notte, risvegliandoci di tratto in tratto, e ripetendo tutte le volte la medesima scena.

Spuntata appena l'alba del 28 Maggio noi saltammo giù dai

letti, e aperta la finestra trovammo la Piazza completamente deserta, soltanto su i bastioni della Vicaria vi passeggiavano ancora le solite sentinelle. Non ci sapevamo render conto, perchè vi fossero ancora soldati nelle prigioni, mentre tutte le truppe e la Polizia si erano ritirati sin dalla sera precedente. Ci perdevamo in mille congetture quando, in seguito ad ordine impartito da un caporale, le sentinelle si ritirarono precipitosamente. Oramai le prigioni erano sgombre da ogni forza sì civile che militare, e i prigionieri avrebbero potuto subito ricuperare la loro libertà se le porte e i cancelli non vi si fossero opposti. Fu allora che cominciò la grande opera di distruzione per abbattere con tutti i mezzi di cui potevamo disporre quegli ostacoli che ci impedivano l'uscita.

Sin dal 4 Aprile si era convenuto, che, ove si dovesse tentare una evasione, il segno lo avrebbe dato il nostro scompartimento da cui gli altri dipendevano ciecamente. I detenuti della Vicaria, fidi alla consegna, restavano silenziosi afferrati alle grate delle rispettive finestre aspettando ansiosi il segnale prestabilito. Ma quando questo fu dato — ignoro da chi — un grido impetuoso, terribile, echeggiò in tutto quel recinto; erano le voci di circa due mila uomini, i quali con tutta la forza dei loro polmoni gridavano: *libertà! libertà!* A questo grido unanime generale seguì uno strepito così assordante, da non potersi nè imaginare nè descrivere. Lo strepito derivava dai colpi disperati e violenti dati dai due mila detenuti per abbattere gli ostacoli che si opponevano alla loro libertà. Il primo ostacolo da superarsi era la porta della cella; noi tentammo di farne saltare la toppa, ma vista l'impossibilità di abbatterla, convergemmo tutti i nostri sforzi sulla compartitura inferiore della medesima porta, avendo osservato che quella ne era la parte più debole. Ci lusingavamo di poterla sfondare a furia di calci, ma accortici che con i piedi e con le mani non si riusciva a nulla, ricorremmo a mezzi più efficaci. Io e i miei compagni, dopo di avere sgombrata la cella ammonticchiando i materassi in un angolo, prendemmo un'assicella da letto, e adoprandola a guisa di ariete, ci demmo a percuotere fu-

riosamente il punto debole da noi prescelto. Dopo ripetuti e violenti colpi riuscimmo a far saltare un pezzo di tavola, e aprir-
ci un angusto varco da dove stentatamente si poteva uscire. In
quel momento , lo confesso , l' amore della libertà valse in me
più del sentimento di amicizia, e dimentico di ogni cosa al mondo,
appena vidi aperta quella specie di gattajola , mi lasciai cadere
carpone, mi ci ficcai dentro, e fui il primo ad uscire nel corridoio. Contemporaneamente si vedevano sbucare i prigionieri dalle
varie celle; l'uno veniva fuori dalla scompartitura superiore della
porta, l'altro dalla inferiore ; chi usciva in un modo chi in un
altro, fatto sta che a capo di mezz'ora si era tutti liberi nel corridoio scambiandoci abbracci e strette di mano, come amici che
da parecchi anni non si fossero più veduti. Quella scena fu com-
moventissima ; ci sembrava di sognare , e non potevamo ancora
convincerci del fatto reale, incontestabile. In quel bellissimo qua-
dro in cui campeggiavano tante figure animate tutte dai sentimenti i più nobili e i più elevati, se ne scorgeva una nell' ombra, che, battendosi il petto e strisciando il suo corpo per terra
come un serpe, chiedeva perdono e pietà delle infamie e scelleratezze commesse. Era il Marotta , che, baldanzoso e insolente nei
tempi a lui propizî, implorava la grazia della vita. E gli fu
concessa ; in quei momenti sublimi si era troppo purificati dai
raggi del sole, che splendevano luminosi per noi, per non poterci
imbrattare nel fango. E come tale trattammo quell'essere abietto , confinandolo in un luogo puzzolentissimo, il solo che fosse
degno di lui.

Il forte Castellammare , informato che le truppe e la sbirraglia si erano ritirate dalla Piazza della Consolazione e dalla Vicaria, cominciò a lanciare bombe in questa direzione. Noi però,
poco curandoci del bombardamento, continuavamo il nostro la-
vorío intenti soltanto ad aprire il cancello , che c'impediva di
raggiungere la scala. Tutti tentavamo di scuotere quelle sbarre
di ferro, ma tempo perduto; esse resistevano alle nostre ripetute
scosse, senza che ci dessero alcuna speranza di poterle abbattere.
In quella confusione e in quel frastuono generale non si sapeva

cosa fare; fu allora che il fido Giannotta si presentò a noi tenendo in mano un enorme palo di ferro. Come questo palo sia penetrato nel nostro corridoio è un mistero, che non seppi spiegarlo allora, e non so spiegare nemmeno adesso. Mercè quel possente ausiliare si riescì a fare saltare il catenaccio, e così apertosi il cancello, l'adito della scala rimase libero. Tutti ci lanciammo con grande impeto per discendere quei gradi, e poco mancò che gli uni non precipitassero addosso agli altri. Giunti giù c'era ancora una porta di ferro da abbattere; Giannotta accorse subito col suo palo, ma appena aveva dato i primi colpi si udirono parecchie voci venienti da su, le quali gridavano: *i soldati, i soldati ritornano.* Ognuno imagini l'effetto prodotto da quelle voci nell'animo nostro. Noi eravamo in piena ribellione, e se veramente i soldati fossero ritornati, la nostra sorte sarebbe stata quella di essere tutti massacrati.

Stando così le cose, si risolse all'unanimità di abbattere ad ogni costo l'ultimo ostacolo e cercare scampo nella fuga, prima che i soldati fossero arrivati. Giannotta riprese l'opera sua col palo, ma ad onta dei suoi disperati colpi la maledetta porta resisteva sempre. Si era furibondi, i minuti sembravano ore, le ore secoli. Chi saliva, chi scendeva, chi osservava dalle finestre se veramente i soldati ritornassero, chi si ostinava a percuotere la porta, insomma da per tutto era confusione e scompiglio. Dopo qualche tempo si seppe, fortunatamente, che il ritorno dei soldati era stato un falso allarme nato da un luccichio di fucili che taluni dei nostri avevano veduto verso la lanterna del molo. Quel luccichio era reale, ma derivava dai fucili delle due compagnie che avevano lasciato la Vicaria, e aspettavano sulla spiaggia del molo il battello che doveva trasportarle al castello.

Intanto mentre noi detenuti politici restavamo ancora rinchiusi, gli altri accusati di furti, omicidî e grassazioni erano di già liberi. Ecco come era andato il fatto. Il Capo carceriere Caravella, prima di andar via, aveva lasciato le chiavi di tutte le porte e di tutti i cancelli ad un accenditor di fanali, suo amico, che abitava in Vicaria. Questi, che certamente aveva amici e parenti negli altri scompartimenti, si affrettò prima di tutto a liberare i suoi, e quando li ebbe liberati venne da noi ad aprire quella porta, che ci aveva fatto tanto penare. Il rumore di chiavi, che ci aveva sempre prodotto una spiacevole sensazione tutte le volte che lo udivamo, nel momento in cui aprivasi la dannata porta, giunse al nostro orecchio come il suono di grato strumento.

Finalmente uscimmo nella corte della Vicaria, ove trovammo i detenuti degli altri scompartimenti disposti in due ali, col capo scoperto in segno di rispetto. Fu in quella occasione che potemmo osservare certe fisonomie di patibolo che facevano ribrezzo a guardarle. Ciò nonostante fu giocoforza sobbarcarsi all'abbraccio fraterno di quei nostri compagni, i quali si atteggiavano tutti a vittime del principio di libertà. Liberatomi finalmente da quegli abbominevoli amplessi, salii alle camere serrate per accertarmi se i miei amici fossero stati veramente trasferiti al Castello, come mi era stato detto. Giunto su, non vi trovai che Mariano Indelicato, il quale sin dal 3 Aprile languiva in una di quelle segrete, e Iacuzzu cameriere del Principe Antonio Pignatelli. Era tempo oramai di riveder le stelle, ed io saltando a due e a tre i gradi della scala fui subito giù e mi avviai alla porta di uscita. Ma una nuova sorpresa ci era ancora riservata. Nel momento in cui si stava per uscire fuori del recinto della Vicaria, due barche cannoniere, appostate lungo la rada, aprirono un fuoco di mitraglia contro di noi. Fortunatamente non si ebbe a deplorare alcuna perdita, poichè quei pochi che erano di già usciti si sparpagliarono e traversarono la Piazza a tutta corsa, gli altri, fra i quali io e i miei due amici, uscimmo uno alla volta. e rasentando le mura della Vicaria, prendemmo la strada delle Croci, e di là traversando i giardini di Villafranca entrammo in Palermo per Porta Macqueda.

Tale fu il nostro esodo dalle prigioni.

PARTE TERZA

Le Barricate — Milazzo.

Le Barricate - Milazzo

Sono scorsi quarant'anni dagli avvenimenti che oggi m'accingo a narrare. La mia narrazione si limita soltanto a far conoscere quei fatti che io vidi e ai quali presi una parte insignificantissima. Pari a S. Tommaso, io non presto fede se non a quello che vedo e tocco con le mani; ciò che mi si possa dire da altri, sopratutto quando la passione politica vi si mischia, mi lascia sempre nel dubbio. Ad evitare qualunque incertezza, e nell'intento di non volere ingannare me stesso, e molto meno i lettori, che si daranno il fastidio di leggere questi miei ricordi, ho preferito affidarmi alla mia memoria, la quale, ad onta degli anni, si conserva benissimo. Mi sono molto giovato di alcuni appunti da me scritti nel 1860 col lapis, la decifrazione dei quali mi è stata penosissima; e ho anche consultato il Giornale Ufficiale di Sicilia del 1860, da cui ho attinto alcuni atti del Governo dittatoriale, e parecchie notizie interessanti. Dai pochi miei amici, superstiti di quei tempi memorandi, nulla ho potuto mai sapere, poichè tutte le volte che ho chiesto a loro schiarimenti su qualche fatto, mi hanno risposto di non ricordarsene, o pure mi hanno dato informazioni su cose che non m'interessavano e che non potevo fare entrare nella limitata orbita del mio lavoro.

Il Diario della Vicaria lo scrissi in prigione, e l'ho lasciato tale qual'era senza farvi il benchè menomo mutamento; vi ho aggiunto soltanto, come ho di già detto, quelle cose che allora non potevo scrivere. Non ho voluto mutarlo nè nella forma nè nella sostanza, poichè, se ciò avessi fatto, gli avrei tolto l'impronta dei tempi, e avrei falsato l'indole dei giovani in mezzo ai quali io vivevo, e con i quali dividevo le idee, le stravaganze e tutto il resto. Ho messo in evidenza le passioni che li agitavano; ho fatto conoscere le loro intime conversazioni, i loro passatempi in Vicaría, e le loro fanciullagini derivanti dalla loro spensieratezza e dal loro umore eminentemente gaio. Siano essi degni di lode o di biasimo, non spetta a me il dirlo; i barbassori possono giudicarli come meglio vogliono e credono, in quanto a me nulla ho voluto nascondere sui giovani miei coetanei, anzi ho voluto che la loro natura e la loro indole si rispecchiassero nelle pagine di questo libro sotto l'aspetto vero e reale, e non fittizio.

Scrissi il Diario con l'impeto dei miei verdi anni, scrivo oggi delle barricate e della battaglia di Milazzo con la pacatezza e la calma degli anni maturi. Allora noi Siciliani consideravamo i Napolitani quali nostri nemici, quali nostri tiranni, quali nostri oppressori, adesso li stimiamo quali nostri affettuosi fratelli. Nessuno meglio di me, che da trentadue anni vivo in mezzo a loro, può conoscerne ed apprezzarne la bontà dell'animo e la squisitezza del sentire. È in forza di queste loro eccelse qualità, che io ho potuto contrarre qui in Napoli amicizie salde e veraci, le quali non differiscono affatto da quelle contratte nella mia gioventù in Palermo. Svanite oramai le cause dei rancori e degli odî, occorre che la verità storica emerga, e si dia bando una volta per sempre alle esagerazioni e ai falsi apprezzamenti di cui abbondano gli scritti dal 1860 in poi. L'impronta delle passioni politiche trapela in quasi tutte le pubblicazioni sugli avvenimenti di quell'epoca; gli autori borbonici hanno cercato discreditare gli uomini del partito opposto, e lo stesso hanno fatto gli scrittori liberali; tanto gli uni quanto gli altri poco si sono curati della verità storica. Gli stessi scrittori imparziali, senza avvedersene, sono caduti anch'essi sotto l'imperio delle loro particolari passioni o simpatie, e sono incorsi altresì in parecchi errori, che avrebbero potuto evitare ove avessero messo maggiore impegno e diligenza nell'attingere le loro informazioni. Da questa trascuranza ne sono derivati fatti insussistenti, narrazioni erronee e giudizî avventati.

Avventati sono stati sopratutto i giudizî concernenti i soldati napoletani, giudizî che io intendo rettificare per debito di coscienza, essendo al caso di poterlo fare. Io mi sono trovato di fronte a loro per combatterli, e li ho avuti sotto i miei ordini per affrontare i nemici d'Italia; sì nell'una che nell'altra circostanza ho potuto ammirarne il coraggio, la disciplina e la devozione. I fatti che narrerò in seguito saranno la prova evidente di quanto affermo adesso. Ma ciò che dico dei soldati, non posso con mio rincrescimento dirlo dei loro capi, poichè se ciò facessi mentirei; vero è che la colpa di questi sarebbe molto attenuata se si riflettesse al sistema demoralizzatore dei Borboni; ma non è men vero che la loro condotta contribuì molto a discreditare l'esercito che eglino comandavano. La taccia di traditori che si è voluta loro infliggere è falsa, ma quella d'insipienti e di poco arditi è pur troppo vera.

Re Ferdinando II, che il Giusti, con vocabolo adattato e incisivo, definì *Re zoccolante*, non pensò mai a tenere alto lo spirito militare dell'esercito, anzi faceva di tutto per deprimerlo od avvilirlo. L'educazione che gl'inculcava era monastica anzichè militare; severissimo nel punire chi trascurasse le pratiche religiose, era invece indulgente e mite verso chi commettesse atti contro la disciplina. Non è però con le messe, con le prediche e con le confessioni che s'insinua il coraggio e lo spirito militare nell'animo del soldato; occorre ben altro che questo per preparare gli uomini a sagrificare la propria vita per la patria e per il Re. Nè con ciò io intendo dire che il sentimento religioso non giovi a qualche cosa, anzi è innegabile che alcune volte è stato motore possente per sollevare le masse. Ma tra la religione e la superstizione c'è l'abisso, usare della prima con giusta misura e sano criterio può essere un vantaggio, adottare la seconda per sistema è un guajo irreparabile. Ferdinando II, eminentemente superstizioso, aveva inspirato alle truppe la più volgare superstizione plasmata sulla paura; ciò facendo le aveva avvilite e corrotte. Queste furono le cause per cui nel 1860 non fecero quello che avrebbero potuto fare se fossero state educate diversamente. La colpa non fu la loro ma dei loro Re da Ferdinando I a Francesco II. I soldati, abbrutiti dal falso sistema educativo, prestavano fede alle più strane cose, e credevano financo alla invulnerabilità di Garibaldi e dei suoi seguaci, come lo credeva Caravella, capo Carceriere della Vicaria.

Nè soltanto i soldati, ma anche qualche ufficiale di limitato intelletto sottostava all'influenza della fatale superstizione, che è figlia dell'ignoranza e madre della viltà. Pochi giorni dopo il 4 Aprile 1860, un ufficiale del 2º Battaglione Cacciatori, trovandosi in casa del Marchese della Cerda, per dimostrare con vivi colori la demoralizzazione delle truppe, disse queste parole: *Se venisse no finto Garibaldi, cce ne fuimmo tutti!* Trascrivo a piè di pagina il brano di una lettera del mio amico Alessio Santostefano della Cerda, nella quale risulta il fatto da me accennato (1). Ma nessuna me-

---

(1) Pochi giorni dopo il 4 Aprile vennero a riferire in casa nostra che il Palazzo Monteleone era circondato onde operare l'arresto di Antonio Pignatelli. Grande fu la costernazione di mia madre perchè nel medesimo palazzo abitava suo padre—il Generale Paternò—che fu poi ministro della guerra, e, per breve tempo, Prodittatore durante il periodo della dittatura. Senz'altro indugiare Ella uscì per vedere di che si trattasse. Giunta al Palazzo Monteleone trovò che questo era infatti circondato da un cordone di truppe. Si diè a conoscere al comandante, e gli espose il motivo della sua venuta; questi l'accolse con cortese deferenza e la fece accompagnare da un uffiziale all'alloggio del padre. Dopo che si fu accertata che il padre non aveva sofferto molestia alcuna, il comandante spinse la cortesia sino a insistere perchè il medesimo uffiziale la riconducesse a casa. Quest'ultimo si chiamava Nicola Spadeo uffiziale di dettaglio al 2º Battaglione Cacciatori.

Giunta a casa, mia madre invitò il Tenente Spadeo desiderando che mio padre lo ringraziasse personalmente per la gentilezza usatale. Fattolo accomodare, il discorso cadde naturalmente sugli eventi del giorno. Fu allora che il povero

taviglia deve destare un tal fatto, di cui sarebbe ingiustizia incolparne l'ufficiale. I Borboni ne erano i soli responsabili per non aver saputo educare alla guerra tanto i soldati quanto gli ufficiali. Di questi ultimi ce n'erano parecchi intelligenti, valorosi e degni di tutta la stima, ma il Re li teneva d'occhio giudicandoli pericolosi, e per conseguenza non avevano quella autorità che occorreva per purificare l'esercito di tutte le ubbie di cui era impregnato. Il Colonnello di Stato Maggiore italiano Francesco Resta, mio carissimo amico, che ho avuto il dolore di perdere pochi anni fa, mi narrava il seguente fatto. Nel 1848 egli era sottotenente nello Stato Maggiore napoletano e trovavasi in Palermo quando vi scoppiò la rivoluzione. Scacciate le truppe borboniche dall'Isola, il Resta ritornò in Napoli. La cittadella di Messina era rimasta soltanto in mano dei regî, valida base di operazione per riconquistare la Sicilia, come difatti avvenne. Ferdinando II affidò il comando della detta Cittadella al Generale Pronio, e questi, conoscendo i meriti militari del Resta, lo scelse a suo Aiutante di campo. Prima che lasciasse Napoli Pronio si presentò al Re per riceverne gli ordini e prenderne commiato. In quella occasione chiese al Sovrano di presentargli il suo Aiutante di Campo; il Re aderì, e quando ebbe visto il giovane ufficiale, che conosceva, gli rivolse queste parole: *Tu sei stato in Sicilia, hai salvato la tua pelle, e adesso vuoi andarla a rischiare di nuovo; che la Madonna ti ajuti!* Tali furono le parole incoraggianti dette dal Re al giovane ufficiale, che ritornava in Sicilia per difendere il trono. Quando il Sovrano parlava in simil guisa agli Ufficiali, non c'è da stupirsi che Spadeo avesse parlato come parlò in casa Cerda. Ferdinando II fu un Re bigotto, ma non fu mai inspirato ad alti sentimenti religiosi. La sua bigotteria, trasfusa al figlio, fu una delle cause principali per cui questi perdette il trono. Se Francesco II, in-

Tenente, trovandosi in mezzo a visi benevoli, uscì in queste testuali parole che traducono lo stato degli animi in quei giorni: *Se venisse no finto Garibaldi cce ne fuimmo tutti!*

                                    Alessio Santostefano della Cerda

vece di dire rosarî ed ascoltar messe, fosse montato a cavallo,
come gli aveva consigliato il Generale Pianell, e si fosse messo alla
testa del suo esercito, avrebbe risparmiato l'onta a questo, e
avrebbe potuto essere di grave inciampo alla unificazione del-
l'Italia. I Borboni nel momento del pericolo raccolsero i frutti
di quanto avevano seminato.

Ciò premesso passo a parlare delle barricate e della battaglia
di Milazzo, narrando, sì delle une che dell'altra, soltanto quello
che si svolse sotto i miei sguardi.

Uscito di prigione la mattina del 28 Maggio 1860, traversai
il chiuso di Villafranca e la piazza ove oggi sorge il Politeama e
m'inoltrai nella via che mena a Porta Macqueda. Questa via era
deserta; ma giunto al portone del palazzo Villarosa vi trovai
Pietro Iacona di S. Giuliano, con cui scambiai un affettuoso abbraccio. A porta Macqueda si ergeva una forte barricata costruita
con le lastre della via sovrapposte le une sulle altre. Fu la prima che vidi, e vi trovai Luigi Laporta, Giambattista Marinuzzi,
e Pietro Tondu. Nel vedermi si precipitarono ad abbracciarmi,
e furono stupiti della mia presenza in mezzo a loro, poichè, ignorando il ritiro delle truppe dalla piazza della Consolazione, credevano noi fossimo sempre in Vicaria. Questi valorosi giovani,
sin dal 4 Aprile, avevano guidate le loro rispettive bande armate,
percorrendo valli e inerpicandosi sulle montagne. Quando si sentivano forti di numero affrontavano le colonne mobili, quando
giudicavano le loro forze inferiori a quelle del nemico, lo evi-
tavano. Non vi sono parole adeguate per descrivere il loro ardire, i loro patimenti, e la dura vita alla quale si erano sottoposti
per lungo tempo. Oggi tutti e tre riposano dimenticati nel silenzio della tomba.

Via Macqueda era animatissima, e così tutte le vie della città,
quantunque le bombe piovessero come gragnuola. In varii balconi si vedevano signore con fazzoletti spiegati in mano, che

sventolavano, in segno di sprezzo, e di noncuranza per i mezzi barbari usati dal Governo borbonico per sottomettere i sudditi. I monelli correvano verso le bombe cadute, facendo capitomboli come fanno quando precedono le musiche militari, e piombando sui projettili fumanti, spesso riuscivano ad estrarne la miccia. Ma quando non arrivavano a tempo, le loro piccole membra erano frantumate dalle schegge della bomba.

Percorsi a passo celere la via Macqueda, e traversata la piazza Vigliena, comunemente detta piazza dei Quattro Cantoni, mi avviai a casa mia sita in Rua Formaggi. A misura che mi avvicinavo alla mia abitazione, il cuore batteva più forte nel mio petto, e quando vi giunsi ascesi i gradi della scala a due a tre per volta, tanto era in me grande il desiderio di abbracciare la mia cara sorella Teresa. Giunto alla porta tirai con tale violenza il laccio del campanello, che mi si ruppe in mano. Il mio vecchio domestico Giovanni, brontolando contro il modo inurbano della mia scampanellata, prima che aprisse la porta, disse con voce alta:

— È questa la maniera di sonare in una casa di galantuomini! Chi siete?

— Apri, io gli risposi.

— Dite il vostro nome, io non vi conosco.

— Giovanni, non conosci più la voce del tuo padrone?

Non avevo ancora finito di profferire queste parole, che un grido acuto ferì le mie orecchie; era Giovanni, che avendomi finalmente riconosciuto si era messo a gridare come un ossesso: *il signorino, il signorino è arrivato.* Immediatamente si aprì la porta ed il vecchio ed affettuoso domestico mi gettò le braccia al collo versando lagrime di gioia. Io tentavo svincolarmene per correre nella stanza di mia sorella, ma tempo perduto, Giovanni si era talmente avviticchiato alla mia persona, ripetendo incessantemente: *signorino mio, signorino mio,* che mi riuscì impossibile liberarmene. Mia sorella, intanto, avendo udito le grida di Giovanni, e non sapendo a che attribuirle, si recò nella sala ove io ero. Non ho la forza di narrare i dettagli di quel momento emozionante, il quale dopo quarant'anni mi commove, mi mette i brividi addosso, e mi fa piangere come piansi allora. Del resto chi non ha provato simili emozioni difficilmente può rendersene esatto conto, e potrebbe anche giudicarle esagerate. È per questo che io preferisco di tenere religiosamente custoditi nel mio cuore i miei sentimenti, anzichè esporli al sogghigno degli scettici.

La notizia della nostra evasione si era divulgata in un baleno. Narciso Cozzo e i due fratelli Rocco e Innocenzo Ricci Gramitto appena ne furono informati vennero subito a trovarmi, e furono i primi dei miei amici che io ebbi la gioia di abbracciare.

Dalla mia casa si sentivano le fucilate della prossima barricata in via Porta di Castro. Io avevo stabilito in cuor mio di passare l'intera giornata in compagnia di mia sorella, ma il fragore delle fucilate continue e vicine, mi faceva affluire il sangue al cervello, e mi faceva dare manifesti segni d'impazienza. Povera Teresa! se ne accorgeva, ma fingeva di non accorgersene; ella taceva temendo che una sua parola avesse potuto accelerare la crisi di cui tanto paventava. Ma quando i miei amici, tolti in mano i loro fucili, presero commiato io non tenni più, e rivoltomi a mia sorella con aspetto ridente le dissi: *vado a passeggiare un poco con Cozzo e i fratelli Gramitto; ci vedremo più tardi.* Teresa non osò opporre alcuno ostacolo alla mia decisione, mi rispose soltanto con voce tremante: *procura di ritornare presto, ti raccomando di non farmi stare in pensiero.*

Scesi giù con i miei amici, dopo di avere cinto una vecchia sciabola, la sola arma di cui potevo disporre, e con questa mi avviai alla barricata in via Porta di Castro. Si unì a noi Padre Calogero Chiarenza, il prete più simpatico, più originale e più brutto che io abbia mai conosciuto. Egli era venuto per farmi visita, e saliva le scale della mia casa quando noi le scendevamo. Ci chiese, ove eravamo diretti, e avendo avuto in risposta che noi andavamo alla barricata, disse: *Ficciotti, vegnu cu vui* (1).

_____

(1) Giovanotti, vengo con voi.

E con noi venne difatti in abito talare, e col cappello a tre punte. Più in là narrerò di lui un fatto curiosissimo che lo caratterizza.

Di barricate io ne sapevo tanto quanto ne avevo letto e visto nei libri e nelle vignette delle varie rivoluzioni francesi. Ma quando vidi quella in via Porta di Castro la mia delusione fu grandissima. Io credevo trovarvi per lo meno un centinaio di difensori, invece ce n'erano appena dieci. Imaginavo di vedere pelottoni o compagnie di soldati avanzarsi per espugnarla, invece scorgevo a stento, a destra e a sinistra della via al di là della barricata, singoli soldati appostati nei vani dei portoni chiusi, da dove tiravano fucilate che avevano risultati insignificanti. In fondo alla via c'era un piccolo cannone, che lanciava mollemente di tanto in tanto qualche proiettile, il quale sovente passava al di sopra delle nostre teste, e di rado urtava nella barricata, costruita di lastre, recandovi pochissimo danno.

Tutte le case, che dalla barricata si estendevano sino a Porta di Castro, fumigavano; i soldati vi avevano appiccato il fuoco. E questo fu atto vandalico e disumano, degno dei tempi barbari ma non dei nostri civili. L'incendio delle case sarebbe stato in parte giustificabile, se dai balconi si fosse tirato contro le truppe; ma ciò non fu, poichè quelle case erano abitate da pacifici cittadini, che non amavano troppo l'odore della polvere. Gli eccidii commessi dai soldati borbonici in quella via fanno orrore a narrarsi, ed io stesso ebbi agio di verificarli, a guerra finita. Ma di questo ne riparlerò a tempo e luogo. Fra i dieci che difendevano quella barricata c'era il capitano Dezza dei Mille, che poi fu Generale nell'esercito italiano e Aiutante di campo del Re Vittorio Emanuele II. Vi era pure il più giovane dei fratelli Cairoli, giovanotto ardito e pieno di nobili sentimenti. Egli nel mentre battevasi gridava incessantemente ai regî: « fratelli, invece di batterci gli uni contro gli altri, abbracciamoci, poichè siamo tutti Italiani ». Ma mentre il bravo giovane esortava alla pace, fu colpito da una palla di rimbalzo alla fronte, e fu costretto ritirarsi.

L'episodio più curioso di quella giornata — che mi fu a narrare dettagliatamente perchè allora lasciò nell'animo mio un misto di rimorso e di compiacenza — fu il seguente.

Sin dal mio arrivo alla barricata, avevo notato un individuo dalla faccia sinistra, che io ricordavo di aver veduto altrove. Narrando la evasione dalla Vicaria, ho parlato di tutti quei manigoldi che fummo costretti ad abbracciare fraternamente. Tra questi emergeva, per la sua bruttezza, per la sua sudiceria, e sopratutto per una enorme cicatrice sulla guancia destra, un orrido ceffo portante nella cintura un coltellaccio da una parte e un crocefisso dall'altra. Questo individuo, che a prima vista non avevo riconosciuto, era lo stesso che avevo notato alla barricata appena io vi era giunto. Il suo lurido amplesso della mattina mi aveva fatto nausea più degli altri; il suo contatto mi aveva fatto ribrezzo, come se fosse stato quello di un rettile velenoso anzichè di un uomo. Il ribaldo, che poche ore prima avevo visto lacero, sudicio, e con le scarpe rotte, lo ritrovai poche ore dopo alla barricata con uno splendido costume di velluto nero, con una cartucciera elegantissima, e con un fucile a due canne damascate. Chi sa, chi era stato il derubato (o i derubati) di tutti quegli oggetti. Però il suo coraggio non era all'altezza della sua eleganza, e mentre i difensori della barricata stavano al loro posto di combattimento, il mio uomo si era appostato nel vano di un portone chiuso al di qua della barricata. Egli per non esporre la sua preziosa persona al fuoco nemico, tirava fucilate dal posto sicuro che si era scelto, sporgendo fuori soltanto le braccia ma non la testa. Non poteva mirare poichè da quel posto non era il caso di vedere nè amici nè nemici; così tirava alla cieca rischiando ad ogni colpo di uccidere qualcuno dei nostri. I difensori della barricata, intenti a far fuoco, non si erano accorti di quel vigliacco che avevano alle spalle. Ma quando io arrivai, mi avvidi subito del pericolo che essi correvano, e che avremmo corso anche noi, e acceso d'ira lo investii ferocemente. Non mi sembrò vero di potere avere la voluttà di umiliare quell'abietto camorrista, che la mattina aveva osato contaminarmi col suo bacio, e di poterlo cogliere in atto di flagrante vigliaccheria.

Cominciai con scagliargli contro tutte le parole più spregevoli, che i dizionarii hanno registrati nelle loro pagine per definire il vigliacco, e finii per sputargli in faccia. Alle mie parole non rispose, e si limitò soltanto a digrignare i denti e a battere i piedi sul pavimento; ma quando il mio sputo gli spruzzò sul viso non tenne più, e lasciato il suo posto si avvicinò alla barricata. Invece però di rimanervi dietro vi saltò sopra, e tolta la bandiera che vi era piantata nel centro, si diede a sventolarla gridando: Viva Garibaldi!

— Sono ancora un vile ? disse, rivolgendosi a me.

— Bravo! gli risposi, ma scendi giù e fai il tuo colpo di fuoco da dietro la barricata come gli altri.

Non avevo finito di dire queste parole, che ad un tratto vidi piegare la bandiera e con esso anche il mio uomo; una palla di fucile lo aveva colto in una tempia, e lo aveva spento istantaneamente. Un combattente che aveva assistito a tutta quella scena mi disse: *di quel vile ne avete fatto un prode.*

*
* *

Con decreto dittatoriale del 28 Maggio 1860 , era stata istituita una Commissione di difesa, presieduta dal Duca della Verdura, con l'incarico di dover provvedere attivamente a quanto era necessario per costruire le barricate regolari in tutta la città, e a metterla in istato di difesa (1). La Commissione disimpegnò benissimo l'incarico ricevuto, avendo fatto asserragliare non solo tutte le vie sboccanti verso il Palazzo Reale, ma anche tutte le porte della città.

---

(1) Giuseppe Garibaldi Comandante in Capo le forze Nazionali in Sicilia, in virtù dei poteri a lui conferiti

DECRETA

1.° È instituita una commissione di difesa la quale dovrà provvedere attivamente a quanto è necessario per costruire le barricate etc.

2.° Le barricate stabili si formeranno alla distanza di cento passi all'in-

La linea delle barricate, nell'interno della città, estendevasi da Porta Montalto a Porta Carini; essa sbarrava tutti gli sbocchi alle truppe borboniche, che, per l'inqualificabile inettitudine dei loro capi, si erano stabilite nella Piazza del Palazzo Reale e dintorni. Fu risoluzione insensata quella dei Regî di abbandonare le posizioni della Consolazione e del Molo, per andarsi a rinchiudere in un locale interno della città, privandosi delle dirette comunicazioni col Castello, col naviglio, e con Napoli. Ma pare che una vertigine avesse colto il nemico, e ciò solo può far comprendere l'abbandono della splendida base di operazione che avevano.

Tutta Palermo, meno quella piccola striscia di terreno nella parte occidentale della città che comprende la Reggia e dintorni, era completamente libera di truppe; però restavano ancora in potere di queste il Palazzo delle Finanze e il Castello, che sorgono nella parte orientale. Si combatteva durante la giornata in tutte le barricate, ma venuta la sera il fuoco cessava. Sembrava che una tacita convenzione vi fosse tra i combattenti delle due parti avverse, poichè sì gli uni che gli altri sospendevano le ostilità durante la notte, e le riprendevano quando spuntavano i primi raggi del sole. Noi difettavamo molto di fucili, e alle barricate il numero degli inermi superava sempre quello degli uomini armati. Ve ne erano parecchi provvisti di armi bianche, fra i quali c'ero anche io, ma armati di armi da fuoco ce n'erano ben pochi. Se i soldati borbonici avessero avuto buoni capi, non sarebbe stato molto difficile per loro di superare le nostre barricate, le quali erano solidamente costruite ma avevano pochi difensori. Vero è che questi pochi erano decisi a difenderle

circa l'una dall'altra, e alla loro costruzione si adopereranno le pietre del selciato, le gabbionate, le fascine e sacchi pieni di terra etc. Seguono altri articoli.

Palermo 28 Maggio 1860.

Il Dittatore: GARIBALDI

Il Segretario di Stato: CRISPI

(*Giornale Officiale di Sicilia*, Palermo 7 Giugno).

ad oltranza, ma non è men vero che il loro valore non avrebbe potuto impedire al nemico d'impadronirsene. Ma la superstizione, di cui ho fatto di già cenno, avea invaso l'animo dei soldati, e quando scorgevano una sola camicia rossa, a' loro occhi sembrava di vederne cento ; così soltanto si può spiegare la loro inqualificabile condotta, così soltanto si può capire il non avere tentato mai un assalto risoluto ed energico.

Mentre il nemico si stava neghittoso e sonnolento, senza affatto pensare di attaccarci, Garibaldi preparava i mezzi per attaccarlo risolutamente nella Piazza del Palazzo Reale. E siccome trattavasi di affrontare dodici mila uomini in terreno scoperto, corse voce che il Dittatore avesse disposto di molte botti vuote rivestite di materassi, e mercè questi parapetti rotolanti procedere all'attacco. Oggi giudico questo mezzo abbastanza strano, con siderando che le palle di cannone col semplice urto avrebbero travolto le botti e coloro che vi erano dietro, ma allora tutti fummo entusiasti di quel ritrovato, ed eravamo sicuri che in men di un'ora di combattimento saremmo stati padroni della piazza e del Palazzo Reale. Beata fede ! fattrice di grandi cose ; fu per lei che noi vincemmo ; senza di lei saremmo stati vinti. Io non vidi alcuna delle botti rivestite di materassi, poichè l'occasione di adoprarle svanì ; vidi però la tela spiegata in cima alle case dei Quattro Cantoni, per impedire i segnali tra il Palazzo Reale, e i legni della flotta napoletana. Questa tela era tradizionale in Palermo, essendo stata adoprata anche nel 1848, e doveva avere qualche utilità per noi, poichè i regì tentavano di abbatterla a furia di cannonate. Io la vidi crivellata da palle di cannone.

Garibaldi, sin dalla sua entrata in Palermo, avea indirizzato ai Siciliani il seguente Proclama.

Siciliani,

« Il Generale Garibaldi Dittatore in Sicilia, a nome di S. M.
« Vittorio Emanuele Re d'Italia, essendo entrato in Palermo que-
« sta mattina 27 Maggio ed avendo occupato tutta la città, ri-
« manendo le truppe napoletane chiuse sol nelle caserme e nel
« Castello a mare, chiama alle armi tutti i Comuni dell'Isola,
« perchè corrano nella metropoli al compimento della vittoria ».

Data in Palermo oggi 17 Maggio 1860.

G. GARIBALDI (1)

Il Proclama del Dittatore ebbe eco sonora in tutta l'Isola, e
ogni giorno affluivano in città uomini armati dai varî Comuni e
principalmente da quelli che circuiscono Palermo.

Prima che io continui la mia narrazione, voglio citare il
primo Decreto di Garibaldi emanato appena ebbe posto piede
nell'Isola; decreto che ho citato nel mio libro scritto in oppo-
sizione al *Militarismo* di G. Ferraro, e che citerò tutte le volte
mi si presenti l'occasione, ad imperitura memoria del patriottismo elevato dei repubblicani di quei tempi, in cui il sentimento
di patria era un culto. Nei tempi attuali, invece, c'è chi osa di-
leggiarlo:

Italia e Vittorio Emanuele,

« Giuseppe Garibaldi Comandante in capo le forze Nazionali
« in Sicilia ;
« Sull'invito di notabili Cittadini e sulle deliberazioni dei Co-
« muni liberi dell'isola ;
« Considerando che in tempo di guerra è necessario che i poteri
« civili e militari siano concentrati in un solo uomo ;

(1) Giornale Officiale di Sicilia 9 Giugno 1860.

DECRETA

« di assumere nel nome di Vittorio Emanuele Re d'Italia la Dit-
« tatura di Sicilia ».

Salemi 14 Maggio 1860.

Firmato : G. GARIBALDI
Per copia conforme
Il Segretario di Stato : F. CRISPI (1).

Questo decreto è uno dei più alti titoli di benemerenza per il
Crispi, che ne fu l'ispiratore, e costituisce una delle più belle pagine nella vita di questo gran patriota e grand'uomo di Stato.
Fu a Salemi che Vittorio Emanuele, per la prima volta, venne
chiamato Re d'Italia; fu Garibaldi, che, sacrificando sull'altare
della patria i suoi principî repubblicani, accettò il principio mo-
narchico; furono i Garibaldini, la più gran parte di loro repubblicani, che vinsero a Calatafimi la prima battaglia contro il di-
spotismo borbonico, in nome di Vittorio Emanuele e dell'Unità
d'Italia.

Quando all'alba del 27 Maggio 1860, i Palermitani furono svegliati dal rimbombo del cannone, uscirono di casa e accorsero in
frotta alla Fieravecchia, la piazza storica del 12 Gennaio 1848,
oggi detta della Rivoluzione. Ivi trovarono la maschia figura di
Garibaldi, a cavallo, vestito della rossa sua tunica, fermo e im-
perturbato nel volto. Primo pensiero dei cittadini fu quello di
rimettere le corde alle campane, che sin dal 4 Aprile erano state
tolte, e si diedero a sonarle furiosamente a stormo. Ho detto,
parlando dell'evasione dalle carceri, quanto quel suono giungesse
gradito ai prigionieri della Vicaria.

Il Generale Lanza, intanto, sgomentato dalla inattesa entrata

(1) Giornale Officiale di Sicilia 7 Giugno 1860.

di Garibaldi in Palermo e dalla sollevazione in massa del popolo
palermitano, credette di poterne arrestare l'impeto ordinando il
bombardamento. In seguito ai suoi ordini, dal Castello, dal Palazzo Reale e dalle navi della rada, si scatenò un diluvio di ferro
e di fuoco sulla città. Ma l'atto barbaro e inumano ordinato dal
Generale borbonico non atterrì, anzi eccitò gli animi della popolazione, e tutti i cittadini accolsero le bombe con grandissimo disdegno e indifferenza.

Bombardare una città in sommossa è la massima delle viltà ;
egli è il mezzo più barbaro che possa adoprarsi da un Governo,
poichè le bombe non colpiscono i rivoltosi che impugnano le armi,
sì bene i pacifici cittadini che stanno tranquilli nei loro domestici focolari. I danni prodotti dal bombardamento alle case ,
agli edifizî, e principalmente a taluni Monasteri, furono immensi.
Il Monastero di S. Caterina, prossimo al Palazzo Pretorio, fu in
gran parte distrutto dalle bombe. Gli artiglieri avevano ricevuto
ordine di distruggere il Palazzo Pretorio , che era la sede del
Governo ; ma avendo mal calcolato il tiro , ne avvenne che le
bombe, invece di piombare sul Palazzo, caddero tutte sul Monastero, e da questo sbaglio di calcolo ne derivò la salvezza del primo
e la distruzione del secondo. Le povere monache spaventate si
rifugiarono nell' attiguo Monastero della Martorana. Anche quello
delle Vergini fu vittima delle bombe, e con esso varî altri edifizî
e varie case. Ma più che dalle bombe la città fu danneggiata dai
soldati. Difenderò a suo tempo quelli che pugnarono a Milazzo
valorosamente, ma non posso difendere gli altri che si batterono
malissimo alle barricate di Palermo, e diedero prove manifeste
di ferocia, di viltà e di barbarie. La colpa, a mio avviso, si deve
sempre attribuire al sistema corruttore dei Borboni, e ai supe-
riori diretti, i quali non avevano saputo tenere salda la disciplina e infondere il sentimento dell'onore. Il piccolo esercito del
Piemonte fu sempre additato come modello di valore e di disciplina, perchè i Principi di Casa di Savoia se ne erano sempre
occupati, e lo avevano saputo educare alla guerra; l'esercito napoletano si era acquistato una pessima nomèa, perchè i suoi Re

invece di educarlo militarmente lo avevano demoralizzato. Tutti sanno il famoso detto di Ferdinando IV, a proposito dei suoi soldati: *vestiteli di rosso*, egli diceva, *vestiteli di bianco, scapperanno sempre*. Tali ciniche parole vero è che disonorano il Re anzichè i soldati, ma non è men vero che questi, sapendo la opinione che aveva il Sovrano di loro, non potevano avere una gran fiducia nelle proprie forze e nel proprio valore. Educati a questa scuola demoralizzatrice, non potendo all' occorrenza essere valorosi, sapevano essere feroci; e feroci furono difatti a Palermo, ove commisero atti d' inaudita barbarie.

Per mano dei soldati borbonici furono bruciati i Monasteri della Badia Nuova e dei Sette Angeli; e per le stesse mani furono altresì incendiati e saccheggiati i Palazzi del Principe di Cutò, del Principe di Carini e quello di S. Ninfa, i quali sorgono verso la parte occidentale di via Vittorio Emanuele dirimpetto alla piazza della Cattedrale. Gl' incendî delle case, e i massacri che i soldati commisero nel quartiere dell'Albergheria su gente inerme e inoffensiva, non rispettando nè sesso nè età, sono inenarrabili. Io fui al caso di verificare tutti questi orrori quando, per incarico avuto dal Municipio, dovetti far togliere dalle vie e dalle case dell'Albergheria i cadaveri e le immondizie, che vi si erano accumulate durante i giorni della lotta. Alla testa di una legione di spazzini mi recai in via Porta di Castro, e dopo di avere traversato la barricata ove ero stato il giorno 28 Maggio, mi accinsi a disimpegnare l' incarico avuto impartendo ordini agli uomini che mi seguivano. Il puzzo di cadaveri putrefatti, che esalava da ogni parte, era nauseabondo e pestilenziale. Nelle case incendiate, e ancora fumiganti, si trovavano cadaveri di donne, di uomini e di fanciulli denudati e mezzo brustoliti. Sul lastricato si vedeva anche, di tanto in tanto, qualche cadavere denudato e arso; e fra questi non potrò mai cancellare dalla mia mente quello del povero Feraud, che io riconobbi subito per essere stato mio maestro di lingua francese. Il suo corpo era enfiato come un otre, e quantunque mezzo putrefatto e mezzo brustolito, ciò nonostante mostrava agli occhi di tutti i segni di sua mostruosa virilità. Egli e tutti di sua famiglia erano stati barbaramente trucidati. Queste cose osservai nel quartiere dell'Albergheria (1), e questo affermo; di altri siti della città, che non ebbi occasione di visitare e ove i soldati, si disse, avessero commesso le stesse efferatezze, nulla posso dirne e nulla posso affermarne.

Nella giornata del 29 Maggio, il combattimento fu generale in tutta la linea delle barricate, che sbarravano le vie per dove le truppe avrebbero potuto, dal Palazzo Reale, sboccare nell'interno della città. I reali in quella giornata tentarono d'infrangere il cerchio di fuoco in cui erano stretti, ma non riuscirono nel loro intento.

Nelle ore antimeridiane io ed i miei soliti amici c'inoltrammo in via Albergheria, parallela a quella di Porta di Castro, e ci arrestammo alla barricata che ivi ergevasi. A difesa di questa vi erano circa una cinquantina di fucili; ma le truppe borboniche non essendo venute ad attaccarla, noi procedemmo avanti, e per vicoli e contro vicoli ci avviammo verso i bastioni di Porta Montalto ove si udiva un vivo fuoco di fucileria. Difatti quando fummo giunti sul sito vi trovammo impegnato un combattimento

(1) « Verso il lato meridionale della Reggia, dalla Porta di Castro alla
« Piazzetta Grande, lungo la via principale, e in tutti i vicoli secondarî e in-
« termedî non è la rovina parziale di questo o di quell'altro edifizio, ma la
« distruzione compiuta e intera di tutto un quartiere; è una larga estensione
« di case, di cui sono spariti i pavimenti e i soffitti, e non esistono che le
« nude, annerite, crollanti pareti; è un immenso ammasso di macerie, da cui
« esala tuttavia il fetore d'insepolti cadaveri, e fra le quali si aggirano infe-
« lici superstiti cercando gli avanzi dei loro cari defunti o piangendo le pro-
« prietà e le robe involate o perdute. Simile scempio contro inermi famiglie,
« contro donne, contro vecchi e bambini, freddamente e calcolatamente per-
« petravasi dalle borboniche soldatesche in Palermo in quest' anno di grazia
« 1860 etc. «

Giornale Officiale di Sicilia, 7 Giugno 1860.

tra i soldati che occupavano i bastioni e varî Garibaldini, trincerati in varie case circostanti, da dove facevano fuoco. Entrammo anche noi in una casa; quelli dei miei compagni e amici, che erano armati di fucili, presero posto dietro alle finestre e di là aprirono il fuoco anch'essi; io rimasi muto spettatore del combattimento colle mani appoggiate sull'elsa del *sabre de mon père*, che rimase costantemente nel suo fodero. Dopo un paio di ore di fucilate inutili, io, essendomi mortalmente annoiato, proposi ai fratelli Gramitto di andare in un'altra parte ove si potesse godere di uno spettacolo più animato. I soldati non osavano avvicinarsi alle case, noi, come al solito in piccolissimo numero, non potevamo assalirli sui bastioni, in conseguenza era uno sprecare inutilmente le munizioni senza poterne avere qualche utile risultato. Però per amor del vero occorre che io soggiunga, che se quei bravi giovani Garibaldini non avessero trattenuto i reali a Porta Montalto, questi sarebbero arrivati alla barricata in via Albergheria.

Nelle ore pomeridiane della stessa giornata 29 Maggio, eravamo riuniti in Piazza Pretoria, Narciso Cozzo e i due fratelli Rocco e Innocenzo Ricci Gramitto armati di fucili; Martino Beltrani Scalia armato di revolver; i fratelli Salvatore e Pasquale Dibenedetto inermi; Padre Chiarenza col suo solito abito talare e cappello analogo; ed io col mio solito sciabolone. Io avevo proposto di andare alla barricata in via Porta di Castro per la quale avevo una particolare simpatia, sì perchè era stata quella in cui avevo ricevuto il primo battesimo di fuoco, sì perchè proteggeva la mia casa, che era in quelle vicinanze. Tutti aderirono alla mia proposta, ma i fratelli Dibenedetto ci dissero : che se li avessimo attesi, sarebbero andati a prendere i loro fucili, e venuti con noi. Noi promettemmo di attenderli e li avremmo attesi con gran piacere se forza maggiore non ci avesse costretti a correre ove il dovere ci chiamava.

Mentre eravamo in attesa dei fratelli Dibenedetto, arrivò ansante una guida di Garibaldi impartendo ai presenti l'ordine del Generale di accorrere in fretta alla barricata dei Sette Angeli seriamente minacciata dalle truppe borboniche. Ad onta di quest'ordine, noi attendemmo ancora un poco il ritorno dei Dibenedetto; ma all'arrivo di una seconda Guida, che ripetette lo stesso ordine del Generale, non c'era più da esitare, e senza frapporre tempo in mezzo, partimmo come una freccia. A passo di corsa traversammo i Quattro Cantoni; indi, dopo di aver percorso un tratto di Via Macqueda, volgemmo a manca per la salita dei Crociferi, e seguendo per la via del Celso giungemmo alla piccola piazza della Guilla. Da questa piazzetta volgemmo ancora a sinistra e dopo pochi passi fatti nel vicolo, oggi detto delle Scuole, arrivammo alla barricata dei Sette Angeli.

Questa barricata prendeva nome dal Monastero omonimo, che i reali avevano incendiato e saccheggiato; fumigava ancora quando noi vi arrivammo. La barricata appoggiava una delle sue estremità al muro del Monastero, e l'altra al Palazzo del Marchese Artale anch'esso incendiato e fumigante. Alle spalle della barricata s'inalzava la Casa dei Gesuiti, che era occupata dai Garibaldini guidati dall'ufficiale Rovighi dei mille; tra la casa dei Gesuiti e la barricata passava, e passa anche oggi, il vicolo delle Scuole, il quale dalla piazzetta della Guilla sbocca a Toledo.

La barricata era stata seriamente minacciata essendone i soldati arrivati a quaranta passi di distanza, ma il fuoco delle nostre squadre appostate dietro l'ostacolo, e quello vivissimo dei Garibaldini, che tiravano incessantemente dalle finestre dei Gesuiti, costrinsero gli avversarî a volgere le spalle. Appena si avvertì il loro movimento in ritirata, si saltò la barricata e gridando: *Viva Garibaldi!* si caricò alla bajonetta. Fu la sola volta in cui *le sabre de mon père* fu tratto dal suo fodero e brillò in piena luce. L'occasione mi fu anche propizia per averne potuto provare la lama non sulla testa dei soldati borbonici, come avrei bramato, ma sulle spalle di uno dei nostri.

Quando si saltò la barricata per dare addosso ai regî che fuggivano, si udì la voce di Rovighi, che, da una finestra della casa dei Gesuiti, chiamando ripetute volte Narciso Cozzo, lo avvertiva di aver visto qualche soldato dietro alle nostre spalle.

Noi non sapevamo spiegarci come era possibile che vi fossero soldati alle nostre spalle mentre quelli che avevamo rincorsi erano completamente scomparsi. Ciò nonostante, l'avvertenza di Rovighi c'indusse a volgere i nostri sguardi verso le case a pianterreno, che erano a fianco del Palazzo Artale. Le porte ne erano tutte chiuse, una soltanto era semiaperta, e fu su questa che io diedi un forte calcio per vedere chi vi fosse dentro. Spalancatasi all'urto del mio piede, si scorse in fondo della stanza un soldato del 10° Regg. Fant. con armi e bagaglio. Questo povero disgraziato, nel vedere Narciso col fucile spianato e me con la sciabola in mano, si diede a gridare: *nun m'acciditi!* *nun m'acciditi!* Egli tremava a verga a verga, e malgrado le nostre parole le più rassicuranti, ripeteva sempre: *nun m'acciditi! nun m'acciditi!* Durammo fatica per convincerlo che nulla aveva da temere, e che noi l'avremmo accompagnato subito ove erano altri suoi compagni prigionieri. Trattolo a stento fuori di quel bugigattolo, distribuimmo le armi del prigioniero a tre popolani che erano stati i primi a presentarsi. Il fucile e la giberna li demmo al primo, la daga al secondo, e la bajonetta al terzo; del tasco, del zaino, del sacco a pane, e della borraccia ne presero possesso alquanti monelli i quali non mancavano mai alle barricate. Fatta questa distribuzione, io e Narciso ci avviammo al Palazzo Pretorio, conducendo in mezzo a noi il prigioniero.

Rifacemmo la medesima via che avevamo di già fatta, ma giunti alla salita dei Crociferi il nostro prigioniero, voltando repentinamente la testa indietro, gridò: *u curtiello! u curtiello!* e difatti aveva ragione di gridare così, poichè gli era stato puntato al fianco un coltello da uno di quei manigoldi che ci seguivano. Fu allora che ebbi agio di provare la lama del mio sciabolone sulle spalle di quel vigliacco, che aveva tentato di uccidere il prigioniero di guerra. Furono tante e tante le piattonate che assestai sulle spalle di quel furfante da doversene ancora ricordare ove mai fosse in vita.

Giunti alla Piazza Pretoria vi trovammo Garibaldi, che accostatosi a noi ci strinse la mano e ci disse: *mi congratulo, gio-*

ranotti, del prigioniero che avete fatto. La sua stretta di mano
mi diede i brividi, la sua voce suonò armoniosa nelle mie orecchie; era la prima volta che la udivo, e sin d'allora compresi il
fascino potente di quell'uomo, al cui cenno le masse sollevavansi
e lo seguivano con entusiasmo inenarrabile.

Consegnato il soldato al Palazzo Pretorio, si andò a casa mia,
ove si pranzò allegramente, contenti di avere bene impiegato il
nostro tempo nella intera giornata. Ma alla fine del pranzo una
triste notizia venne a spargere il lutto in mezzo a noi; i due
fratelli Dibenedetto erano stati uccisi, combattendo alla barricata
in via Protonotajo. Io e Narciso uscimmo subito di casa e ci recammo al Palazzo Pretorio per attingervi i particolari del doloroso fatto. Ci si narrò allora: che i disgraziati fratelli ritornati
in Piazza Pretoria chiesero di noi e, avendo avuto in risposta
che ci eravamo avviati in direzione del Palazzo Reale, presero
anche essi la stessa direziono. Però, invece di traversare i Quattro Cantoni, si avviarono per via S. Chiara, la quale passando
per la chiesa dell'Origlione conduce in via Protonotajo. Fu allo
sbocco di questa via a Toledo, che i due fratelli caddero un sul-
l'altro uccisi dal piombo dei soldati borbonici.

La giornata del 29 fu sanguinosa per ambedue le parti; la lotta
fu accanita in tutta la linea delle barricate (1); ma anche questa volta la fortuna ci aveva arriso.

Nelle prime ore del giorno 30 Maggio si udiva, di tanto in
tanto, qualche fucilata nelle varie direzioni della città; il bombardamento era completamente cessato.

(1) Le varie fazioni di guerra, che segnalarono il giorno 29 e che si svolsero
nelle vicinanze del Palazzo Reale, del Duomo e del Papireto, offersero nuova occasione di onore alla bravura dei prodi accorsi dal continente italiano, e all-
l'intrepido ardore della cittadinanza palermitana, e delle bande armate accorse
in aiuto da tutti i punti dell'Isola.
Giornale Officiale di Sicilia 7 Giugno 1860.

Intanto correva voce di un armistizio richiesto dal nemico: i rari colpi di fucile e il cessato bombardamento confermavano la vaga notizia. Difatti, dopo poco tempo, si seppe positivamente che il Generale Lanza, con una sua lettera, aveva sollecitato il Generale Garibaldi di trattare un armistizio a bordo di una delle navi straniere ancorate nella nostra rada. Garibaldi, nell'accettare l'invito, avea impartito l'ordine alle bande armate e ai Garibaldini di cessare dalle offese.

Io, Cozzo, Beltrani Scalia e Rocco Ricci-Gramitto eravamo in Piazza Pretoria quando pervenne la notizia ufficiale della sospensione delle ostilità. Molti cittadini armati, che erano disposti di recarsi alle barricate, avuta la notizia che si trattava un armistizio, andarono per i fatti loro; noi restammo a fare chiacchiere con altri amici che erano sopraggiunti. Ad un tratto la nostra conversazione fu interrotta da molte voci—di donne principalmente—le quali gridavano a squarciagola: *tradimento! tradimento! i soldati sono in piazza Fieravecchia!* Assuefatti a quelle grida di allarme che tutti i giorni si ripetevano dalle nostre popolane, a principio non vi prestammo fede, ma la loro insistenza c'impensierì, tanto più che ci era sembrato udire qualche fucilata dal lato, appunto, della Fieravecchia. Allora spinti dalla curiosità, più che da ogni altra cosa, ci avviammo per la via dei Giudici verso il sito indicato. Quanto più ci avvicinavamo alla piazza S. Anna — prossima alla Fieravecchia — tanto più le grida della popolazione aumentavano, e le popolane che incontravamo per via, o che vedevamo davanti agli usci delle loro case a pianterreno, con lo spavento negli occhi, ci dicevano: *accorrete, accorrete subito, i soldati sono entrati per Porta di Termini.* Ad onta di queste premure, noi procedevamo a passi lenti, convinti come eravamo dell'insussistenza del fatto.

Ci cullavamo in questa nostra illusione, quando vedemmo sboccare in Piazza S. Anna una torma di gente; allora affrettammo il passo, e quando avemmo raggiunta quella folla, grande fu la nostra sorpresa e il nostro dolore nel vedere disteso su di una barella il nostro amico colonnello Carini intriso di sangue. Ci avvicinammo a lui, che era pallido e molto sofferente per una palla ricevuta nel braccio sinistro nel punto di congiunzione con la spalla; ciò nonostante, con viso sorridente, ci disse: *è cosa da nulla, non vi occupate di me; andate, andate alla Fieravecchia!* E difatti vi corremmo subito; ma quando fummo giunti alla piccola via Aragona, restammo attoniti nel vedere, allo sbocco di questa via in Piazza Fieravecchia, due soldati bavaresi in sentinella con le armi al piede. Ecco come era avvenuta l'occupazione della piazza.

. Le truppe, che dopo il combattimento di Parco avevano creduto inseguire Garibaldi su la via di Corleone, quando si furono avviste di aver preso un granchio a secco, e seppero che Garibaldi era entrato in Palermo, ritornarono indietro. Guidate dal Generale Von Mechel e da Bosco, presero la via di Misilmeri, e vennero naturalmente ad abbattersi contro il lato australe della città. Oltrepassato il ponte dell'Ammiraglio, giunsero a Porta di Termini per dove Garibaldi era entrato il giorno 27 maggio, e per quella stessa porta erano entrate anch'esse. Non v'incontrarono alcuna resistenza, poichè i difensori di quella barricata, fidando nelle trattative dell'armistizio, se ne erano allontanati. Quando il Colonnello Carini, avvertito dai clamori del popolo, vi accorse con un pugno di uomini armati, non potette opporre alcuna valida resistenza. Caduto gravemente ferito alle prime fucilate, fu subito portato via dai suoi; così i regi, non avendo nemici che loro contendessero il passo, occuparono la Fieravecchia, e posero le loro sentinelle negli sbocchi delle vie convergenti nella piazza.

. Grande fu lo sgomento in Palermo, quando si seppe la Fieravecchia in potere dei regi; ma durò pochissimo, e la reazione non tardò a manifestarsi in tutta la sua veemenza.

Garibaldi venne in persona nella piccola via Aragona e ordinò subito che vi si costruisse una barricata. Pari ordine impartì per il vicolo laterale di S. Carlo, per la via dei Divisi, e per tutti gli altri vicoli sboccanti in Piazza Fieravecchia. Il Generale Lanza, intanto, aveva comunicato a Von Mechel le trattative di armistizio, e nello stesso tempo gli aveva ordinato di non avanzarsi al di là delle posizioni occupate. Alle due pomeridiane a bordo del vascello inglese *Annibale*, su cui sventolava la bandiera dell'Ammiraglio Mundy, si confermò l'armistizio tra il Generale Garibaldi e il Generale Letizia quale rappresentante del Generale Lanza.

Reduce il Dittatore al Palazzo Pretorio, vi ricevette il Generale Bosco apportatore di nuove proposte per parte del Governo borbonico. Io mi trovavo nella Piazza Pretoria gremita di popolo, quando Garibaldi, mostratosi al balcone con a fianco il Generale Bosco, profferì queste parole : « Il nemico mi ha proposto « un armistizio ; io ne ho accettato quelle condizioni che l'uma- « nità dettava di accettare, cioè di ritirare famiglie e feriti. Ma « fra le richieste, una ve n'era umiliante per la brava popola- « zione di Palermo, ed io l'ho rigettata con disprezzo. Il risultato « della mia conferenza di oggi è stato dunque di ripigliare le osti- « lità dimani (1) ». Il Bosco aveva osato proporre che il Municipio di Palermo sporgesse al Generale Lanza una supplica chiedente le istituzioni e le riforme necessarie al paese. Garibaldi respinse questa proposta, e condotto il Bosco al balcone, gli disse: *sentiremo cosa risponderà il popolo di Palermo.* Ed il popolo rispose con un urlo terribile, urlo di guerra che rimbombò in tutta la piazza ; Garibaldi era commosso, Bosco era pallido come un cadavere. Di lì a poco, dalla porta del Palazzo Pretorio, usciva il Generale borbonico accompagnato da Crispi, Bixio, Türr e altri Garibaldini. E fu quella una giusta misura di prudenza, poichè il popolo era fremente, e Bosco avrebbe potuto passare un brutto quarto d'ora, se non fosse stato circondato dalle camice rosse.

Le parole di Garibaldi profferite dal balcone del Palazzo Pretorio avevano fatto scorrere un fremito per le ossa di tutti coloro che si trovavano giù nella piazza ad ascoltarle; la inopinata irruzione delle truppe di Von Mechel nella Fieravecchia aveva commosso l'intera città. L'esaltazione era al colmo; allo sgomento dei primi momenti, prodotto dalla sorpresa, era succeduta un'agi-

(1) Giornale Officiale di Sicilia 7 Giugno 1860.

tazione febbrile in tutti i cittadini di ogni età e di ogni grado.
Questi la facevano a gara nel prestar l' opera loro a rimuovere
con i pali di ferro le pietre del selciato, e lavorare alla costruzione delle barricate, che il Dittatore aveva ordinato s' inalzas-
sero in tutti gli sbocchi delle vie convergenti in Piazza Fieravecchia. Tutte le case che cingono la detta Piazza si erano pre-
parate a difesa e ad offesa, covrendo di materassi i parapetti dei
balconi, e mettendosi in comunicazione le une con le altre mediante aperture praticate nelle pareti interne. Sul limitare dei
tetti si erano trasportate tutte le tegole che covrivano le case,
per scaraventarle sulle teste dei Bavaresi appena l'ordine di riprendere le ostilità fosse comunicato. Tutti questi preparativi non
potevano certamente allietare quei soldati stranieri al servizio del
Borbone, i quali si vedevano chiusi in Piazza Fieravecchia dalle
barricate circostanti, e minacciati seriamente da tutte le case so-
vrastanti. Era spettacolo imponente vedere, durante la notte, tutta
la città in movimento, intenta a costruire nuove barricate, e a
rafforzare le già esistenti. Palermo, nello spazio di ventiquattr'ore,
si era trasformata in una vasta fortezza irta di ostacoli, che avrebbero resi vani tutti gli sforzi del nemico qualora questo ci avesse
attaccati.

Spettacolo ancora più imponente fu quello del 31 Maggio, in
cui dovevansi riprendere le ostilità.

Palermo era tutta imbandierata, le campane sonavano a distesa in segno di festa e di giubilo popolare. Garibaldi aveva fatto
affiggere alle cantonate un suo manifesto, in cui, annunziando la
ripresa delle ostilità e il bombardamento che ne sarebbe certamente derivato, invitava le famiglie ad abbandonare la città e
ripararsi in siti sicuri. Meno pochissime eccezioni, nessuno volle
profittare dell' invito del Dittatore; e sopratutto ammirevoli furono le donne, che, fiere del loro ardire e del loro patriottismo,
si mostravano gaie e sorridenti ai balconi delle loro case sventolando i fazzoletti. Gli uomini assoldati nelle squadriglie erano
tutti al loro posto di combattimento dietro alle barricate; gli uomini senza armi erano stati collocati su i tetti delle case, che

fanno cerchio alla Fieravecchia, pronti a far volare tegole, pietre, e qualunque altra specie di projettili su i Bavaresi; altri uomini, finalmente, armati di fucili erano stati appostati dietro i parapetti dei balconi coverti di materassi. I combattenti dilettanti, come noi, erano liberi di scegliersi quella barricata che loro meglio garbasse; noi scegliemmo quella nella piccola via Aragona ove eravamo stati il giorno precedente. In quella giornata mi riuscì di acquistare un vecchio fucile irruginito, col quale ero quasi sicuro di recare pochissimo danno al nemico; ma se non altro avevo almeno il gusto di tirare anch'io qualche colpo. Di togliermi questo gusto non ero però ben sicuro, tenendo conto dello stato miserrimo della mia arma, l'acciarino della quale mi sembrava più atto a far cecca che a far fuoco.

Le ostilità dovevano ricominciare a mezzo giorno preciso; ma alle undici e tre quarti si udirono varî squilli di trombe, che davano il segno di *cessate il fuoco*. Contemporaneamente a questo segno furono spiccate dal Dittatore varie Guide per comunicare a tutte le barricate che l'armistizio era stato prolungato. Il prolungamento dell'armistizio si era richiesto dal Generale Lanza per mezzo del Generale Letizia; Garibaldi vi aveva aderito, e lo comunicò ai Siciliani col seguente proclama:

Siciliani,

« Il nemico ci ha proposto un armistizio, che nell'ordine di
« una guerra generosa, qual'è quella che da noi sa combattersi,
« ho stimato ragionevole non denegare. L'inumazione dei morti,
« il provvedimento pei feriti, quanto insomma è reclamato dalle
« leggi di umanità onora sempre il valore del soldato italiano.
« Per altro i feriti napoletani sono pure fratelli nostri, benchè
« ci osteggino con nimistà crudele e si avvolgano tuttora nella
« caligine dell'errore politico; ma non sarà guari che la luce del
« nazionale vessillo l'induca un giorno ad accrescere le file del-
« l'esercito italiano. E perchè i termini degli impegni contratti
« siano mantenuti colla religione di una lealtà degna di noi si
« pubblicano i seguenti articoli:

Articoli di convenzione fra i sottoscritti a Palermo
il giorno 31 Maggio 1860.

1.° « La sospensione delle ostilità resta prolungata per tre
« giorni, a contare da questo momento che sono le dodici meri-
« diane del dì 31 Maggio, al termine della quale S. E. il Gene-
« rale in Capo spedirà un suo Ajutante di Campo onde di con-
« senso si stabilisca l'ora per riprendersi le ostilità.

2.° « Il Regio Banco sarà consegnato al rappresentante Cri-
« spi Segretario di Stato, con analoga ricevuta, ed il distacca-
« mento che lo custodisce andrà al Castello a mare con armi e
« bagaglio.

3.° « Sarà continuato l'imbarco di tutti i feriti e famiglie,
« non trascurando alcun mezzo per impedire qualunque sorpresa.

4.° « Sarà libero il transito dei viveri, per le due parti com-
« battenti, in tutte le ore del giorno, dando le analoghe dispo-
« sizioni per mandar ciò pienamente ad effetto.

5.° « Sarà permesso di controcambiare i prigionieri Mosto e
« Rivalta con il 1° Tenente Colonna, e il Capitano Grasso » (1).

Il Dittatore	*Il Generale in Capo*
G. GARIBALDI	Firmato: FERDINANDO LANZA

Il Segretario di Stato — CRISPI

Lo stato di tregua fu iniziato con lo scambio dei prigionieri,
e seguìto dalla consegna del Palazzo delle Finanze. Spirato il
termine dei tre giorni, il Generale Lanza chiese la continuazione
della tregua e il Dittatore gliela accordò indeterminatamente.

(1) *Giornale Officiale di Sicilia*, 7 Giugno 1860.

***

La circolazione in Palermo era penosissima, poichè tutte le vie erano irte di barricate. Non potendo io dunque passeggiare, annoiandomi di far visite, e non avendo voglia di fare altro, un bel giorno mi saltò il grillo di andare a trovare i miei amici che erano prigionieri nel Castello.

Per porre in opera il mio divisamento mi recai dalla Principessa di Niscemi, quella carissima Signora, che con affetto materno mi aveva dato ospitalità nel Luglio del 1859. Dopo scambiate le solite frasi tra chi fa una visita e chi la riceve, entrai subito in argomento, e senza preamboli le dissi:

— Principessa, se deve far sapere qualche cosa a Corrado suo figlio, io mi metto a sua disposizione, poichè tra breve andrò a trovarlo.

— È sul serio che mi dite questo? rispose la Principessa.

— Non ho mai parlato in vita mia tanto seriamente quanto in questo momento.

— Allora permettetemi di dirvi che siete un pazzo. Sono scorsi pochi giorni appena, da che voi siete uscito di Vicaria, e pensate di andarvi a mettere di nuovo in bocca al lupo?

— Principessa, non sono un pazzo, anzi sono un uomo ragionevolissimo, e mi affretto a provarglielo. Noi siamo in tregua indeterminata col nemico; questa tregua, per convinzione generale, durerà sino al giorno in cui le truppe borboniche s'imbarcheranno per Napoli. Se vi fosse la più lontana probabilità di dover tirare qualche fucilata, non rischierei certamente di farmi mettere di nuovo in prigione; ma visto che questa probabilità non c'è, io non corro alcun rischio. Ammesso anche il caso che il Comandante del Castello avesse il barbaro gusto di farmi prigioniero, gliene sarei grato, poichè passerei benissimo il mio tempo con i miei amici, e quando arriverà il giorno della loro liberazione, sarò liberato anch'io.

— Il vostro ragionamento non mi convince affatto, ma ammettendo che voi abbiate ragione, siete sicuro che vi si permetterà l'accesso in Castello ?

— In quanto a questo le assicuro che vi entrerò senza chiederne il permesso ad alcuno.

— Decisivamente il vostro cervello dà la volta.

— Principessa, Ella mi giudica come un essere cervellotico, e in parte forse ha ragione ; ma in questo momento non sono tale, e se Ella appagasse i miei desiderî, io riuscirei nella mia impresa. La prego intanto di farmi la cortesia di mettere a mia disposizione una livrea di casa Niscemi, e poi le proverò che il mio progetto non è da matto ma da uomo savio.

La buona Principessa , sorridendo , chiamò il Maestro di casa Andrea, e gli ordinò che mettesse a mia disposizione una livrea. Appena la Principessa ebbe dato quest'ordine, io le chiesi il permesso di ritirarmi nell' appartamento di Corrado. Andrea mi portò la livrea ed io, dopo di averla provata, gli chiesi anche un berretto gallonato , e gli ordinai di far venire un barbiere. In seguito ai miei ordini il barbiere venne subito, e per le sue mani io sacrificai sull'altare dell'amicizia i miei baffi, le mie fedine, e i miei capelli, che allora erano foltissimi ; nessuno adesso lo crederebbe, ma pure era così. Fatta questa operazione, indossai la livrea di casa Niscemi, covrî il mio capo col berretto gallonato, ancora non usato, e in questo costume da domestico mi presentai alla Principessa.

— Eccellenza, attendo i suoi ordini, le dissi, con aspetto serio e stando ritto come un palo — Ella, nel vedermi tutto spelato, e sotto quelle mentite spoglie scoppiò in una sonora risata, che non poteva più frenare, tanto era stata forte l'impressione comica che io avevo prodotta in lei. Senza smuovermi e restando sempre sull'*attenti*, le rivolsi di nuovo la parola :

— Eccellenza , dia gli ordini opportuni perchè mi si consegni la vivandiera, poichè a me spetta oggi di portare il pranzo al signor Duca di Arenella.

La Principessa continuando a ridere con le lagrime agli occhi, ordinò ad Andrea, che era presente a quella scena e rideva anch'esso rispettosamente, di appagare il mio desiderio. Mi si consegnò difatti la vivandiera, ed io senza dire altro, dopo un'ossequioso inchino, voltai le spalle, scesi le scale di casa Niscemi e mi avviai al Castello.

Tutti i giorni, all'ora determinata, i domestici dei sette detenuti si riunivano davanti al portone di casa Cerda dirimpetto all'entrata principale del Castello; ivi attendevano che il ponte si abbassasse per entrare nella fortezza. Io mi avvicinai a loro; però, malgrado il mio travestimento e la mia trasfigurazione, appena mi videro mi riconobbero e si credettero in dovere d'inchinarsi rispettosamente. Io ricambiai l'atto rispettoso con un solenne pugno dato a un di loro che si trovava a me più prossimo, soggiungendo che avrei fatto lo stesso con gli altri, ove non avessero eseguito i miei ordini. Li avvertî non essere quello il momento opportuno di manifestarmi il loro rispetto; *anzi*, soggiunsi, *quando ci presenteremo alla porta del Castello dovete trattarmi come uno dei vostri e, occorrendo, dovete indirizzarmi qualche motto canzonatorio; vi permetto anche di restituirmi il pugno dato a uno di voi or ora.* La lezione giovò.

All'ora consueta il ponte si abbassò e noi c'inoltrammo nel Castello; io assunsi allora l'aspetto e gli atteggiamenti di un cretino. Al di là del ponte trovammo un sottotenente, il quale, dopo di avermi squadrato, mi disse:

— Tu non sei mai qui venuto; chi sei?

Signor Colonnello, gli risposi nel più puro dialetto siciliano, mio padre è ammalato, e la Signora Principessa di Niscemi mi ha ordinato di portare il pranzo al Principino.

— Ma perchè mi chiami colonnello, non vedi il mio grado?

— Signor Generale, scusate, io sono ignorante e non conosco i gradi; vi giuro che non volevo offendervi.

Allora i veri domestici vennero in aiuto del falso domestico, dicendo:

— Signor Tenente, scusatelo; questo povero giovane è mezzo cretino, e noi ci burliamo sempre di lui.

— Mi ero accorto del suo cretinismo, riprese l'Ufficiale, del resto gli si legge in viso.

Il Sottotenente, dopo che ebbe profferito questo giudizio, poco lusinghiero per me, ci fece cenno con la mano di entrare in Castello, e noi vi entrammo. L'asserzione recisa dell'Ufficiale m'impensierì, e cominciai a dubitare, tra me e me, se avessi veramente la faccia da cretino; ma riflettendovi meglio, fui molto lieto di avere ben recitata la mia parte, e di essere riuscito nel mio intento.

Il punto più difficile era superato, restava poi ad evitare qualche atto involontario di sorpresa che i prigionieri avrebbero potuto fare nel vedermi. Ma questo non avvenne, poichè appena si aprì la porta della loro prigione io vi entrai subito, prima che vi entrasse il sergente che ci aveva accompagnati, ed ebbi agio di far segno ai miei amici di restare fermi ai loro posti, e di non tradirsi. La manovra riuscì benissimo, e quando il sergente entrò nella stanza trovò i detenuti calmi e tranquilli come al solito. Egli chiese a loro d'indicare il domestico che doveva rimanere per servirli alla mensa; naturalmente indicarono me; allora i veri domestici andarono via, ed il falso rimase. Appena il sergente ebbe chiusa la porta della prigione ci abbandonammo a tutta la espansione dell'animo nostro scambiandoci forti strette di mano e abbracci affettuosissimi. Ma immediatamente dopo vi fu una esplosione di risate provocate dal mio travestimento, e, sopratutto, dalla mia testa denudata di capelli, e dalla mia faccia priva di barba. Birboni! invece di esternarmi sensi di gratitudine per il gran sagrifizio fatto per loro, mi prendevano in giro e ridevano a crepapelle. Esaurite finalmente le espansioni e le risate, ci demmo a raccontarci le nostre reciproche vicende. Ma prima di dare principio alle narrazioni, mi fecero osservare dalla loro finestra un vasto spazio di terreno completamente sgombro, ma che prima, mi dissero, era stato pieno zeppo di bombe. Queste dal 27 al 29 Maggio erano state tutte rovesciate su la città, e il bombardamento cessò quando non ce n'era più alcuna da lanciare. Indi mi narrarono le loro sofferenze durante il mese che erano

rimasti chiusi nelle camere serrate della Vicaria, ma soggiunsero
che in Castello erano stati sempre ben trattati dal Colonnello Briganti, comandante della fortezza, e da tutti gli ufficiali. Ognuno
di loro mi narrò la propria storiella, ma la più curiosa di tutte
fu quella di Corrado Niscemi.

All'epoca dei Borboni, il basso servizio dei forti e di tutte le
dipendenze militari era affidato ai forzati, che erano divisi in due
categorie. Gli uni erano vestiti di rosso e portavano la catena,
che, dalla cintura scendendo lungo la gamba destra, era fermata
al collo del piede con un ferro; gli altri erano vestiti di giallo
e portavano semplicemente il ferro al collo del piede; questi erano
chiamati *Presidiari*. Al servizio dei sette detenuti era stato addetto un *Psesidiario*, il quale fu per i miei amici in Castello
quel che Giannotta era stato per noi in Vicaria. Il nome di questo Presidiario era Palazzolo, nativo di Favarotta e conosciuto da
Corrado Niscemi. Questi mi narrò: che il Palazzolo era camorrista
e per conseguenza in relazione con la camorra; per mezzo di questa
riceveva le notizie dei movimenti di Garibaldi, e li comunicava subito
ai prigionieri in un bollettino manoscritto, che introduceva nella
loro stanza nascosto in fondo ad un vaso di Caltagirone. Dopo di
averlo letto, i prigionieri, per annullarne qualunque vestigio, si
erano sottoposti ad ingojarlo a vicenda. Giunto a questo punto della
sua narrazione, Corrado, componendo il suo viso a gran serietà, esclamò: *il nostro sagrifizio per la patria è stato grandissimo, poichè quel bollettino era talmente profumato, che
occorreva una gran forza di animo per mandarlo giù.* Si rise
di questa uscita comica, alla quale non ci attendevamo, e poi si
parlò di tante altre cose. Rimasi nella stanza dei miei amici per
tre o quattro ore, a capo delle quali ritornò il sergente, e mi
disse che era tempo di andar via. Io ripresi la vivandiera vuota,
e, uscito dal Castello, corsi subito dalla Principessa di Niscemi.
Le ripetetti per filo e per segno tutto quello che era accaduto,
e finì per dirle: cara Principessa, dovrà convenire adesso con me
che i pazzi qualche volta la sanno più lunga dei savî. Preso
commiato dalla Principessa, mi svestì della livrea, rindossai i

miei abiti, e lasciata casa Niscemi, rientrai nella mia. Ivi trovai
Cozzo e i fratelli Gramitto, i quali, nel vedermi senza baffi, senza
fedine, e tosato come un agnello, emisero un grido di sdegno contro di me, per essermi, essi dicevano, reso mostruoso. Per calmarli narrai loro la mia visita fatta in Castello, della quale furono ben lieti per avere ricevuto notizie dirette dei nostri comuni
e cari amici.

In Palermo, intanto vi era tutti i giorni un andirivieni continuo di messaggieri napoletani dal Palazzo Regio al Palazzo
Pretorio. Garibaldi, mentre da un lato trattava col nemico, dal-
l'altro emanava editti eccitando i cittadini di correre alle armi
a fine di ottenere il completo trionfo della causa nazionale. Durante i tre giorni di tregua Egli emanò il seguente Proclama:

Siciliani ,

« Quasi sempre la tempesta segue la calma, e noi dobbiamo
« prepararci alla tempesta, sinchè la meta sospirata non sia rag-
« giunta intieramente. Le condizioni della causa nazionale furono
« brillanti, il trionfo fu assicurato dal momento che un popolo
« generoso, calpestando umilianti proposte, si decise di vincere
« o morire.
   « Sì..... Le condizioni nostre migliorano ogni momento, ma ciò
« non toglie di fare il dovere e di sollecitare il trionfo della
« santa causa. Armi dunque ed armati, arrotar ferri e preparar
« ogni mezzo di difesa e di offesa..... Per le esultanze e gli ev-
« viva avremo tempo abbastanza, quando il paese sia sgombro
« dai nostri nemici. Armi ed armati ripeto..... Chi non pensa ad
« un'arma in questi tre giorni, è un traditore o un vigliacco;
« e il popolo che combatte tra le macerie e i ruderi delle sue

« case incendiate, per la sua libertà e per la vita dei figli e delle
« sue donne, non può essere un vigliacco, un traditore (1) ».

Palermo 1° Giugno 1860.

G. GARIBALDI

Il giorno 3 Giugno spirava la tregua; Garibaldi il giorno precedente aveva indirizzato un altro Proclama ai Siciliani così concepito.

Siciliani ,

« Oggi la Sicilia presenta uno di quegli spettacoli che gigan-
« teggiano nella vita politica delle nazioni, che tutte le genera-
« zioni ricordano con entusiasmo e riverenza, e che incidono im-
« mortale il segno di sublime virtù ad un popolo grande e ge-
« neroso. Italia abbisogna di concordia per essere potente , e la
« Sicilia sola dà il vero esempio della concordia. In questa clas-
« sica terra, il cittadino s' inalza sdegnoso della tirannide, rompe
« le sue catene, e coi ferrei frantumi trasformati in daghe com-
« batte gli sgherri. Il figlio dei campi accorre al soccorso dei
« fratelli della città, ed esempio stupendo, magnifico, edificante
« in Italia, il prete, il frate , la suora marciano alla testa del
« popolo alle barricate, ed alla pugna. Che differenza tra il dis-
« soluto prete di Roma che compra mercenarî stranieri, per ispar-
« gere il sangue de' suoi concittadini, ed il nobile venerando sa-
« cerdote di Sicilia, che si getta primo nella mischia, dando la
« vita al suo paese !..... È veramente immortale il Cristianesimo !
« e lo provano al mondo questi veri ministri dell'Onnipotente (2) ».

Palermo 2 Giugno 1860.

G. GARIBALDI

(1) Giornale Officiale di Sicilia 7 Giugno 1860.
(2) Giornale Officiale di Sicilia 8 Giugno 1860.

Nè mal si apponeva il Generale Garibaldi giudicando il clero siciliano di quei tempi come lo aveva giudicato. Monsignor Gregorio Ugdulena Segretario di Stato per l'Istruzione Pubblica e per il Culto, professore di lingua ebraica nell'Università di Palermo, rispondeva al Dittatore nei seguenti sensi:

Signore,

« Nel Proclama che indirizzaste ai Siciliani a dì 2 Giugno,
« apprezzando, con quella giustezza di mente ch'è tutta propria
« di Voi, le condizioni politiche e morali dell'Isola nostra, la
« grande concordia e l'unanime consentimento di tutte le classi del
« popolo che fa singolare la nostra rivoluzione, Voi notaste che
« qui, mentre il figlio dei campi accorreva al soccorso dei fra-
« telli della città, *anco il prete, il frate, la suora marciavano*
« *alla testa del popolo alle barricate ed alla pugna.* Voi ac-
« cennaste, nell'energica brevità del vostro linguaggio marziale,
« *il venerando sacerdote della Sicilia che si gettava primo nella*
« *mischia, dando la vita al suo paese ;* e chiamaste *immortale*
« *il Cristianesimo,* alla prova che ne danno *questi veri mini-*
« *stri dell'Onnipossente.*

« Il Clero siciliano è fiero d'aver potuto meritare questo en-
« comio dalla vostra bocca ; e m'incarica di porgervene da parte
« sua i più vivi ringraziamenti, e di palesarvene la sua sincera
« riconoscenza. Questo Clero, dei cui sentimenti io mi fo oggi
« l'interprete, crede non dipartirsi dallo spirito del vangelo, pro-
« pugnando la causa della libertà nazionale, ch'è la causa del-
« l'umanità e della giustizia, e per conseguenza ancor quella della
« religione. Uscito dalle file del popolo, e consapevole di essere
« stato costituito da Dio per servire ai bisogni e provvedere alla
« salute del popolo, esso non vuole mancare all'altezza della sua
« missione ; ma come ha partecipato ai dolori e alle sventure dei
« suoi fratelli, come si è tribolato e pianto con loro nei dì del-
« l'oppressione e del servaggio, così si è levato e combattuto per
« loro nel giorno della riscossa e della vendetta. Egli li ha gui-

« dati alla pugna invocando su le loro armi la protezione del
« cielo, e ha messo ancor la sua mano ad atterrare un vecchio go-
« verno, che aveva conculcati lungamente i diritti del popolo,
« fatto fremere con atti di stolida barbarie tutte le nazioni ci-
« vili, e condannato sè medesimo, sollevando contro di sè non
« una mano di faziosi, come esso diceva, ma tutto un popolo ge-
« neroso, che s'è lasciato anche mietere dalla mitraglia e sep-
« pellire sotto alle rovine, che chinare di nuovo il collo al giogo
« aborrito.

« Ma i voti di questo Clero, che si dirige a Voi per mio mezzo,
« non saranno adempiti, se non quel dì che lo straniero sarà
« cacciato al tutto dalla sacra terra d'Italia, e tutto il popolo
« italiano sarà tornato, qual esso dovrebbe essere, un solo po-
« polo e una sola famiglia. Fedeli alla religione dei padri nostri,
« alla religione vera d'Italia, che fu la religione di San Tom-
« maso e di Dante, e aborrenti perciò da ogni dottrina ve-
« nuta d'oltremonte a guastar la fede nostra, come da ogni
« altra merce straniera con la quale si è voluto adulterare l'an-
« tica civiltà italiana, noi sacerdoti di Sicilia non ci partiremo
« mai dai dogmi, dalla disciplina, e dai riti cattolici; noi ci ter-
« remo saldi intorno al Capo visibile della nostra chiesa, al quale
« anche un sentimento di personal devozione ci tien legati; ma
« riproviamo le malvage arti di coloro che, vendutisi allo stra-
« niero, s'affaticano tuttavia a scalzar le fondamenta di questa
« religione, mentre fanno vista di proteggerla, alienando da essa
« gli ardenti animi dei patrioti italiani; e condanniamo la poli-
« tica immorale e anticristiana di chi, spaventando con l'om-
« bra d'imaginari perigli l'Uomo ch'amava pure il suo popolo,
« l'ha sedotto ad affidarsi in su una spada mercenaria, e cingersi
« tutto intorno di bajonette straniere, per fondare sopra quelle
« una dominazione, che solo l'amore e il libero consentimento del
« popolo può render legittima. Cattolici e Italiani, noi deploria-
« mo le sciagure che da codesta sconsigliata politica son deri-
« vate adesso come in ogni altro tempo, e quelle ancor più gravi
« che potrebbero derivarne alla religione e all'Italia. Troppe di-

« visioni e discordie abbiamo veduto finora ; esacerbati gli animi
« per grande odio eziandio tra i fratelli, fuma di sangue que-
« sta terra che Iddio aveva privilegiata fra tutti i paesi d'Eu-
« ropa. Chi potrà contare o prevedere i mali che saranno quel dì
« nel quale un popolo, che, conscio dell' antica dignità del suo
« sangue, s'agita adesso fremente delle sue catene, le avrà spez-
« zate in un moto di violenta convulsione, e lotterà una lotta di
« disperazione e di morte? Noi, allora, sacerdoti dell' ufficio della
« misericordia e della pace, ci gitteremo nella mischia a mode-
« rare il furor delle spade, ed impedire le possibili conseguenze
« di quella lotta. Noi vogliamo che l' Italia sia libera, ma la vo-
« gliamo cattolica e Una » (1).

GREGORIO UGDULENA (2)

***

I Siciliani avevano il pregiudizio di considerare il servizio militare
come una cosa abietta ; e tale pregiudizio era talmente inveterato
nell'Isola, che per le bocche di tutti correva l'adagio; *meglio porco
che soldato*. L'eminente prelato Gregorio Ugdulena, a fin di rimuovere la ripugnanza dei cittadini al servizio militare, indirizzava
una Circolare ai Governatori dei Distretti e un proclama al Clero.
Trascrivo testualmente i due documenti, che giovano a far conoscere i sentimenti di cui erano animati i sacerdoti siciliani di
quei tempi.

« Signore. Essendo indispensabile la leva d'un esercito agli at-
« tuali bisogni in cui trovasi la Sicilia, è giusto che la voce del

(1) *Giornale Officiale di Sicilia* 23 Giugno 1860.

(2) Monsignor Gregorio Ugdulena uomo di vasta mente e di estesa cultura,
con decreto dittatoriale del 2 Giugno 1860 era stato nominato Segretario di Stato
per l' Istruzione Pubblica e Culto. Con lo stesso decreto erano stati nominati :
Colonnello Orsini per la Guerra; F. Crispi per l' interno; Andrea Guarnieri per
la Giustizia ; Barone Casimiro Pisani per gli Affari Esteri.

« sacerdote si unisca agli ordini del Governo, acciocchè con la
« predicazione s' insinui negli animi dei cittadini d'abbracciar que-
« sta misura, non come una gravezza, ma come un sacro dovere,
« gloria vera e degna di un popolo, che vuol conservare la sua
« libertà.

« Rimuovere dalla mente e dagli animi ogni ripugnanza ed er-
« rore popolare che possa opporvisi, è la missione che viene oggi
« affidata con un proclama al Clero; e prego Lei che faccia dif-
« fonderlo in tutti i comuni dipendenti dalla sua giurisdizione,
« raccomandando caldamente ai sacerdoti che predichino nei sensi
« quivi espressi. E gliene rimetto perciò num.... copie, che sa-
« ranno rese di pubblica ragione. » (1)

Il Segretario di Stato ; Gregorio Ugdulena

Al Clero Siciliano,

« Negli imperiosi bisogni della patria redenta, sublime è la
« missione dei ministri del santuario, che son le sentinelle del
« popolo. La parola di Dio, parola di verità, divenga oggi nella
« loro bocca una spada affilata a difesa della libertà acquistata
« a prezzo di sudori, di sangue, e di sacrifizî infiniti.

« La patria ha bisogno di soldati che tutelino l'ordine e la pro-
« prietà del paese, che respingano dalle belle contrade dell'Isola
« ogni nemico che ancor vi rimane o torni a minacciarla. Senza
« un esercito poderoso, senza soldati in armi, questa terra di va-
« lorosi potrebbe tornar da capo sotto il giogo dell' infame ser-
« vitù che abbiamo scosso da noi.

« Che tutti adunque corrano alle armi; che ogni giovine sici-
« liano entri nelle file dell' esercito, se non vuol essere indegno
« del nome che porta, e della terra ove nacque. Il Governo del
« Dittatore li ha chiamati alle armi ed ordinata una coscrizio-
« ne, alla quale desidero che i sacerdoti inanimino con la pre-

(1) *Giornale Officiale di Sicilia* 21 Giugno 1860.

« dicazione il popolo, il quale per astuzia del vecchio governo,
« pauroso di aver soldati siciliani, non ne ha ancora l'uso. Desi-
« dero che i padri e le madri non ne spaventino per mala intesa
« tenerezza i figliuoli; li facciano soldati, se non li vogliono
« schiavi. E il nemico che ci sentirà tutti in armi, presti a cor-
« rere dovunque stringerà il bisogno, temerà d'appressarsi ai no-
« stri lidi, e tremerà alla vista della nostra bandiera. » (1).

Il segretario di Stato dell' Istr. Pubbl. e del Culto
GREGORIO UGDULENA

Tale era il linguaggio dei sacerdoti italiani in quei tempi di
vero e sentito patriottismo; tali erano i loro sentimenti. È doloroso oggi osservare quanto grande sia la differenza tra i sacerdoti di allora e gli attuali. Però non intendo con questi confondere i sommi prelati e gli onesti preti degni della più alta
stima e della più illimitata considerazione, i quali sanno unire
al sentimento religioso anche quello della patria. Io accuso e
deploro soltanto gl' intransigenti, che pur di riacquistare il perduto potere mettono in opera tutti i mezzi per infrangere l'unità
d' Italia. A compiere quest'opera di dissoluzione hanno a compagni
i socialisti-anarchici, i quali, mentre predicano giustizia e mora-
lità, commettono l'immoralità e l'ingiustizia, di spargere massime
velenose contro lo spirito militare e l'amor di patria, e mirano
indefessamente a distruggere le forze nazionali rappresentate dal-
l'esercito e dall'armata. Poichè questi signori si vantano di essere
uomini giusti e morali, sarebbe desiderabile che la maggioranza
della Nazione fosse immorale e ingiusta, purchè nella sua immoralità e ingiustizia tutelasse l'integrità dell' esercito e dell'armata,
e tenesse saldo il sentimento di patria e la dignità nazionale.

Il giorno 7 giugno 1860, in seguito a convenzioni stabilite tra
Garibaldi e il Generale Letizia, i regì sgombrarono completamente

(1) *Giornale Officiale di Sicilia* 21 Giugno 1860.

la città, abbandonando il Palazzo Reale e la Fieravecchia, e ritirandosi al Molo e sue adiacenze.

Nello stesso giorno moriva il colonnello ungherese Tukery — che era stato ferito all'entrata di Porta di Termini il 27 Maggio — e arrivava in Palermo il Capitano Carmelo Agnetta. Non avrei accennato a questi due avvenimenti di pochissima importanza, se non fossero stati la causa di un fatto spiacevolissimo ; che, cominciato in Palermo nel 1860, ebbe fine in Locarno nel 1861.

Carmelo Agnetta, nipote dell'illustre avvocato Antonio Agnetta, che fu onore e decoro del Foro palermitano, aveva emigrato da Palermo dopo la rivoluzione del 1848, e si era stabilito a Parigi. Avuto sentore della spedizione che preparava Garibaldi, da uomo di cuore ch'Egli era, decise di prendervi parte, e senza indugiare partì subito per l'Italia. Giunse a Genova quando la spedizione era di già partita, però ebbe agio di poterla subito raggiungere. Dopo l'entrata di Garibaldi in Palermo tutti i comitati nazionali delle varie regioni d'Italia apprestavano armi e armati per mandarli in soccorso del vincitore di Calatafimi. Il Comitato di Genova, avendo pronti 1700 fucili con analoghe munizioni, affidò a Carmelo Agnetta l'incarico di accompagnarli in Sicilia con una scorta di cento uomini. Agnetta prese imbarco a Genova, e, seguendo la medesima rotta di Garibaldi, sbarcò a Marsala ; da questa città si pose subito in marcia per Palermo. Riuscì a traversare parecchi territorî ancora occupati dalle truppe borboniche, con le quali seppe sempre evitare lo scontro, e finalmente il giorno 7 Giugno fu lieto di fare entrare in città il convoglio di armi e munizioni, che con tanta intelligenza e attività aveva saputo menare in salvo.

Appena ebbe posto il piede nella Capitale, Agnetta fece sapere a Garibaldi l'arrivo del convoglio e della compagnia di cento uomini da lui comandata. Il Generale ordinò : la compagnia si schierasse davanti alla porta dell'Università, ove Egli sarebbe andato a passarla in rivista. Mentre Agnetta, circondato da numerosa folla, attendeva l'arrivo di Garibaldi, gli si accostò un borghese, il quale, dopo di avergli fatto varie interrogazioni, finì con dirgli: *Ella quest'oggi accompagnerà con la sua compagnia la salma del colonnello Tukery al cimitero.* Agnetta, di già indisposto per le tante domande stategli fatte da un individuo da lui mai visto nè conosciuto e senza alcun distintivo militare che ne indicasse la qualità e il grado, gli rispose infastidito: *Io non so chi Ella sia, del resto io non ricevo ordini che dal Generale Garibaldi.* Non aveva ancora finito di dire queste parole, che un solenne schiaffo lo aveva di già percosso alla guancia. Agnetta mise subito mano all'elsa della sciabola per avventarsi contro chi lo aveva sì crudelmente oltraggiato; ma gli astanti gl'impedirono di sguainarla dicendogli: *Badi bene a quel che fa, l'individuo che l'ha offeso è il colonnello Bixio.* Mentre Agnetta dibattevasi per svincolarsi da tutta quella gente che lo aveva accerchiato, Bixio si dileguava, e dopo poco tempo veniva Garibaldi. Questi, subito che fu informato del doloroso fatto, strinse la mano di Agnetta, promettendogli di dargli la riparazione che gli era dovuta, e rassicurandolo che egli, Garibaldi, si rendeva garante dell'onore di chi era stato ingiustamente offeso. Il Generale difatti inflisse a Bixio gli arresti di rigore, e ordinò che si convocasse subito un Tribunale di onore per decidere inappellabilmente sulla vertenza Bixio-Agnetta. Riunitosi il Tribunale, sotto l'influenza diretta di Garibaldi, all'unanimità decise: « che durante il tem- « po in cui si aveva un nemico comune da combattere, i rancori « personali dovevano tacere, e ogni buon cittadino doveva sacrifi- « care alla patria anche i suoi più giusti risentimenti. A guerra « finita l'offeso era nel suo pieno diritto di chiedere all'offensore « quella riparazione, che, per amor di patria, aveva fatto il sa- « crifizio di non chiedere prima. L'onore del Capitano Agnetta « era completamente salvo, il Tribunale e il Generale Garibaldi « se ne rendevano garanti ».

In seguito alla decisione del Tribunale e al volere di Garibaldi, Agnetta si rassegnò e attese paziente la fine della guerra. Durante la campagna era stato promosso al grado di Maggiore; fu di questo grado che si dimise in Torino nel 1861 per sfidare Bixio divenuto Tenente Generale. Il duello avvenne a Lucarno ; secondi di Agnetta furono il Colonnello Alfonso Scalia e il Maggiore Lanzirotti. Questi due miei amici, nel narrarmi le particolarità del duello, mi dissero che ammirevolissima fu soprattutto la serenità e l'intrepidezza con cui i due avversarî si avanzarono alla barriera, che misurava dieci passi di distanza. Bixio si era avanzato col braccio piegato in su tenendo la pistola in alto ; Agnetta invece aveva proceduto col braccio disteso in giù e con la pistola in basso. Giunti alla barriera l'uno cominciò ad abbassare lentamente la sua arma dall'alto in giù, l'altro fece il movimento in senso inverso. Quando le bocche delle due pistole s'incontrarono sulla stessa linea di mira, Agnetta tirò immediatamente, ma Bixio non potè tirare il suo colpo, poichè la palla dell'avversario gli aveva fracassato la mano.

Questo duello potrebbe citarsi come esempio del vero giudizio di Dio, se sussistessero ancora le ubbie medioevali; la mano che aveva schiaffeggiato Agnetta fu resa inutile per sempre; Bixio, durante la sua vita, non potette mai più servirsene.

**

Sin dal giorno 6 Giugno era stato convenuto tra Garibaldi e Letizia, l'imbarco delle truppe per Napoli, la consegna del Castello, e la liberazione dei sette prigionieri politici. Ma in Palermo ignoravansi queste convenzioni, e furono soltanto palesi il giorno tredici (1).

(1) *Convenzione stabilita tra i sottoscritti per arrestare la ulteriore effusione di sangue tra i combattenti in Palermo.*

Palermo 6 Giugno 1860.

« Per vedute umanitarie la tregua è prorogata sino al compimento delle se-
« guenti operazioni :

« 1.° Saranno imbarcati gli ammalati esistenti nei due ospedali, o in altri
« depositi con la maggiore celerità.

« 2.° Sarà lasciato libero l'imbarco o movimento per terra a tutto il corpo
« d'esercito esistente in Palermo, con equipaggi, materiali, artiglieria, cavalli,

Durante i giorni della tregua i soldati esteri disertavano in gran numero, parte volontariamente, parte perchè adescati da un compenso di cinque o dieci piastre (non ricordo bene la cifra), che si dava ad ognuno di loro subito che venivano ad arrolarsi sotto la nostra bandiera Se ne raccolsero quasi duecento, dei quali si formò una compagnia, che in seguito fu aggregata alla Divisione Türr, e la si faceva marciare sempre in testa della colonna per così averla sott'occhio. Le diserzioni avvenivano di notte tempo sulla linea degli avamposti, ma principalmente alla Fieravecchia, ove le sentinelle delle truppe estere erano in continuo contatto con le nostre. Il suono delle piastre—pro lotto dall'agi-

« bagagli, famiglie e quanto altro possa appartenergli, secondochè S. E. il Te-
« nente Generale Lanza stimerà, compreso il materiale ch'è nel forte Castel-
« lamare.

« 3.º Qualora sarà preferito l'imbarco, quello di tutta la truppa sarà preceduto
« dall'altro del grosso del materiale di guerra ed equipaggi, non che da una
« parte degli animali.

« 4.º L'imbarco di tutta la truppa e materiale da guerra sarà al Molo, tra-
« sferendo tutto ai Quattroventi.

« 5.º Il forte Castelluccio del Molo e Batteria Lanterna non che le adiacenze
« saranno evacuate dal Generale Garibaldi, senza fuoco.

« 6.º Il Generale Garibaldi consegnerà tutti gli am alati e feriti che tro-
« vansi in suo potere.

7.º Saranno scambiati per totalità e non per numero tutti i prigionieri e di-
« spersi dall'una parte e l'altra.

« 8.º La consegna dei sette detenuti di Castellamare sarà fatta quando tutte
« le operazioni di spedizione o d'imbarco saranno ultimate con l'uscita della
« guarnigione dal Castellamare. Essi detenuti saranno consegnati al Molo dove
« saranno condotti dalla detta guarnigione.

« Firmati i suddetti patti si aggiunge per articolo addizionale, che la spe-
« dizione di cui si tratta avrà luogo per via di mare al Molo di Palermo.

« In virtù delle ampie facoltà concesseci da S. E. Tenente Generale Lanza
« Comandante in Capo il corpo di Armata del Re in Sicilia il giorno sudetto. »

Il Sotto Capo dello Stato Maggiore dell'Esercito
Colonnello Camillo Bonopane

Il Generale Giuseppe Letizia Marchese di Monpelieri
G. GARIBALDI.

Giornale Officiale di Sicilia 14 Giugno 1860.

tar dei sacchetti contenenti quelle monete—giungeva gradito alle orecchie dei mercenari del Borbone, i quali, attratti da quel suono, venivano volentieri da noi.

A proposito di diserzioni mi viene in mente un fatto che non voglio tralasciare di scrivere. Un giorno il Duca della Verdura, Sindaco di Palermo, ricevette una lettera da un Caracciolo di Torchiarolo, Capitano nell'esercito borbonico, il quale manifestava la sua decisione di passare nelle nostre file. Soggiungeva che verso la mezzanotte sarebbe venuto fuori Porta S. Antonino in Via Oreto, e pregava nello stesso tempo il Duca di mandare nel sito indicato due persone, che lo conoscessero, alle quali Egli si sarebbe presentato. Il Duca si rivolse a me e a Narciso Cozzo, dicendoci: che ove noi avessimo accettato quell'incarico ce ne sarebbe stato gratissimo. Noi non dimandavamo di meglio, poichè tutto quello che usciva dall'ordine naturale delle cose ci divertiva moltissimo.

La sera, all'ora indicata, ci presentammo alla barricata di Porta S. Antonino, custodita da una delle nostre squadriglie; consegnammo al Capo Posto un *lascia-passare*, che il Duca ci aveva fatto avere, e fatta questa operazione oltrepassammo la barricata, e c'inoltrammo in via Oreto. Noi conoscevamo Caracciolo, poichè prima della rivoluzione giocavamo con lui quasi tutte le sere a primera sia nel Casino dei Minnunisti, sia in casa Monteleone. Prendevano parte a questa stessa partita Bosco e Letizia, l'uno allora Maggiore, e l'altro Colonnello. Ci spingemmo avanti per un tratto della via Oreto, senza che il Capitano si fosse presentato. Ma mentre ci avanzavamo, osservando il più profondo silenzio, le nostre orecchie furono improvvisamente percosse da un *all, chi va là?* che ci era stato indirizzato da un soldato napoletano in sentinella agli avamposti. Noi non sapendo che cosa rispondere, voltammo le spalle, e via a passo di corsa. Gli avamposti napoletani naturalmente fecero fuoco, gli uomini della barricata di Porta S. Antonino risposero alle fucilate, ed io e Narciso invece di ricevere il Capitano Caracciolo corremmo il rischio di ricevere parecchie palle nella schiena e nel petto. Gridammo, allora,

con tutta la forza dei nostri polmoni, invocando il nome di quel santo
comune ai Siciliani quando escono di gangheri, per fare intendere ai difensori della barricata di porta S. Antonino di cessare
il fuoco, qualora non avessero voglia di uccidere Cozzo e Brancaccio, che mezz'ora prima avevano oltrepassato la barricata mediante un *lascia-passare*. Il fuoco cessò subito dal lato della barricata, ma continuò per qualche tempo ancora dal lato dei regî.
Il Capitano Caracciolo, il giorno dopo, scrisse un'altra lettera a
della Verdura, scusandosi di non essere potuto venire perchè ostacoli impreveduti glielo avevano impedito, ma che sarebbe venuto
immancabilmente questa volta. Alla seconda lettera si fece orecchie da mercante, poichè nè io nè Narciso eravamo disposti a
rischiare una seconda volta la nostra pelle per lui. Il Caracciolo,
in seguito, prese servizio nell'esercito italiano; fu promosso Maggiore, allo scoppiar della guerra del 1866; morì a Custoza alla
testa del suo battaglione. Fu il primo a cadere appena si era impegnato il combattimento.

Il giorno 19 Giugno 1860 gli ultimi residui delle truppe borboniche s'imbarcarono per Napoli, Palermo fu liberata della loro
presenza, sul Castello si vide sventolare la bandiera tricolore.

I sette prigionieri politici condotti dalla guarnigione del Castello al Molo, a norma delle condizioni stabilite tra Letizia e
Garibaldi, furono rilasciati quando l'ultimo soldato borbonico aveva
preso imbarco. La via percorsa da quei bravi giovani fu una via
trionfale per loro.

Trascrivo letteralmente un articolo del *Giornale Officiale di
Sicilia* (20 Giugno 1860), il quale, scritto sotto l'impressione del
momento, dà un'idea esatta e precisa del come si pensava e si
sentiva allora. Ecco l'articolo:

Palermo 19 Giugno.

« Le ultime reliquie dell'esercito regio hanno sgombrata la
« nostra città, troppo a lungo contaminata e funestata dalla ne-
« mica presenza; e il sacro italiano vessillo torna a svolgere

« le sue pieghe gloriose su quello stesso forte di Castellamare ,
« ove dodici anni addietro lo aveva inalberato la mano vinci-
« trice del popolo.

« Noi scriviamo sotto l'impero di emozioni assai vive perchè
« potessero tradursi in parole; scriviamo chiedendo quasi a noi
« stessi se così piena e prodigiosa felicità di successo sia una il-
« lusione fantastica o un fatto vero e reale.

« I prigionieri politici del Castellamare, quei giovani eletti, per
« cui abbiamo palpitato in mezzo alle varie vicende di una lunga
« e procellosa lotta, sono resi alle nostre braccia. La tirannide
« li strappava alle proprie case, alle proprie famiglie, e credeva
« umiliarne la fiera e dignitosa alterezza facendo dei loro lacci
« spettacolo alla città fremebonda; il popolo li ha condotti in trion-
« fo. Onore a quei giovani, a quei rampolli di una aristocrazia
« cittadina che, con unico esempio, mezzo secolo addietro immo-
« lava spontanea alla patria i suoi privilegi feudali, e poi, con-
« fusa nel popolo, divideva per tanti anni i dolori, gli oltraggi,
« le speranze e le fortune del popolo.

« Dalla moltitudine affollata oggi sulla piazza della Vittoria,
« in mezzo al rimbombo dei sacri bronzi, al lieto suono di mili-
« tari istrumenti, allo sventolare di cento bandiere, un grido di
« riconoscenza e di affetto si è levato all'eroico Liberatore del-
« l' Isola.

« Questa sera la città scintillante di fuochi ha veduto un po-
« polo intero , di ogni età e di ogni classe , versarsi nella via
« principale, e abbandonarsi al sereno tripudio di una di quelle
« feste, che non hanno nome nè luogo nei calendarî ufficiali, ma
« che sono destinate a rimanere durevoli nelle pagine della storia »

*
* *

In seguito alle convenzioni del 6 Giugno 1860, non occorrendo
più il servizio delle squadre, Garibaldi le congedava indirizzando
a loro un affettuoso addio.

« *Alle squadre cittadine*

« A voi, robusti e coraggiosi figli del campo, io dico una parola
« di gratitudine in nome della patria italiana, a voi che tanto
« contribuiste alla liberazione di questa terra, a voi che conser-
« vaste il fuoco sacro della libertà sulle vette dei vostri monti,
« affrontando in pochi, e male armati, le numerose ed agguer-
« rite falangi dei dominatori.

« Voi potete tornare oggi alle vostre capanne colla fronte alta,
« colla coscienza d'avere adempito ad un'opera grande. Come
« sarà affettuoso l'amplesso delle vostre donne inorgoglite di pos-
« sedervi accogliendovi festose nei focolari vostri! e voi conte-
« rete superbi ai vostri figli i perigli trascorsi nelle battaglie per
« la santa causa dell'Italia.

« I vostri campi, non più calpestati dal mercenario, vi sem-
« breranno più belli, più ridenti. Io vi seguirò col cuore nel tri-
« pudio delle vostre messi, delle vostre vendemmie; e nel giorno
« in cui la fortuna mi porgerà l'occasione di stringere ancora le
« vostre destre incallite — sia per narrare delle nostre vittorie,
« sia per debellare nuovi nemici della patria — voi avrete stretto
« la mano di un fratello. »

Palermo 13 Giugno 1860.

G. GARIBALDI (1)

Nello stesso giorno 13 Giugno, Garibaldi indirizzava anche ai
suoi legionarî le seguenti parole :

Cacciatori delle Alpi — Non è tempo di riposo !

« Molti dei nostri fratelli sono ancora nel servaggio e noi ab-
« biamo giurato di redimerli.

. « Sono quaranta giorni, voi lasciaste le sponde della Liguria,
« non per guadagni, non per ricompense, ma per battagliare a

(1) *Giornale Officiale di Sicilia* — 15 Giugno 1860.

« prò di oppressi Italiani. Soldati di Varese e di Como, il vostro
« sangue ha bagnato la terra della Sicilia, ove dormono molti
« dei nostri compagni, ove passeggiano molti dei nostri mutilati,
« ma ove rimbombano sulle orme nostre le benedizioni delle mol-
« titudini. In due battaglie, contro agguerriti soldati, voi avete
« stupito l'Europa. La libertà italiana posa sulle arruotate, sulle
« fatali vostre bajonette, ed ognuno di voi è chiamato a condurre
« la gioventù italiana a nuove pugne, a nuove vittorie.

« In rango dunque : tra poco voi tornerete agli agi della vita,
« agli amplessi dei vostri cari, alle carezze delle vostre donne.
« In rango tutti i soldati di Calatafimi, e prepariamoci ad ulti-
« mare l'opera magnifica, che avete cominciata. »

Palermo 13 Giugno 1860.

G. GARIBALDI (1)

Il Generale Garibaldi, mentre da una parte congedava lo squadre, il servizio delle quali anzichè utile avrebbe potuto essere dan-
noso a causa dell'elemento impuro esistente nelle loro file, dal-
l'altra parte faceva comprendere ai suoi legionari, che la loro
missione non era ancora compiuta, essendo essi destinati a condurre la gioventù italiana a nuove pugne e a nuove vittorie. La
organizzazione di un esercito di volontari, sottoposto alle leggi
della militare disciplina, era in cima ai pensieri di Garibaldi, e
nulla omise per raggiungere il suo scopo. La base di questo esercito doveva essere naturalmente costituita di quegli elementi di
già agguerriti per lunga pratica nei campi di battaglia. E di questi elementi si servì difatti per costituire il primo nucleo del suo
esercito, il quale, aumentandosi di giorno in giorno, raggiunse la
cifra di circa 26000 uomini.

Stabilitasi la formazione del nuovo esercito, sorse una doppia
questione; l'una sul nome da darglisi, l'altra sulla sua organizzazione. In quanto al nome, Garibaldi decise di darglisi quello di
Esercito Meridionale; relativamente poi alla sua organizzazione,
Sirtori preferiva la piemontese, Orsini la napoletana; prevalse

(1) *Giornale Officiale di Sicilia* — 15 Giugno 1860.

l'avviso di Sirtori, e l'esercito meridionale fu modellato su quello del Piemonte. Garibaldi, non uso a riposare su i suoi trionfi, aprì subito gli arrolamenti per formare la prima Divisione, e deliberò che si chiamasse 15ª *Divisione* per così continuare la numerazione delle Divisioni Sarde le quali ascendevano a quattordici.

Con decreto dell'8 Giugno 1860, il Generale Türr fu incaricato di organizzare la detta Divisione, composta di due Brigate, e ogni brigata di quattro battaglioni. Il comando della 1ª Brigata fu dato al Colonnello Bixio, quello della 2ª lo tenne Türr, che comandava altresì la intera Divisione. Capo di Stato Maggiore fu destinato il Maggiore Spangaro.

Appena fu aperto l'arrolamento, primi ad arrolarsi furono Narciso Cozzo, i due fratelli Rocco e Innocenzo Ricci Gramitto, i due fratelli Stefano e Giuseppe De Maria, Emanuele Notarbartolo di S. Giovanni e Pietro Jacona di S. Giuliano; io seguî il loro esempio. Molti altri giovani palermitani corsero anch'essi ad arrolarsi e fra questi Camillo Randazzo, colto e intelligente giovane, il quale, quantunque esile di corpo e debole di salute, con la forza del suo animo seppe sostenere le fatiche delle marce, e affrontare i varî combattimenti, ai quali prese parte da Reggio a Capua. Mentre seguiva nelle Calabrie le sorti della Divisione Türr, moriva in Palermo il padre suo, e da questa dolorosa perdita trasse argomento di scrivere un canto pubblicato nel 1861, che è modello di squisito sentire e di elevata poesia. Quel canto, rileggendolo dopo quarant'anni, desta nell'animo mio ammirazione per il giovane poeta, rapito agli amici e alla patria nel fiore degli anni, e mi rende nello stesso tempo malinconico, per l'impressione che mi producono quei bellissimi versi nei quali è trasfuso lo strazio di un figlio affettuoso profondamente addolorato di non avere potuto raccogliere l'ultimo respiro dell'amato genitore.

In tredici giorni, dall'8 al 20 Giugno, il primo nucleo della Divisione si era costituito in tre battaglioni comandati, rispettivamente, dai Maggiori Cossovich, Bassini e Acerbi; noi fummo ascritti alla 1ª compagnia del Battaglione Cossovich. Questi tre battaglioni costituivano la 2ª Brigata sotto gli ordini di Türr e furono i primi a partire da Palermo. Faceva anche parte della Brigata la compagnia estera (autonoma) comandata dal Capitano Wolf, e composta dei disertori dell'esercito borbonico, dei quali ho fatto di già menzione.

In questo periodo di tempo pervenne a Palermo la notizia che le navi della crociera napoletana avevano catturato i battelli l'*Utile* e il *Charles Georgy* — su i quali era imbarcata la spedizione del Maggiore Clemente Corte — e li avevano condotti a Gaeta. Si attendeva intanto da un giorno all'altro la spedizione Medici, che constava di circa due mila uomini ed era organizzata militarmente. Garibaldi, in seguito alla cattura della spedizione Corte, era molto preoccupato poichè temeva che pari sorte avrebbe potuta avere quella di Medici ove si fosse imbattuta nella crociera napoletana. Ma fortunatamente ciò non avvenne, e la preoccupazione del Dittatore fu tosto dissipata dallo sbarco della Brigata Medici sulla vicina rada di Partinico, e dall'annunzio del prossimo arrivo di Cosenz, il quale veniva anch'esso con un'altra Brigata.

La Brigata Medici era sbarcata il 20 Giugno, e lo stesso giorno partiva da Palermo quella di Türr per l'interno della Sicilia. Con questa partenza Garibaldi dava principio al suo piano, quello cioè di concentrare l'esercito meridionale nelle parti orientali dell'Isola, ancora occupate dalle truppe borboniche. Per raggiungere questo scopo divise le sue forze in tre colonne; Medici guidò la colonna di sinistra lungo il littorale, Türr quella di centro, Bixio quella di destra; obbiettivo delle tre colonne era Messina.

La seconda Brigata della 15ª Divisione partiva nelle ore pomeridiane del 20 Giugno, e arrivava a Misilmeri nelle ore della notte. Salutata con grande entusiasmo dalla popolazione di Palermo fu invece accolta in modo glaciale da quella di Misilmeri. Gli abitanti di questo paese, abborrenti dalla leva, avevano concepito il sospetto che nostra missione fosse quella di costringerli con la forza al servizio militare; di là ne era derivata la freddezza della loro accoglienza. Ma quando seppero che il loro sospetto era infondato, e che nelle nostre file si accoglierebbero soltanto coloro che volontariamente volessero arrolarsi, allora si rassicurarono e non ci tennero più il broncio. La missione di Türr, nel traversare l'interno dell'Isola, era quella di sedare parecchi disordini avvenuti in qualche Comune, e nello stesso tempo aumentare il numero dei suoi gregarî, spingendo i cittadini dei paesi per dove passava ad arrolarsi nella sua Brigata. Nulla ometteva il Türr per raggiungere lo scopo, e a fine di eccitare la emulazione nell'animo delle genti, additava, come esempio da imitarsi, quei giovani volontarî della sua Brigata, che, quantunque agiati e appartenenti alle primarie famiglie di Palermo, non avevano disdegnato di arrolarsi come semplici soldati e di sottoporsi a tutti gli stenti della vita militare. Le parole di Türr, mentre da un lato spingevano gl'isolani ad arrolarsi, dall'altro eccitavano la gelosia nei varî elementi continentali, che componevano la Brigata. Questi non avevano una grande simpatia per quei tali volontarî additati dal nostro Comandante come esempio, anzi ne erano gelosi. La loro gelosia, aumentandosi di giorno in giorno, fu causa di un fatto spiacevolissimo, che narrerò a suo tempo.

La Brigata, dopo due giorni di sosta in Misilmeri, nelle ore pomeridiane del 22 Giugno partiva alla volta di Ogliastro, e la notte bivaccava ad un miglio da questo paese. Sul far del giorno riprendeva la marcia, e verso le ore otto antimeridiane giungeva a Villafrate. In questo paese si fece una sosta di tre giorni a causa dello stato di salute del nostro Comandante. Questi, sin dalla partenza da Palermo, era tormentato dalla febbre; giunto a Villafrate ebbe varî sbocchi di sangue e la malattia si aggravò. Saputosi da Garibaldi lo stato di salute di Türr lo richiamò subito a Palermo e mandò il Colonnello Eber per surrogarlo. Il nuovo Comandante assumeva il comando della 2ª Brigata il 27 Giugno, e lo stesso giorno Türr ritornava in Palermo, da dove in seguito partiva per Aix-les-Bains.

Durante la nostra sosta in Villafrate accadde un fatto che è degno di nota. Un giorno si vide apparire nel paese un manipolo di sei uomini montati a cavallo, armati di fucili e guidati da un individuo dall'aspetto sinistro. Quando questo manipolo traversava il paese, eravamo in sulla via parecchi amici, e con noi vi erano pure il corrispondente della Illustrazione inglese *London News*, e *Sir* Dolmich.giovane ufficiale inglese, il quale, per semplice passatempo, era venuto in Italia, nello scopo di fare, come realmente fece, tutta la campagna del 1860 seguendo le sorti della Divisione Türr. Nel vedere quelle facce da patibolo noi tutti dicemmo: questi sono certamente briganti, sarebbe opera santa se tutti fossero arrestati. Così avvenne. Quei malfattori nel traversare Villafrate passarono sotto l'abitazione di Türr, ove per caso trovavasi affacciato ad un balcone Alessandro Dumas padre, che seguì la nostra Brigata sino a S. Caterina. L'attenzione dell'illustre romanziere francese, più che dalle orride fisonomie di quei sette briganti, fu attirata dalla gran quantità di pollame che penzolava dalle selle dei loro cavalli. E fu talmente viva la sua impressione, da non potersi astenere di comunicarla subito a Türr. Il Generale, quantunque sofferente e disteso sul letto, in seguito alla comunicazione fattagli da Dumas, ordinò al suo Aiutante di Campo, Tenente Carbone. di andare a vedere che cosa fosse quella banda armata. L'ufficiale, montato a cavallo, raggiunse la comitiva fuori del paese e, rivoltosi al capo di essa, gli disse di ritornare indietro per ricevere gli ordini del Generale. Il capo non voleva aderire; ma il Carbone, puntatogli il revolver al petto, lo costrinse a volgere la briglia, e lo condusse alla presenza di Türr. Appena questi lo ebbe visto esclamò:

— Tu sei Santo Mele?

— Non vi conosco, Generale.

— Ma io ti conosco benissimo, riprese Türr, e, ciò detto, ordinò che fosse arrestato.

Santo Mele era un malfattore che aveva fatto parte delle squadre siciliane. Egli aveva rubato la cassa delle squadriglie nelle quali erasi arrolato; aveva assassinato e derubato un orefice a Corleone e finalmente aveva incendiato un villaggio. Tutte queste sue imprese erano ben note al Generale, il quale indisse subito un Consiglio di Guerra sotto la presidenza del Maggiore Spangaro. Santo Mele negò recisamente tutte le accuse, e, per smentirle, presentò un fascio di certificati statigli rilasciati da varî Municipî, attestanti la sua onorabilità, il suo coraggio, e il suo patriottismo. Nessuna delle persone chiamate per testimoniare osò deporre a carico dell'accusato, tanto era grande lo spavento che egli incuteva in tutte quelle contrade. Il Consiglio di Guerra, non avendo potuto provare i fatti, rinviò Santo Mele a Palermo. Ma un altro Consiglio di Guerra, avendo raccolte le prove di tutte le scelleratezze commesse da quel furfante, lo condannò a morte e lo fece fucilare.

I tre giorni passati a Villafrate furono molto divertenti per noi otto volontarî. Eravamo bene alloggiati, mercè le cure del nostro carissimo amico Carmelo Agnetta, il quale, incaricato degli alloggiamenti, ne riserbava a noi i migliori. Pranzavamo benissimo, poichè Dumas si era preso volontariamente l'incarico della cucina di cui era intendentissimo. Compagni di pranzo eravamo noi otto volontarî, parecchi ufficiali di S. M., Carmelo Agnetta, il corrispondente della Illustrazione inglese, Sir Dolmich, e Dumas con la sua giovane ganza di nome Emma. Questa graziosa ed avvenente donnina indossava sempre vestiti da uomo, e possedeva l'arte speciale di recidere le teste alle mosche con un colpo di coltello. Era talmento addestrata in questa operazione, che mai falliva il suo colpo; ma la cosa più curiosa a vedersi era la precisione con cui recideva la testa di quelle bestie senza mai offenderne il corpo. Questo demonietto si abbandonava al suo prediletto esercizio, abbastanza sudicio, giusto quando ci sedevamo a mensa. Prendeva posto a fianco di Dumas, e mentre questi ci raccontava tante storielle facete, che ci mettevano in gran brio, ella si divertiva a tagliar le teste a quelle mosche che capitavano sotto la lama del suo coltello. Appena poteva disporre di una o due decollate, si affrettava a seppellirle in un bicchiere di vino, che offriva al suo amante invitandolo a bere alla salute di lei. Dumas, distratto lo tracannava sino all'ultima goccia, senza che si accorgesse di bere moscato invece di semplice vino del paese.

Dumas aveva molta simpatia per gli otto volontarî, e questi gliela ricambiavano non lasciandolo un solo momento in pace.

Egli scriveva tutta la giornata, meno le ore che dedicava alla cucina. Mentre era intento a scrivere, i volontarî gli stavano attorno, e anche la donnina gli stava accoccolata alle ginocchia; gli uni strepitavano e ridevano, l'altra, di tanto in tanto, dava un pizzico al suo amante, il quale pazientemente e col sorriso sulle labbra le diceva: *laisse moi tranquille mon enfant.* Dumas scriveva su foglietti di carta da lettere, e quando ne aveva riempito uno ne prendeva un altro, e così di seguito. Questi foglietti, senza alcuna correzione, li spediva al tipografo in Francia ove venivano stampati. È in tal modo che furono scritti, dal celebre romanziere francese, gli avvenimenti del 1860 in Sicilia.

In Villafrate, se ben mi ricordo, eravamo alloggiati nella casa del Conte Lucio Tasca ed occupavamo una grande sala in cui erano distesi per terra otto materassi con analoghi guanciali. Tutte le sere, prima di andare a letto, ci scaraventavamo a vicenda i guanciali gli uni sulle teste degli altri, e dopo una buona mezz'ora di combattimento, quando eravamo stanchi, ci addormentavamo. Dumas dormiva in una stanza attigua alla nostra, ed aveva un doppio letto con lenzuola—felice lui!—destinato ad accogliere lo scrittore e la sua ispiratrice. Le leggi di ospitalità non potevano essere più delicatamente disimpegnate. Ordinariamente Dumas andava a letto nelle prime ore della sera, in modo che noi entravamo nella nostra stanza dopo che Egli si era ritirato nella sua. Una sera però, essendo rientrato in casa dopo di noi, fu costretto passare per la nostra stanza giusto nel momento in cui i nostri guanciali volavano per aria. Mi pare ancora di vederlo, con quel gran testone irto di capelli arruffati, con una bugia accesa in una mano e un libro nell'altra. Appena si fu presentato sulla soglia della porta, un colpo di guanciale gli spense la bugia, e un altro lo colpì in piena testa. *Trève! Armistice!* Egli gridava ridendo; ma inutili invocazioni, poichè noi continuammo a fargli piovere addosso tutti i guanciali senza pietà, e lo costringemmo finalmente a ritirarsi.

Dopo un momento si riaprì la stessa porta per dove si era ecclissato, e lo vedemmo ricomparire tenendo in mano un bastone di scopa con in cima un tovagliuolo: *Messieurs, respectez le parlementaire*, ci disse in tuono serio–buffo. Il suo atteggiamento maestoso e le sue parole profferite con una comicità indicibile eccitarono in noi un tale brio da farci dimenticare i riguardi dovuti alla sua età e alla sua posizione. Del resto questi riguardi li avevamo già dimenticati sin dal momento in cui gli avevamo lanciati i guanciali addosso. In quel momento di allegria riboccante, femmo cerchio attorno a lui, e gridando *viva papà Dumas* lo accompagnammo trionfalmente nella sua stanza. Fu allora che guardandovi dentro, alla sfuggita, vi scorgemmo la vezzosa Emma, che, sganasciandosi dalle risa, si rotolava nel letto. Ella aveva assistito, a traverso il foro della toppa, a tutta la scena precedente, però, più che di questa scena, la furbacchiòla rideva di noi, indovinandone i segreti pensieri che ci agitavano. Dopo tal vista, rientrati nella nostra stanza, si presentò chiara e lampante alla nostra mente la realtà delle cose; penosa realtà per noi la quale provocò le consuete riflessioni e i soliti ragionamenti usi a farsi nella beata età della giovinezza tutte le volte che si parla di donne. In seguito a tanti stravaganti e inconcludenti discorsi, fummo costretti a convenire di una gran verità, quella cioè: che in quell'ora fisiologica, papà Dumas, quantunque nella maturità dei suoi anni, era molto più fortunato di noi, che eravamo nella pienezza della nostra gioventù. La presenza di una graziosa donnina nella stanza attigua alla nostra ci aveva scombussolati rendendoci malinconici e taciturni. Non avendo nulla da ottenere e nulla da sperare, ci rassegnammo alla nostra trista sorte, e, dopo di aver messo fuori un grosso e prolungato sospiro, ci lasciammo cadere su i nostri rispettivi materassi, e ci addormentammo.

Alle 5 pomeridiane del giorno 27 giugno, la brigata lasciava Villafrate e prendeva la strada di Roccapalumba. A notte inoltrata bivaccava nelle vicinanze di un antico castello denominato

Morgana, e il giorno seguente, ripresa la marcia nelle ore pomeridiane, giungeva a Roccapalumba. In questo paese riunivasi
alla Brigata il Battaglione Bassini, che il giorno 26 da Villafrate si era recato a Prizzi per liberare questo Comune da un'altra banda di malfattori simile a quella di Santo Mele. Il 29 alle
5 p. m. la Brigata si mise in marcia alla volta di Alia, e vi
pervenne a notte avanzata. Alle tre antimeridiane del giorno 30
moveva da Alia e giungeva alle 8 ant. a Vallelunga. Alle 5 p. m.
riprendeva la marcia per le alture di Landro, vi bivaccava la notte,
e ne ripartiva il 1.º luglio; nello stesso giorno arrivava a Santa
Caterina e vi rimaneva in riposo la intera giornata. Il giorno 2
da Santa Caterina ci recammo a Caltanisetta, ove fummo ben
lieti di sapere che vi saremmo rimasti qualche tempo. Dopo dodici giorni di marcia si sentiva da tutti il bisogno di riposo,
sopratutto da noi, che da una vita molle eravamo passati, di botto, ad una vita di stenti e di fatiche.

Le accoglienze che ci facevano tutti i paesi per dove passa-
vamo erano entusiastiche, ma quella di Roccapalumba superò di
gran lunga le altre. A due miglia dal paese ci venne incontro
un drappello di cittadini a cavallo con bandiera tricolore spiegata al vento. Altri drappelli di persone a piedi vennero pure
a darci il benvenuto gridando: *Viva Garibaldi e i suoi Garibaldini*. All'ingresso del paese fummo ricevuti dal Clero e dal
Municipio; le colline circostanti risplendevano di fuochi, le case
erano tutte illuminate. I soldati furono alloggiati nelle chiese e
negli edifizî comunali, ed ebbero pane e carne dal Municipio;
gli Ufficiali furono accolti festosamente nelle case delle notabi-
lità del paese. Anche a Caltanisetta avemmo festosa accoglienza;
le autorità e la Guardia Nazionale ci vennero incontro, e quando
entrammo in città gli applausi e gli evviva furono frenetici. La
truppa fu alloggiata nel convento dei Gesuiti, noi nel palazzo Villarosa, ove c'invitò Pietro Iacona di S. Giuliano. Noi eravamo al
colmo della gioia per le feste che ci erano state fatte, ma la nostra gioia fu avvelenata da un fatto spiacevolissimo, al quale ho
accennato più sopra, e che adesso racconto.

Il nucleo principale della Divisione Türr componevasi dei giovani che avevano fatto parte della legione dei mille. Essi avevano nel loro attivo la battaglia di Calatafimi e l'entrata in Palermo; molti di loro avevano anche pugnato a Varese e a S. Fermo. Tutti questi fatti gloriosi li avevano giustamente inorgogliti, però non davano a loro il diritto di guardare dall'alto in basso i nuovi volontarî, i quali non avevano ancora alcuna gloria militare da vantare. Per amor del vero non erano tutti così, anzi la maggior parte era gentilissima con noi, che nel nostro attivo avevamo soltanto i combattimenti alle barricate. Quelli con cui eravamo stati compagni al fuoco avevano stretto legami di amicizia con noi, gli altri invece ci trattavano sdegnosamente, e in ogni piccola occasione ci manifestavano la loro antipatia.

Durante la marcia da Palermo a Caltanisetta, le piccole cortesie usateci prima da Türr e poi da Eber, avevano eccitato la gelosia, e inasprite le antipatie. A Villafrate fummo costretti a risentirci aspramente con un ufficiale dello Stato Maggiore di Garibaldi, che si era mostrato poco amabile con noi; e sulle alture di Landro poco mancò che io e Narciso non venissimo alle mani con alcuni Garibaldini di bassa estrazione, i quali si erano permessi di lanciare parole insolenti contro i Siciliani in massa. Ma tanto il fatto di Villafrate quanto quello di Landro non ebbero spiacevoli conseguenze, perchè noi avevamo avuto la forza di mantenerci calmi e tranquilli, qualità che non possedevamo, ma delle quali femmo sfoggio in quell'occorrenza per carità di patria. L'antipatia, la invidia, e la gelosia, che si erano mantenuti in certi limiti tollerabili durante i dodici giorni di marcia, esplosero in tutta la loro forza in Caltanisetta, per una futilità.

Noi, per mezzo di Pietro Jacona di S. Giuliano, avevamo fatto la conoscenza del Barone Bordonaro, che se mal non mi appongo, era allora il Sindaco di Caltanisetta. Questi per fare un atto di cortesia ai Garibaldini, diede un ballo in loro onore e invitò Eber e tutti gli ufficiali. Noi fummo anche invitati, poichè il Barone ci conosceva personalmente, e perchè praticavamo seralmente la sua casa ove si passava il tempo conversando, facendo musica, e cantando a coro tutte le canzoni nazionali in gran voga in quei tempi. Questo invito fu il pomo di discordia lanciato nelle file della Brigata ; esso destò la suscettibilità dei nostri fratelli d'armi, i quali pretendevano di essere invitati tutti al ballo. Per questa strana pretesa si fu sul punto di venirne alle mani. Il loro ragionamento era questo : *gli otto volontarî invitati al ballo sono soldati come noi*; *noi dunque abbiamo il diritto come loro di avere l' invito*. Però non riflettevano che quand' anco Bordonaro avesse voluto invitarli non avrebbe potuto farlo, poichè la sua casa non aveva lo spazio sufficiente per accogliere i mille e più uomini che componevano la Brigata. Non riflettevano nemmeno che noi eravamo stati invitati non come Garibaldini, sì bene come amici di casa. Ma queste riflessioni, che i giovani educati e di senno tentarono d'insinuare a coloro che lo avevano perduto, valsero a nulla, e i nostri avversarî, restando irremovibili nelle loro idee , la sera del ballo fecero una dimostrazione eclatante, gridando : *abbasso gli aristocratici*.

Gli aristocratici eravamo noi, che trattavamo tutti con la massima cordialità, che dormivamo per terra come tutti gli altri, e che ordinariamente eravamo più sporchi degli altri. Ho accennato a questa ultima particolarità, poichè, a mio avviso, fu la vera causa che fece esplodere lo sdegno dei nostri compagni contro di noi. In Caltanisetta pensammo subito a ripulirci, e, mettendo da parte i nostri vestiti luridi e polverosi per le lunghe marce, indossammo, ognuno di noi, una tunica di panno rosso stretta ai fianchi da un cinturino di pelle lucida da cui pendeva giù la bajonetta. Invece dei pantaloni di panno bigio ne adottammo altri di tela bianca, e alle scarpe ordinarie sostituimmo stivalini di pelle lucida. Ora quei cari nostri commilitoni, più che dei riguardi usatici dai Comandanti della Brigata, si erano indisposti dei nostri vestiti decenti e puliti. Eglino credevano, in buona fede, che sotto quelle spoglie non potesse battere cuor da soldati, e imbevuti di questa falsa idea, ci consideravano quali zerbinotti e quali vagheggini. Le nostre tuniche di panno rosso e i nostri pantaloni bianchi avevano conturbato la loro esistenza ; ma ciò che fece traboccare la coppa, già colma di gelosia e d'invidia, fu il nostro invito al ballo Bordonaro. Questo invito esacerbò l'animo dei nostri fratelli, i quali non sapendo più frenare il loro dispetto, lo manifestarono apertamente sollevandosi contro di noi.

Era giunta la sera del ballo, e noi eravamo completamente al buio della cospirazione, che si era ordita contro di noi ; nè potevamo, del resto, averne alcun sentore, visto che i nostri amici continentali, per eccesso di delicatezza, non ce ne avevano mai parlato. Fra questi si era molto affezionato a noi un simpatico giovane milanese dei mille, di nome Margarita, il quale non essendo riuscito a dissuadere quel nucleo di arrabbiati di ribellarsi contro di noi, era venuto a casa nostra per avvertirci di quanto accadeva in quel momento. Povero giovane era emozionatissimo e profondamente addolorato della indegna manifestazione dei suoi antichi compagni d'armi ; nè si stancava di deplorare quei dissensi, che, in tutti i tempi, erano stati la caratteristica degli Italiani. Invocando il nome della patria, Egli ci scongiurava di rinunziare al ballo, per evitare scene dolorose, che avrebbero potuto accadere ove ci fossimo ostinati nella nostra risoluzione. Noi, pur ringraziando il nostro amico, gli femmo riflettere l'impossibilità in cui eravamo di potere appagare il suo desiderio ; poichè se noi non ci fossimo recati al ballo, avremmo affermato e messo il suggello alla falsa opinione che i nostri rispettabili avversarî avevano di noi. Stando così le cose, sarebbe stata stupidaggine la nostra se non avessimo profittato della occasione favorevole, che essi stessi ci offrivano, per dimostrare che, quantunque in otto, non temevamo le loro ire e le loro minacce. Tanto peggio per loro, dicemmo infine, se ci aggrediranno, noi ci difenderemo con le nostre baionette e sapremo restare fermi al nostro posto ; così almeno si ricrederanno una volta per sempre del loro errore ed apprenderanno meglio a conoscerci. Margarita non ebbe che rispondere alle nostre parole, e lasciatosi cadere su di una sedia ci disse : avete perfettamente ragione.

Le grida di quei forsennati, intanto, erano pervenute alle orecchie dei volontarî palermitani arrolati nella Brigata. Questi, in gran parte cocchieri, servidori, giovani di caffè e di bottega, e popolani di ogni genere, avevano una gran devozione per i Signori di Palermo in generale, e particolarmente per noi, con cui da parecchi giorni avevano vissuto la medesima vita. Il grido di sedizione inalzatosi contro di noi ferì il loro amor proprio più di quanto non avesse ferito il nostro, e senza dare campo alla riflessione si riunirono immediatamente e corsero alla nostra abitazione con proposito determinato di menar le mani contro i dimostranti. Il loro arrivo nella corte del Palazzo Villarosa ci fu annunziato da un gridìo confuso, che noi credemmo provenisse dai nostri avversarî venuti sotto le finestre della nostra abitazione. Margarita si precipitò giù per le scale per vedere di che si trattasse, ma risalito un momento dopo, ci disse: quel gridìo essere proveniente dai volontarî palermitani i quali desideravano parlarci. Scendemmo subito giù, e fummo sorpresi di trovare quasi un centinaio di uomini risentiti dell'oltraggio, che si faceva ai loro Signori, e pronti a sciorre con la forza la dimostrazione. Noi ringraziammo quei nostri conterranei per la prova che ci davano della loro devozione, ma nello stesso tempo dimostrammo e femmo comprendere, che il loro zelo era inopportuno. *Se veramente*, soggiungemmo, *avete affezione e rispetto per noi, dimostratecelo rientrando subito in caserma senza fare il benchè menomo schiamazzo.* Durammo fatica per persuaderli di starsi tranquilli, ma a furia di buone parole riescimmo a calmarli, e così potemmo scongiurare il triste e doloroso spettacolo di una colluttazione fra Italiani del settentrione e Italiani del mezzogiorno.

Messo un riparo provvisorio alla esplosione del momento, pensammo seriamente di porne uno duraturo, per così eliminare radicalmente ogni ragione di novelli attriti nella Brigata. La causa del dissenso essendo noi, occorreva assolutamente che noi stessi ci sagrificassimo; e ciò femmo immantinente senza esitare un solo istante.

Appena avemmo dato termine al nostro abbigliamento, che dava

tanto su i nervi dei nostri fratelli, ci avviammo al ballo. Giunti
a casa Bordonaro, vi trovammo ai fianchi del portone, schierati,
a destra e a sinistra, quei tali Garibaldini, che un'ora prima avevano gridato: *abbasso gli aristocratici*. Noi passammo in mezzo
a loro a passi lenti e misurati, guardandoli senza jattanza, ma
con sguardo fermo e risoluto. Non una voce, non un gesto contro
di noi. Entrati nelle sale dell'appartamento Bordonaro, femmo i
nostri ossequî alle gentili padrone di casa, e, immediatamente dopo, ci presentammo al colonnello Eber, che avevamo scorto in fondo alla sala da ballo. Egli era stato di già informato
di tutto, e appena ci fummo accostati a lui, prima che noi a-
vessimo aperto bocca, ci esternò il suo rincrescimento per il
fatto accaduto, e il suo fermo proposito di punire severamente,
con tutti i rigori delle leggi militari, i promotori della piccola
sommossa. Noi, pur ringraziandolo della sua cortesia, gli femmo
riflettere che i rigori militari non avrebbero spento gli attriti,
anzi li avrebbero accresciuti; e che il solo mezzo radicale di fare
scomparire ogni dissenso era quello di allontanarci dalla Brigata.
A tale scopo, lo pregavamo di rilasciarci i congedi con gli analoghi fogli di via per fare subito ritorno in Palermo; sicuri che in
seguito a questa nostra risoluzione gli spiriti si sarebbero calmati.

Eber, con parole gentili, si oppose alla nostra domanda, e per
invogliarci a rimanere nella sua Brigata ci ripetè, che nulla
avrebbe omesso per mettere a posto i sediziosi, soggiungendo che
noi avremmo avuto una eclatante riparazione. Ad onta di queste
lusinghiere promesse, noi restammo saldi nella nostra risoluzione,
e dopo lungo discutere, riescimmo finalmente a convincerlo che
tutte le misure di rigore sarebbero state dannose anzichè utili,
e in quei momenti in cui si aveva un nemico da combattere,
sarebbe stato delitto di lesa patria il nostro, se spinti da un falso
amor proprio avessimo voluto anteporre all'interesse generale
il risentimento individuale. Eber, quantunque a malincuore, dovette cedere alla forza dei nostri ragionamenti, e ci rilasciò i
congedi con gli analoghi fogli di via. Anche il Capitano di Stato
Maggiore Luigi Niederhaüsern — di cui ho già parlato nella pri-

ma parte di questi ricordi — per i legami di amicizia contratti con noi, chiese ed ottenne il suo congedo, e tutti assieme partimmo alla volta della Capitale.

Durante il viaggio da Caltanisetta a Palermo, ci occupammo seriamente della posizione, che gli avvenimenti ci avevano creata, e dei mezzi da scegliere per ripararla. Scopo principale cui unanimemente miravamo, era quello di trovarci tutti presenti al primo fatto d'armi che, presto o tardi, doveva imprescindibil-mente avvenire. Prendere parte attiva a un combattimento in aperta campagna era il nostro sogno dorato; a realizzare questo sogno furono rivolti tutti i nostri intenti. La presenza di Nie-derhaüsern fra noi ci suggerì l'idea di reclutare un battaglione di bersaglieri, affidarne a lui il comando, ed esserne noi gli Uf-ficiali. Questa idea ci sorrise e l'abbracciammo con entusiasmo. Difatti se noi fossimo riesciti a mettere assieme un battaglione, avremmo potuto renderci più utili al paese, e nello stesso tempo avremmo avuto maggiore occasione di distinguerci. Da semplici volontarî non rappresentavamo che otto bajonette; da Ufficiali ne avremmo invece potuto rappresentare da trecento a quattrocento. Felici di questo progetto, fatto strada facendo, ci sentimmo totalmente sgravati dall'incubo che ci opprimeva.

Giunti a Palermo, fui delegato dai miei amici di presentarmi al Generale Orsini, allora Ministro della Guerra, a fine di esporgli il nostro progetto. Accettai con lieto animo l'incarico affidatomi e il giorno stesso del nostro arrivo nella Capitale, mi recai al Palazzo Reale, ove aveva sede il Ministero della Guerra, e mi presentai al Ministro. Prima di tutto gli narrai per filo e per segno quanto era accaduto in Caltanisetta, e poi gli esposi il nostro progetto. Mi affrettai a soggiungere, però, che se prima, o durante la formazione del Battaglione, fossero ricominciate le ostilità, noi avremmo abbandonato ogni cosa, per correre da sem-plici soldati sul campo di battaglia. Il Ministro lodò da cima in fondo la nostra condotta tenuta in Caltanisetta, e anche prima;

accettò senza esitare la nostra proposta, e ne accolse anche la clausola con parole di encomio, dicendo : che Egli comprendeva benissimo il nostro ardore e la nostra impazienza di andare al fuoco. Il giorno dopo il mio abboccamento col Ministro, venne fuori il Decreto, che nominava Maggiore il Niederhaüsern, coll'incarico di reclutare un Battaglione Bersaglieri in Provincia di Caltanisetta, e di proporre, nello stesso tempo, al Ministero della Guerra, gli ufficiali che dovevano farne parte. Niederhaüsern propose, e il Ministro nominò : Emanuele Notarbartolo di S. Giovanni, capitano ; Narciso Cozzo, Corrado Valguarnera di Niscemi, Innocenzo Ricci Gramitti, F. Brancaccio, luogotenenti; Pietro Jacona di S. Giuliano, Giuseppe De Maria, Pietro Gamelin e altri di cui non ricordo i nomi, sottotenenti. Emanuele Notarbartolo, allievo della scuola d'Ivrea nel 1859, era stato ammesso nell'esercito piemontese col grado di Sottotenente. In seguito all' entrata di Garibaldi in Palermo, chiese ed ottenne le sue dimissioni, e venne in Sicilia. Fu lui che diede le prime istruzioni militari a tutti noi che ignoravamo fin l'abbicì del mestiere delle armi. Noi eravamo al colmo della gioia per avere ottenuto tutto quello che desideravamo; una volta appagati i nostri voti, non ci restava altro da fare che prepararci alla partenza, e questo femmo con molta premura.

Il 10 Luglio Palermo fu in festa per l'arrivo inaspettato del Veloce, battello a vapore da guerra napoletano, comandato dal Conte Anguissola. Questi, abbandonata la causa dei Borboni, da Messina condusse il legno a Palermo, e lo mise a disposizione di Garibaldi e della causa italiana. Oggi non voglio entrare nell'ardua discussione, se l'atto dell'Anguissola, considerato dal doppio punto di vista cittadino e militare, sia stato degno di lode o di biasimo, è certo però che allora produsse grandissimo entusiasmo. Il Veloce era stato acquistato nel 1848 dal libero Governo di Sicilia, ed aveva avuto il nome di Indipendente. Sequestrato in Marsiglia nel 1849 dal Governo borbonico fu chiamato il Veloce, e venuto nel 1860 sotto il vessillo italiano fu ribattezzato col nome di Tukery (1) per onorare la memoria del

(1) Decreto del 16 Luglio 1860. (Giornale Off. di Sicilia medesima data).

Maggiore ungherese ferito a Porta di Termini il 27 Maggio, e morto in Palermo il 7 Giugno 1860.

Il nostro Maggiore ci aveva intanto comunicato l' ordine di partenza per Caltanissetta, e noi lo avremmo eseguito con gran piacere, se circostanze, da noi prevedute, non ci avessero chiamati altrove. Il giorno fissato per la nostra partenza era il 19 Luglio; ma il giorno 18 Garibaldi aveva lasciato Palermo ed aveva ceduto la piena autorità dittatoriale al Generale Sirtori, Capo dello Stato Maggiore dell' Esercito Nazionale. Questi nell'annunziare ai Palermitani la sua prodittatura, soggiungeva: che Garibaldi era partito per mettersi alla testa del nostro esercito che operava in Provincia di Messina. Un tale annunzio ci aveva di già messi in orgasmo; ma quando il giorno 19 vedemmo affissi alle cantonate varî avvisi in cui si diceva : che il *Tukery* salpava per Patti e accoglieva tutti i volontarî che volessero raggiungere Garibaldi, non esitammo più un istante, e recatici immantinente in casa del nostro Maggiore lo invitammo ad imbarcarsi assieme a noi. Questi, però, invece di accogliere il nostro invito, come avrebbe dovuto, ci rispose con gran sussiego: *che l'ordine del Ministro della Guerra era quello di dovere partire per Caltanisetta, e a quello dovevamo attenerci strettamente.* Allora io presi la parola e gli dissi: *Signor Maggiore, noi recandoci al campo manteniamo l' impegno preso con lo stesso Ministro della Guerra quando io, in nome dei miei amici, lo pregai di conferire a Lei il grado di Maggiore affidandole l'incarico del reclutamento e dell'organizzazione d'un battaglione bersaglieri. Mi son permesso di ricordarle questo fatto, perchè Ella rifletta bene a quel che fa.*

Detto ciò, volgemmo le spalle, e via. Dalla casa di Niederhaüsern ci recammo al Casino dei Minnunisti, e ivi scrivemmo le nostre dimissioni motivate, dicendo: *che rinunziavamo ai nostri rispettivi gradi, per correre da semplici soldati ove il dovere ci chiamava.* Fatto un pacco delle nostre dimissioni, lo spedimmo al Maggiore, e noi corremmo subito ad imbarcarci.

Degli otto amici, che ci eravamo arrolati nella Divisione Türr, mancarono due all'imbarco, perchè assenti da Palermo, non mi ricordo per quali ragioni. I partenti sul Tukery fummo, io, Narciso Cozzo, Emanuele Notarbartolo di S. Giovanni, Stefano de Maria, Rocco Ricci-Gramitto, e Pietro Iacona di S. Giuliano. Assieme a noi s'imbarcarono altri cento e più uomini. Si salpò dalla rada di Palermo nelle ore meridiane del 19 Luglio, e si giunse a Patti verso sera. Appena fummo sbarcati prendemmo una carrozza e ci femmo trasportare a Barcellona, ove ricevemmo cortese e cordiale ospitalità dai fratelli Picardi. Il dimani, 20 Luglio, all'alba riprendemmo la medesima carrozza che ci aveva trasportati da Patti a Barcellona, e ci avviammo alla volta di Milazzo.

Erano le sei del mattino, e il rombo del cannone ci annunziava che la battaglia era di già cominciata. Giunti alle prime linee dei nostri, scendemmo di carrozza, e appena fatti pochi passi c'imbattemmo nel Maggiore Dunn, comandante un battaglione anglo-siculo. Gli chiedemmo cartucce, di cui soffrivamo gran penuria, ed Egli stentatamente ce ne fece distribuire venti per uno, che unite a quelle che avevamo non raggiungevano la cifra di trenta. Erano poche, ma a noi sembravano molte. Chiedemmo al Maggiore inglese la direzione di marcia per arrivare al più presto possibile sul campo di battaglia, ed Egli ci additò una via di campagna, che conduceva ad un posto chiamato la *Cuntura*. Ci avviammo allegri e contenti, seguendo la direzione indicataci da Dunn, e a misura che procedevamo nella nostra marcia si sentiva sempre più distinto il fuoco di moschetteria. Avevamo percorso circa un chilometro, quando c'imbattemmo in una torma di varî feriti e non feriti, i quali si ritiravano dal combattimento. Uno di loro gridava come un ossesso per una ferita dolorosissima prodotta da una palla di fucile, che gli aveva portato via due dita della mano sinistra. Le notizie che ci diedero quei nostri fratelli toscani, appartenenti al battaglione Malenchini, non erano invero incoraggianti, ma noi senza dare ascolto ai loro consigli di ritornare indietro, continuammo la nostra via a passo di corsa, gridando: *Viva Garibaldi.*

Arrivammo in una fattoria, che trovammo occupata militarmente da due compagnie di Garibaldini comandate da due ufficiali napoletani. Anche questi ci dissero che le cose volgevano a male per noi, e ci esortarono a rimanere con loro, per difendere quella posizione che sarebbe stata certamente attaccata. Ma noi femmo orecchie da mercante, e preferimmo andare avanti. Finalmente pervenuti alla svolta della strada fummo salutati da un colpo di mitraglia, che, richiamandoci alla realtà delle cose, smorzò alquanto i nostri spiriti bollenti. A quello inaspettato saluto, ci lanciammo istintivamente nei giardini che fiancheggiavano lo stradale. Fortunatamente per noi, quando fu tirato il colpo di mitraglia, al quale ne seguì subito un secondo, noi ci trovavamo in un punto in cui vi erano due aperture, l'una dirimpetto all'altra, praticate nelle mura che s'inalzavano lungo la via da ambi e due i lati. Per l'apertura di sinistra potemmo introdurci in un giardino ove trovammo una ventina di Garibaldini stesi in catena di cacciatori, ginocchio a terra, che combattevano da dietro una siepe. Noi senza saperlo, eravamo giunti alla *Cuntura*, e fu in questo luogo, indicatoci da Dunn, che tirammo le nostre prime fucilate in quella giornata.

Nell'entrare nel giardino avevamo notato un giovane adolescente, dai quattordici ai quindici anni di età, che faceva con calma il suo bravo colpo di fuoco. Appena questo giovane ci ebbe visti, ci sorrise con un sorriso di compiacenza; allora noi gli chiedemmo chi fosse, ed Egli ci rispose:

— Non si ricordano di me? Io sono il garzone del caffè Oreto, e varie volte ho avuto l'onore di servire a lor signori i gelati.

Che caro giovanotto, non si distaccò da noi un solo momento in tutta la giornata, e seguì le varie fasi del combattimento con mirabile coraggio e disinvoltura.

Il combattimento era abbastanza caldo; ma, in quel limitato recinto ove combattevamo, non si risolveva nè prò nè contro di noi. Stavano così le cose, quando Stefano de Maria, che pari a noi covava nel cuore il risentimento ed il dispetto per i fatti di Caltanisetta, rivoltosi ad un gruppo di Garibaldini, appostati nella parte opposta della strada, che separava la loro dalla nostra posizione, disse in tuono sarcastico: *fratelli per mirare bene il nemico occorre mettersi in mezzo alla strada; dal vostro posto non si può tirare con successo.* Detto ciò, uscì fuori del giardino e si spinse nel centro dello stradale, in fondo al quale c'era il cannone che aveva salutato il nostro arrivo sul campo di battaglia. Il De Maria, con gran calma, spianò il suo fucile, e dopo di avere tirato il suo colpo rientrò nel giardino per ricaricare l'arma. Il suo esempio fu seguito, naturalmente, da tutti noi, i quali, uno alla volta con ordine successivo, ripetemmo la medesima scena. I Garibaldini, che erano alla nostra destra oltre la strada, avevano assistito muti alla nostra millanteria; ma uno di loro, giovane ventenne, ruppe finalmente il silenzio e disse: *anche noi siamo buoni a fare quel ehe voi avete fatto*, e ciò dicendo si avanzò nel centro dello stradale; ma non aveva ancora spianato il suo fucile, che colto da una mitragliata in pieno ventre stramazzò per terra sfracellato. Povero giovane! per avere voluto imitare la nostra folle condotta perdette la vita; il suo nome era Ulisse, la terra dove era nato Firenze. Avremmo meritato noi tutti la medesima sorte del disgraziato Ulisse se vi fosse stata giustizia divina, ma non fu così; uno di noi soltanto ricevette una palla fredda alla congiuntura del braccio sinistro con la spalla. L'urto del projettile gli aveva cagionato una forte contusione; ma gli amici, quando la videro, esplosero in una gran risata, caratterizzando quella contusione come l'effetto di una carezza della donna amata, anzichè di una palla. Tale fu l'apprezzamento di quei giovani scapati mentre combattevano; ciò dimostra quanto grande fosse la loro spensieratezza, e quanto inesauribile il loro brio anche nei momenti i piu serî della vita. Quei giovani erano privi di cervello, ciò è pur troppo vero; ma non è men vero che alla Cuntura non si sarebbero tanto millantati se non vi fossero stati i precedenti di Caltanisetta. La millanteria fatta a furia di chiacchiere è una buffonata, ma finisce di essere tale quando si fa di fronte a un pericolo reale. Quello era il momento opportuno di smentire con i fatti l'ingiusto giudizio scagliato contro di loro in Caltanis-

setta, e sarebbe stata colpa imperdonabile se avessero fatto sfuggire quella opportunità. Giovani come erano e senza responsabilità
di comando, con la loro pazza condotta non compromettevano le
sorti della giornata, ma rischiavano soltanto la loro vita, nel santo
scopo di cancellare un oltraggio; e lo cancellarono di fatti. Quando
si seppe nella Brigata Eber che noi eravamo stati alla battaglia di
Milazzo, si esagerarono i fatti, come accade sempre in tempo di
guerra, e corse fin la voce, che vi fossero morti e feriti nel nostro piccolo manipolo. Eber colse questa occasione per scrivere un
ordine del giorno molto lusinghiero per noi, e quando da Messina
andammo all'incontro della Brigata, che veniva da Catania, fummo accolti con grande espansione di animo da quei legionarî stessi
che a Caltanissetta avevano gridato: *abbasso gli aristocratici*.
Abbracci e strette di mano veraci e cordiali, tolsero ogni ran-
core e cancellarono completamente il malinteso, che, per un momento, aveva messo il dissidio nella Brigata. Chiedo venia al lettore, di questa breve digressione, e ritorno subito alla narrazione
dei fatti che seguirono il combattimento della Cuntura.

Le cose andavano male per noi; il fuoco aumentava sempre più
da parte del nemico e diminuiva sensibilmente da parte nostra;
e quel che peggio si cominciava ad avvertire il fischio delle palle
nemiche provenienti non solo dal nostro fronte di battaglia, ma
anche dal nostro fianco sinistro. Era evidente che stavamo per
essere avvolti. Dato uno sguardo alla nostra destra non vi scorgemmo anima viva; nel nostro piccolo recinto non c'era un ufficiale che ci guidasse, eravamo soli in mezzo ad una furia di
palle che miagolavano alle nostre orecchie incessantemente. Tutti
vedevamo la necessità di ritirarci, ma nessuno osava farne la
proposta; fu allora che unanimamente inalzammo a nostro capo
Emanuele Notarbartolo di S. Giovanni, che, come ho dianzi detto,
era stato ufficiale nell'esercito piemontese. Egli accettò il comando del piccolo manipolo, e ordinò subito la ritirata.

Per evitare lo stradale e le mitragliate, che avremmo potuto
avere nella schiena, dal giardino in cui eravamo passammo in
un vasto vigneto che era alle nostre spalle. In fondo a questo

campo di viti sorgeva una casa imbiancata di fresco, che noi avevamo osservata dalla Fattoria ove ci eravamo fermati, per alcuni
istanti, prima che ci fossimo recati alla Cuntura. Prendemmo come
punto di direzione la detta casa, oltre alla quale eravamo sicuri di trovare le due compagnie che occupavano la Fattoria.
Riunirci a queste due compagnie e seguirne le sorti, fu la
nostra decisione, e ci affrettammo a metterla in opera. A misura,
però, che ci approssimavamo alla casa bianca, oltre alle palle che
ci venivano alle spalle, cominciammo ad udirne qualcuna che ci
veniva di fronte. Credemmo i nostri avessero occupato quella
casa, e, non discernendo in lontananza se noi fossimo Garibaldini
o soldati di Bosco, tirassero inconscientemente qualche fucilata
al nostro indirizzo. Ad ovviare un tale equivoco, mettemmo i
nostri berretti in cima alle baionette e gridammo: *Viva Garibaldi*. Non lo avessimo mai fatto, al nostro grido fu risposto con
una scarica di fucilate, alla quale, senza interruzione, fece seguito la seconda, e la terza. Se avessimo avuto le ali alle piante,
non avremmo potuto con maggiore sveltezza saltare il muro, non
basso, che s'inalzava alla nostra sinistra tra il vigneto e lo stradale. Fatto il salto ci trovammo sulla medesima via che avevamo
percorsa alquante ore prima; ci contammo subito, e fortunatamente nessuno mancava all'appello, tutti eravamo illesi; decisivamente in quella giornata le palle ebbero per noi grandissimo
rispetto. Noi eravamo capitati, senza saperlo, all'estrema sinistra della nostra linea di battaglia, la quale si estendeva verso la
spiaggia detta di S. Pepino. Più tardi avemmo conoscenza che Bosco aveva rivolto le sue maggiori forze contro quest'ala, nell'intento di avvolgerla e sopraffarla. Se non ci fossimo ritirati a
tempo dalla Cuntura, saremmo irremissibilmente caduti in trappola.

Si giunse finalmente alla desiata Fattoria, e ivi trovammo le
due compagnie distese in catena lungo un basso muro di campagna, il quale dallo stradale s'estendeva sino alla spiaggia di
S. Pepino. Questo muro segnava il limite fra il campo di viti,
che avevamo in parte traversato, e l'altro in cui avevamo preso
posizione. Dei due ufficiali, che comandavano le due compagnie,

l'uno lo trovammo sul comignolo di una casa osservando col suo binocolo il nemico che si avanzava, l'altro era già, con un trombettiere al fianco, disponendo i soldati all'imminente attacco. Da questo ufficiale ci fu riferito: che molti della colonna Malenchini, messi a sbaraglio, si erano ritirati dal campo di battaglia. Le due compagnie, alle quali noi ci eravamo aggregati, appartenevano al corpo di riserva, sotto gli ordini del Generale Cosenz.

Il nostro piccolo manipolo, guidato da Emanuele Notarbartolo di S. Giovanni, prese posto all'estrema sinistra delle due compagnie di riserva, e si stese in catena verso la spiaggia, che distava da noi un centinaio di passi. Io ero al fianco di Narciso, e tutti e due, ginocchio a terra e fucili pronti, attendavamo l'ordine di cominciare il fuoco. Dopo una mezz'ora di aspettativa, l'ufficiale, che avevamo trovato in vedetta sul comignolo di una casa, ne discese e percorrendo il fronte di battaglia ci avvertì: che il nemico era prossimo e fra breve ci avrebbe attaccati. Raccomandò sopratutto di non aprire il fuoco se non quando la tromba ne avesse dato il segnale. Raccomandazione utilissima fu quella, poichè le carabine nemiche avevano una portata più estesa dei nostri orribili fucili, e se noi avessimo risposto al fuoco dei Cacciatori di Bosco a lunga distanza, avremmo sprecato inutilmente le nostre munizioni, senza recare alcun danno al nemico. Intanto le palle borboniche cominciavano a fischiare nelle nostre orecchie; però non si scorgevano ancora i soldati, che ce le inviavano, perchè coverti dalle piante e dalle ondulazioni del terreno; ma dopo pochi istanti li vedemmo finalmente apparire. Essi procedevano lentamente distesi in fitta catena, e facendo fuoco marciando; noi, in esecuzione degli ordini ricevuti, non rispondemmo al fuoco; ma quando la nostra tromba squillò il segnale da noi atteso febbrilmente, le nostre prime fucilate partirono. Appena avemmo aperto il fuoco i Napoletani si arrestarono, e presero posto dietro agli alberi e alle piante, che offrivano loro un riparo; parecchi di loro, che non avevano trovato un riparo, combattevano ginocchio a terra in aperta campagna; il loro contegno, era stupendo, e destava in noi grandissima ammirazione.

Si combatteva da circa un'ora senza che le due linee combattenti avessero dato un passo avanti dalle loro rispettive posizioni. Nelle nostre file si udiva di tanto in tanto qualche voce incitante i nostri ufficiali a dare l'ordine della carica alla baionetta, ma gli ufficiali rispondevano, di non essere giunto ancora il momento, e insistevano che si continuasse il fuoco di piè fermo, si mirasse bene, e non si facesse spreco inutile di munizioni. Narciso Cozzo e io avevamo preso di mira un soldato borbonico, che ci stava di fronte sin dall'inizio del combattimento, senza che avessimo potuto riescire a colpirlo, ad onta delle varie palle spedite al suo indirizzo. Narciso era imbestialito di questo fatto, e nella furia di accelerare la carica del suo fucile dimenticò di ritirarne la bacchetta dalla canna. Per questa inqualificabile dimenticanza quando partì il colpo, partì con esso anche la bacchetta. Rimasto il mio amico col fucile senza bacchetta, pretendeva che io gli cedessi la mia; e per avvalorare la sua strana pretesa, diceva: che la mia omiopla non mi avrebbe mai fatto cogliere nè quel tale soldato che ci stava di fronte, nè alcun altro di essi. Egli era più miope di me e intanto voleva sostenermi che le mie fucilate andavano a vuoto, mentre le sue colpivano tutte nel segno. Ma visto che nulla aveva potuto ottenere con le parole, passò ai fatti, e tentò di strapparmi la bacchetta; allora tra me e lui si fece a tira tira, Egli per impadronirsene io per non cedergliela. Il nostro contrasto, fanciullesco e inopportuno, fu interrotto dal rombo di varie cannonate venienti dal mare e dirette sull'ala destra dei regì. In seguito a queste cannonate si udirono varî squilli di trombe nel campo nemico, i quali furono subito compresi dai nostri due ufficiali, che avevano servito nell'esercito napoletano. Il segnale dato dalle trombe borboniche aveva ordinato ai Cacciatori di Bosco la ritirata a passo di corsa; invece, quello dato dalle nostre trombe ordinava ai legionarî di Garibaldi di prepararsi all'attacco. Appena le nostre trombe ebbero dato il primo segnale, di *Attenti per l'attacco*, tutta la linea dei nostri si rizzò in piedi, e quando squillò il secondo segnale di *Attacco alla baionetta*, si precipitò sul nemico in riti-

rata, al doppio grido di *Savoia! Urrà!* Io e Narciso, gridando
anche noi *Savoia!*, volgemmo i nostri passi in direzione di quel
soldato, che ci aveva fatto consumare varie cartucce. Era strano
però, mentre tutti i suoi compagni si erano ritirati, Egli rima-
nesse fermo al suo posto senza che tirasse più una fucilata. Ma
grande fu il nostro stupore, grandissima la nostra mortificazione
quando al posto dell'intrepido soldato trovammo un tronco d'albero mozzato all'altezza di un uomo. Dietro a questo riparo c'era
stato certamente un cacciatore napoletano, che aveva fatto fuoco
durante il combattimento; ma noi, che non vedevamo chiaro a dieci
passi di distanza, avevamo preso il tronco d'albero per soldato,
e ne avevamo ammirato il coraggio e il sangue freddo per averlo
visto pugnare a petto scoverto senza profittare dei ripari che
offriva il terreno. Il pensare che tanta ammirazione si era de-
stata in noi, per un tronco di albero, mi umilia anche adesso;
questo fatto, per la sua comicità, eccitò l'ilarità nei nostri amici,
ed io e Narciso fummo, per molto tempo, il bersaglio di tutte
le loro cansonature. Si corse ancora per qualche tempo, senza
che si potesse raggiungere il nemico; finalmente stanchi, sfiniti,
assetati, e grondanti sudore, ci lasciammo cadere giù sul greto
di un torrente. Ivi trovammo molti Garibaldini, fra i quali parecchi carabinieri Genovesi, distesi per terra, ansanti dalla fatica. Lo scoppiettio delle fucilate era cessato; di tanto in tanto
si udiva soltanto qualche colpo di cannone tirato dal castello di
Milazzo.

Di quanto si era svolto attorno a noi, durante la giornata,
nulla avevano capito; ma sopratutto non sapevamo renderci conto
di quell'istantaneo cambiamento delle nostre sorti, nè potevamo
comprendere come quella fitta linea di Cacciatori napoletani, mentre stava pugnando con tanto valore e tanta fermezza, si fosse
ritirata precipitosamente, senza che noi l'avessimo attaccata.

Sdraiati sul greto del torrente, mezzo svegli e mezzo addormen-
tati, facevamo i detti ragionamenti, quando ad un tratto s'udirono varie voci ripetere: *il Generale! il Generale!* A quel nome, la nostra stanchezza svanì per incantesimo, saltammo su in

piedi come sospinti da una susta, e ci trovammo faccia a faccia con Garibaldi. Egli era accompagnato da pochi ufficiali del suo Stato Maggiore, aveva la sciabola scinta con la cintura avvolta all'elsa e la portava appoggiata sulla spalla sinistra a guisa di fucile. Camminava lentamente, la sua faccia leonina era raggiante, la gioia brillava nelle sue pupille. Quando fu vicino a noi, notò i nostri berretti di colore bigio, i quali erano il distintivo dei militi della Guardia Dittatoriale (1). Noi, senza che ne avessimo fatto richiesta, eravamo stati ascritti a questo corpo, inutile e senza scopo, creato soltanto per appagare la vanità di alcuni cittadini. Però, prima che partissimo per Patti, avevamo tentato di renderlo utile proponendo al nostro Capo, di riunire tutti i militi, e di andare a raggiungere Garibaldi. Il nostro Capo ci rispose : *che la nostra missione non era quella di seguire il Dittatore in guerra, ma di fare solamente la guardia al Palazzo di lui, visto che noi eravamo Guardie del Palazzo Dittatoriale.* Poco soddisfatti di tale risposta, prendemmo commiato, e partimmo per Patti. Prima però di partire, preferimmo di adottare il berretto bigio anzichè il rosso, perchè era nostro intendimento di presentarci a Garibaldi, e, nella nostra qualità di sue Guardie, non distaccarci un solo istante dal suo fianco. Non era vanità la nostra, ma santa ambizione di adempiere al nostro dovere di soldati sotto gli occhi del Generale. Sventuramente i nostri desiderî non poterono essere appagati, poichè noi giungemmo sul

---

(1) Con decreto dittatoriale del 30 Giugno 1860 fu istituita la Guardia Dittatoriale, *per annuire alle reiterate istanze fatte da molti tra i benemeriti cittadini, che prepararono e coadiuvarono il risorgimento siciliano.* Queste testuali parole del Decreto denotano come in tutti i tempi taluni individui siano stati sempre animati dalla stessa vanità, quella cioè di strisciare attorno al potere. Garibaldi annuì alle *reiterate istanze*, ma in cuor suo non dovette certamente ammirare coloro, che gliele avevano fatte. I 120 giovani, nominati militi della Guardia Dittatoriale ebbero il grado di Sottotenenti ; ma parecchi di loro, quando ricevettero il brevetto di nomina, caddero dalle nuvole, non avendo saputo spiegarsi nè la loro nomina, di cui non avevano fatto richiesta, nè lo scopo e l'utilità di quella istituzione.

campo di battaglia quando questa era di già cominciata, e non ci fu concesso di vedere Garibaldi, se non quando era finita.

Il Generale appena ci ebbe visti, ci guardò sorridendo, ci strinse la mano, e con quella sua voce melodiosa, c'invitò a seguirlo, dicendoci: *mi fa piacere di vedere quì parecchi militi della mia Guardia*. Dall'atteggiamento di Garibaldi, dalla sua calma, e dalla sua fisonomia, si capiva subito, che la vittoria aveva sorriso alle nostre armi; ignoravamo però che Milazzo fosse in nostro potere; fu Lui che ce lo disse.

Seguimmo i passi del Generale, il quale, procedendo sempre lentamente, si avviò verso Milazzo. Giunti alla Porta della città la varcammo, e ci trovammo di fronte al Castello, che si erge in cima ad una via erta, la quale si prolunga in linea retta dalla Porta di Milazzo alla Fortezza. Cosenz era nella bassura di questa via, e subito ch'ebbe visto Garibaldi gli si presentò per riceverne ordini. Questi gli disse, di fare costruire una barricata nel convento dei Cappuccini, che era nei pressi della Fortezza. Cosenz, in esecuzione dell'ordine ricevuto — a guisa di quei tali viaggiatori inglesi osservatori minuziosi delle più insignificanti cose—si diede ad osservare il Castello tenendo il binocolo sul naso, e avanzandosi a passi lenti e misurati in mezzo della via. Si era avanzato una ventina di passi, dal punto ove noi eravamo, quando un colpo di cannone ci avvertì che nel forte vi erano ancora difensori. Una scheggia di mitraglia ferì Cosenz leggermente al collo, noi udimmo soltanto lo scroscio sgradevole della mitraglia senza che ne avessimo avuto danno alcuno. In seguito a questo fatto, gli ufficiali che erano attorno a Garibaldi lo costrinsero ad abbandonare quel posto, facendogli riflettere, non essergli permesso di rischiare la sua vita preziosa senza scopo alcuno. Egli sorrise, e immedi atamente volse per una via a destra, che metteva sulla rada orientale di Milazzo. Noi emettemmo un lungo sospiro, poichè francamente ci annojava moltissimo di avere bucata la pelle, senza nessuna ragione plausibile, dopo che avevamo avuto la fortuna di conservarla intatta nell'intera giornata.

Sboccati sulla marina, Garibaldi sentì anche lui il bisogno di riposo ; e ne era omai tempo , poichè nessuno di noi aveva più la forza di reggersi in gambe. Egli sedette per terra sul marciapiede, e invitò coloro che erano con lui a seguirne l'esempio. Noi ci lasciammo cadere giù come corpi morti , e rimanemmo qualche tempo senza profferire una parola. Il silenzio fu interrotto dall'arrivo di un ufficiale di Stato Maggiore, il quale recò a Garibaldi la triste nuova, che il Maggiore Migliavacca era stato ucciso sul campo di battaglia. Il Generale ne fu molto addolorato ; ma dopo un istante esclamò : *era un prode, e ha fatto la fine dei prodi ; del resto , cosa dovremmo fare di questa nostra pellaccia , se non la dessimo in olocausto alla nostra patria ?* Rocco Ricci-Gramitto, cui nulla sfuggiva, fu colpito dalla parola *pellaccia* detta dal Generale, e rivoltosi a noi con sogghigno mefistofelico, ci disse: *adesso si comprende perchè ci ha fatto restare per mezz'ora sotto il cannone del Castello; Egli ci tiene in conto di pellacce, e come tali poco si cura se siano bucate o pur no. Io non divido la sua opinione, e anche voi, spero, che siate del mio avviso.* Quantunque stanchi e sfiniti, non si potè fare a meno di ridere della facezia del nostro simpatico amico. Rocco col suo spirito, col suo brio inesauribile , e con i suoi esilaranti improvvisi , ci teneva sempre di buon umore, ed era l'anima della nostra brigata.

— Giovanotti avete mangiato ? ci disse Garibaldi, rivoltosi ad un tratto verso di noi.

— Generale siamo affamati, si rispose in coro, più delle fatiche della giornata, è la fame che ha estenuato le nostre forze.

Il Generale ordinò ci si portasse del pane, e noi lo divorammo con grandissima voracità.

**

Perchè il lettore possa avere un concetto chiaro dei fatti parziali, che ho narrati , occorre io faccia un rapido cenno della giornata di Milazzo con la scorta di Rüstow (1), e con l' ajuto degli appunti da me raccolti in quei giorni.

Il combattimento del 20 Luglio 1860 si svolse a mezzogiorno della penisola di Milazzo, nel punto ove questa si congiunge alla terra ferma. Alle ore 5 a. m. Medici divise le sue forze in due colonne, ciascuna di quattro battaglioni, e con queste si avanzò ad attaccare Bosco nelle sue forti posizioni. La colonna di sinistra era sotto gli ordini del Colonnello Malenchini, quella di destra era comandata dal Colonnello Simonetta. I quattro battaglioni di Dunn, Corrao, Vacchieri, e Corte, sotto il comando supremo del Generale Cosenz, formavano la riserva. Fabrizî, con due battaglioni di squadre siciliane, ebbe l'incarico di sorvegliare la strada principale da Messina a Milazzo, per far fronte, occorrendo, a qualche colonna che avrebbe potuto inviare, il Generale Clary comandante la Città di Messina. Fabrizî prese posizione ad Archi, e ivi rimase la giornata intera in osservazione. Garibaldi disponeva dunque di quattordici battaglioni costituenti una forza di 4000 bajonette; Bosco ne aveva 5000 (2).

La posizione dei regî dalla estrema loro ala destra alla sinistra, cioè dalla costa della baja occidentale di Milazzo allo sbocco del fiume Nocito, misurava una lunghezza di 6000 piedi al più (3). Concetto del Generale borbonico era quello di avvolgere l' ala sinistra dei Garibaldini, e di precludere a loro la linea di ritirata su Barcellona. Fermo su questo suo proposito, piombò col maggiore nerbo delle sue truppe sulla colonna Malenchini. A rendere più energico il suo attacco contribuirono i cannoni del Castello, e le batterie di campagna, che con fuoco vivo di mitraglia fulminarono l'ala sinistra dei Volontarî. A quel diluvio di ferro e di fuoco, non ressero i giovani legionarî e ripiegarono. Ad accrescere il loro scompiglio concorse pure la cavalleria, la quale

(1) La Guerra Italiana del 1860 descritta politicamente e militarmente da Guglielmo Rüstow. Versione dal Dottore G. Bizzozero. Milano 1862.

(2) Rüstow loc. cit. pag. 215.

(3) Rüstow loc. cit. pag. 215.

favorita dalla pianura littorale , irrompeva furiosamente sulla colonna garibaldina (1). Malenchini tentò trattenere e rannodare i fuggiaschi , ma invano , lo scompiglio era penetrato nelle file delle sue truppe, e tutti i suoi sforzi valsero a nulla.

Garibaldi informato di questo stato di cose, non se ne impensierì, e, col suo criterio di esperto capitano, riconobbe subito il profitto che si poteva ricavare da quelle stesse circostanze. Ordinò a Medici di attaccare l' ala sinistra del nemico e spingersi direttamente sopra Milazzo ; Egli , Garibaldi , con i Carabinieri Genovesi si lanciò contro il centro. Mercè questo duplice attacco l'ala destra nemica fu costretta a ritirarsi istantaneamente, per evitare che fosse tagliata fuori e fatta prigioniera; la sua ritirata svincolò Malenchini e gli diede agio di riordinare la sua colonna. Garibaldi, in questo momento critico della giornata, combattè corpo a corpo con un manipolo di cavalleria napoletana, e scampò di essere ucciso o fatto prigioniero, mercè il valore di Statella e di Missori; il primo lo difese menando sciabolate a destra e a manca, il secondo scaricando colpi di revolver ed uccidendo uomini e cavalli. Però ad onta di tanto valore l'esito della battaglia pendeva ancora incerto.

Garibaldi desiderava di poter dare uno sguardo generale sulle posizioni del nemico; però glielo impedivano assolutamente gl'immensi canneti , le boscaglie e i filari di fichi d' india. Non una torre , non un campanile , da dove potersi dominare il campo di battaglia e giudicarne l' andamento. Mentre la sua mente era agitata da questo pensiero, un'occasione favorevole gli si presentò inopinatamente, e gli offrì il mezzo di appagare il suo giusto desiderio. Nella baja occidentale di Milazzo si vide apparire il Tukery; Garibaldi appena lo ebbe scorto vi si recò immediatamente a bordo, e dalla coffa della nave potè dare un colpo d'occhio generale sul campo di battaglia. Avendo osservato che nuove colonne napoletane uscivano da Milazzo e si avanzavano verso

(1) Pecorini Manzoni. Storia della 15ª Div. Türr nella Campagna del 1860. pag. 106.

il piano occidentale, ordinò subito al Comandante del Tukery
di tirare a mitraglia su di esse; dato quest'ordine si fece subito
trasportare a terra. Ritornato sul campo di battaglia, condusse
un novello vigoroso assalto contro l'ala destra dei regî, mentre
Medici ne incalzava l'ala sinistra coadiuvato dal corpo di riserva.
Questo, in nuclei di compagnie e di battaglioni piombò sul nemico in rotta e contribuì efficacemente sull'esito della giornata.

A questo attacco generale, impetuoso, i bravi Cacciatori di
Bosco non ressero; si ritirarono confusamente in Milazzo, e an-
darono a rinchiudersi nel Castello. La vittoria era completa, i
Garibaldini occuparono la città.

Il 20 luglio 1860 i Volontari, quantunque vittoriosi, non sarebbero potuti entrare in città se questa fosse stata difesa ener-
gicamente. Milazzo si poteva difendere palmo a palmo, nè ciò
sarebbe stato difficile, poichè quei bravi soldati, che si erano battuti con tanto valore in campo aperto, avrebbero fatto lo stesso.
se avessero dovuto difendere le barricate in città. Se ciò non
avvenne, la colpa non deve attribuirsi a loro ma ai loro capi.

« La perdita dei Garibaldini nella giornata del 20 Luglio 1860
« fu rilevante, essa ammontò a 753 morti e feriti, quindi circa
« un quinto delle truppe presenti alla battaglia. La perdita dei
« Napoletani è valutata a 2 ufficiali, 38 soldati morti, 8 ufficiali
« e 38 soldati feriti, 31 smarriti, quindi in tutto 162 uomini, cioè
« una trentesima parte. Questa perdita è oltremodo piccola. La
« differenza fra il vincitore e il vinto è grande. Essa è perfet-
« tamente spiegata dal fatto che i Napoletani combattevano in
« posizioni predisposte ed avevano un' artiglieria proporzionata-
« mente assai maggiore, mentre i Garibaldini non ne avevano nè
« punto nè poco, e dovevano attaccare le posizioni una dopo
« l' altra » (1).

Dopo la battaglia di Milazzo Garibaldi indirizzò alle sue truppe
il seguente ordine del giorno:

« Anche questa volta la vittoria ha sorriso ai figli della libertà italiana.

(1) Rustow. loc. cit. pag. 219-220.

« Il nemico forte dietro naturali ripari, è fuggito all'impeto
« delle vostre bajonette, e anche questa volta voi avete veduto
che le bajonette sole — e non le fucilate — decidono delle bat-
« taglie.

« Il valore, dote inseparabile del soldato italiano, non è sem-
« pre accompagnato dal sangue freddo, e questo è necessario quanto
« il valore per il buon successo delle fazioni di guerra.

« Una posizione forte attaccata di fronte deve essere raggiunta,
« superata attaccandola. Se non si spinge l'attacco sino a incro-
« ciare la bajonetta col nemico, è meglio non attaccare,

« Il retrocedere dalla prossimità delle posizioni nemiche è il
« motivo di molte perdite, perchè il nemico, vedendo voltar fac-
« cia vicino a lui, ripiglia il sangue freddo, che aveva perduto
« vedendo caricarsi francamente, e punta nelle spalle dell'avver-
« sario colla serenità di un tiro da bersaglio.

« In questo combattimento di Milazzo i nostri giovani soldati
« hanno potuto capacitarsi di ciò che vale una carica di cavalleria.

« Pochi cavalieri nemici, che d'altronde caricarono valorosa-
« mente la nostra estrema destra, non furono capaci di ferire un
« solo uomo, e perirono tutti quantunque non fossero stati rice-
« vuti da noi come si doveva.

« Io raccomando molto agli ufficiali la lettura di quest'ordine
« a tutte le nostre truppe indistintamente, e sopratutto che ram-
« mentino ai nostri bravi, che noi dobbiamo vincere e compiere
« la intera liberazione d'Italia.

Firmato : G. GARIBALDI »

Il giorno dopo la battaglia (21 Luglio) passò tranquillo; non un
colpo di fucile fu tirato dal Castello nè dalle barricate che si
erano costruite per impedire una possibile sortita dei regi.

Il giorno 22 si scambiarono poche fucilate, promosse dai Garibaldini. Questi, più per divertimento che per altro, quando di
tanto in tanto scorgevano su i parapetti della Fortezza, la testa
di qualche soldato, tiravano qualche colpo di fucile. I Napoletani,
naturalmente, rispondevano, e di lì ne derivava lo scambio di

alquante fucilate. Ma l'intervento degli ufficiali da ambedue le parti faceva subito cessare il fuoco e rimetteva l'ordine. Allora la banda comunale di Milazzo suonava *la bella Gigugì*, canzone popolarissima in quei tempi; i Garibaldini la cantavano a coro, e poco mancò che i soldati di Bosco non la cantassero anch' essi.

Il giorno 23 entrarono nel porto di Milazzo quattro navi da guerra napoletane: *Fulminante, Guiscardo, Ettore Fieramosca,* e *Tancredi*, sotto il comando del Brigadiere Salazar. Il Colonnello Francesco Anzani era partito da Napoli con queste navi, e aveva avuto la doppia missione, dal Ministro della Guerra Generale Pianell, di fare imbarcare il presidio di Milazzo, e di trattare la dedizione finale della Sicilia. Ciò risulta dalle istruzioni date da Pianell al Colonnello Anzani, e che io trascrivo testualmente a pie' di pagina (1). Francesco II aveva compreso

(1) Le quattro fregate a vapore *Fulminante, Guiscardo, Ettore Fieramosca* e *Tancredi*, sotto il comando del Brigadiere Salazar si recano a Milazzo.

Con esse parte il colonnello Anzani.

Scopo di questa missione è di trattare l'imbarco delle truppe che costituiscono il presidio del Castello. Il detto colonnello Anzani quindi tratterà col Comandante delle truppe avverse la cessione del Castello per ottenere l'imbarco delle truppe con armi e bagagli, e con tutti gli onori militari, per essere trasportate sul continente.

Se mai non si riuscisse ad ottenere il desiderato fine, perchè il Comandante suddetto volesse estendere le trattative su le truppe che sono in Messina, allora si chiederà una momentanea sospensione di armi in Milazzo, per potersi quindi trattare un accordo col Generale Clary, nei sensi generali da me a lui precedentemente indicati.

Scopo di questa missione è di sospendere ad ogni costo le ostilità, e di trasportare tutte le truppe che dipendono dal Generale Clary sul continente, ritenendo, se è possibile, i luoghi fortificati tutti, o in parte, secondo la maggiore o minore probabilità dl poterli lasciare convenientemente provveduti dell'occorrente per difendersi. Se però sarà necessario sacrificare tutto per salvare le truppe, si miri a questo risultato.

I vapori francesi possono liberamente trasportare le nostre truppe, senza timore di ostilità; mentre il Ministro di Francia lo ha formalmente assicurato e ha inoltre per l'oggetto scritto al Console di Francia in Messina.

Le truppe di Milazzo se saranno imbarcate senza la intelligenza del Generale Clary, saranno sbarcate a Castellamare, se poi si tratterà con la intelligenza del Generale Clary, questi destinerà i luoghi di sbarco per le truppe, secondo

finalmente che i suoi nemici non erano un pugno di filibustieri, e
che i suoi battaglioni non erano capaci di batterli. Cedendo l'Isola,
sperava che Garibaldi prendesse impegno di non passare sul continente; ma Garibaldi ricusò. Se questi avesse aderito alla proposta che gli si era fatta, Francesco II avrebbe ritirato le sue truppe
dalla Cittadella di Messina, e abbandonata l'Isola completamente.

La capitolazione di Milazzo (1) si conchiuse lo stesso giorno

crederà più opportuno, tenendo però presente, se è possibile, le istruzioni rice-
vute; cioè di gettare su le coste di Calabria in varii punti il grosso delle truppe
ed inviare in Castellamare i battaglioni cacciatori.

Se si potrà ottenere con la cessione dei luoghi fortificati, un impegno forma-
le di Garibaldi di non attaccare guerra sul continente, sarebbe questo il più van-
taggioso risultato che si possa mai sperare, conforme abbiamo domandato al-
l'Europa tutta.

Le condizioni politiche del Regno e lo stato delle nostre truppe c'impone il
dovere di mirare a questo fine. Si badi però a non riconoscere principio alcuno,
onde i diritti del nostro Augusto Sovrano, non siano in nessun modo compromessi.   *Il Ministro Segretario di Stato*
                                             Firmato: G. S. PIANELL

(1) Convenzione tra il Colonnello Anzani e il Generale Garibaldi.

Art. 1.° La truppa napoletana esistente oggi nel forte di Milazzo, ne uscirà
cogli onori della guerra, con armi e bagagli, coi pezzi di artiglieria di montagna,
appartenenti alla Brigata di Bosco, e con la metà dei muli della stessa batteria.

Art. 2.° Il Comandante delle stesse truppe farà consegnare all'Ufficiale delegato dal Generale Garibaldi, cannoni, munizioni, attrezzi da guerra, cavalli,
bardatura degli stessi e tutti gli accessori appartenenti al forte, ogni cosa come
si trova al momento della stipulazione della presente convenzione.

Art. 3.° La truppa imbarcherà i viveri necessari pel suo viaggio; ciò che verrà
determinato da un Commissario di ambedue le parti.

Art. 4.° Nel corso di domani 24 si comincerà l'imbarco della truppa, pre-
standosi ogni facilitazione pel trasporto di essa a bordo dei vapori da guerra
o mercantili, e terminerà l'imbarco nel corso del 25, riservandosi di terminarlo
il 26 in caso non si potesse fare altrimenti.

Art. 5.° I prigionieri e i feriti d'ambe le parti saranno restituiti.

Art. 6.° Non verrà fatta molestia di sorta ai legni da guerra e mercantili
che trasporteranno la truppa, gli effetti e i feriti napoletani per fino allo sbarco,
da eseguirsi ove meglio converrà al governo napoletano.

Milazzo 23 Luglio 1860.

                                             Firmato: FRANCESCO ANZANI
                                             Firmato: GIUSEPPE GARIBALDI

23, tra Garibaldi e il Colonnello Anzani. Il Generale non voleva concedere l'onore delle armi ai soldati di Bosco, ma il Colonnello borbonico seppe toccare una corda sensibilissima nel cuore di Garibaldi, dicendogli: *Ella non potrà permettere che truppe italiane sottostessero a tanta umiliazione.* Il Generale aderì subito, e così la capitolazione fu firmata. Una condizione speciale, imposta da Garibaldi, ma che non figura nella capitolazione, fu quella di dovere Bosco lasciare uno dei suoi cavalli. La ragione che aveva spinto Garibaldi a volere un cavallo di Bosco, fu la seguente. Prima della battaglia di Milazzo si era intercettata una lettera di Bosco indirizzata al Generale Fergola, comandante la Cittadella di Messina. In questa lettera il Bosco diceva: *di essere sicuro di sconfiggere i Garibaldini, e che sarebbe entrato vittorioso in Palermo sul cavallo di Medici.* Invece, Medici entrò in Messina sul cavallo di Bosco; così Garibaldi puniva la spavalderia del Generale borbonico.

Col Tukery era venuto a Milazzo il Principe di Giardinelli, che si era arrolato nella marina nazionale. Dopo la battaglia, vennero ad ingrossare il nostro manipolo, Giovanni Notarbartolo di S. Giovanni—fratello di Emanuele—Rosario D'Ondes-Reggio, Corrado Valguarnera di Niscemi, e Carlo Ascenso di S. Rosalia. Vennero pure Sir Dolmich e il corrispondente della London-News, i quali si erano assentati dalla Brigata Eber, il primo per venirci a fare una visita, il secondo per attingere notizie sulla battaglia di Milazzo, e visitare il campo ove essa si era svolta. Questi ci pregò, un giorno, di accompagnarlo alla Cuntura, di cui gli avevamo descritto il combattimento, e noi fummo lieti di appagare il suo desiderio. Giunti sul luogo in cui era stato ucciso il toscano Ulisse, ricordammo con dolore l'episodio di questo povero giovane; il corrispondente inglese ne prese nota e ci pregò che uno di noi si distendesse per terra nel posto ove era caduto il disgraziato giovane sfracellato dalla mitraglia. Il corrispondente fu appagato anche in questo suo desiderio, e dell'episodio narratogli si affrettò a farne uno schizzo con la matita; questo schizzo ce lo fece vedere, poco tempo dopo, riportato nella London-News,

e in esso figuravamo tutti noi. In quella giornata visitammo
varie capanne e case di campagna ove erano stati accolti
parecchi feriti Garibaldini e Napoletani. In un abituro trovammo un cacciatore di Bosco gravemente ferito. Aveva fasciati
il petto, la testa, e la faccia della quale vedevansi soltanto la
punta del naso e gli occhi, che teneva chiusi. Un Garibaldino ci
invitò ad assistere ad una scena, che Egli trovava divertente, ma
noi la giudicammo di pessimo gusto. Avvicinatosi al giaciglio del
ferito il detto garibaldino gridò: *Viva Garibaldi*; il bravo soldato
a quel grido spalancò gli occhi, e raccolte le sue estenuate forze,
gridò a sua volta: *Viva il Re*. Quanta devozione in quel prode
sconosciuto! Coloro che assistevano quell'infelice ci dissero, che
occorreva sorvegliarlo continuatamente, poichè, tutte le volte che
poteva, tentava di strapparsi le fasciature, non aspirando ad altro
che a morire. Mentre noi eravamo penetrati dalla più profonda
emozione, il corrispondente inglese, con quel sangue freddo che
caratterizza la sua nazione, ritraeva la scena con la sua matita,
e tanto di questa quanto dell'episodio della Cuntura, ne spedì gli
schizzi alla London News.

Il giorno 24 luglio, una folla di popolo e di Garibaldini in-
gombrava lo spazio di terreno, che dal Castello di Milazzo si
estende alla rada orientale della città. Noi, sin dalle ore del mattino, attendevamo con gran premura l'uscita delle truppe borboniche, essendo in noi grande la curiosità di rivedere il loro
duce, che conoscevamo intimamente. Ma la nostra aspettativa fu
delusa, poichè Bosco non era alla loro testa, e quei bellissimi
battaglioni di Cacciatori furono condotti all'imbarco da un Ufficiale superiore. Il contegno dei soldati, e la loro tenuta erano
veramente mirabili; sembrava, eglino fossero i vincitori e noi i
vinti.

— Dove è andato Bosco? c'interrogavamo a vicenda.

— Si sarà imbarcato, forse, durante la notte, rispose uno dei
nostri.

Ma questa risposta non ci persuase nè punto nè poco, anzi
fummo di accordo nel supporre, che Bosco sarebbe uscito dalla

posterla del Castello nell'intento di sfuggire agli sguardi dei cu-
riosi e per non esporsi ai probabili sogghigni dei vincitori. La
nostra supposizione si avverò; e mentre il pubblico era distratto
dall'imbarco delle truppe, Bosco usciva dalla posterla accompagnato
soltanto dal suo Aiutante di Campo. Noi fummo i primi ad accor-
gercene e corremmo verso di lui; il nostro movimento fu notato
da parecchi Garibaldini che ci stavano attorno. Questi ci seguirono,
e, subito dopo, una folla immensa si addensò sulla rada ove Bosco volgeva i suoi passi. Appena fummo, a lui vicini lo salutam-
mo, dicendogli : addio Ferdinando. Egli rispose al nostro saluto
con la mano, ma nello stesso tempo impallidì, essendosi accorto
della gente che accorreva verso di lui. Egli presentiva la bufera,
che era prossima a scatenarsi sul suo capo; difatti appena si fu arrestato sul limite della spiaggia, aspettando la barca della Real
Marina, un coro di fischi e di urli lo accolse fragorosamente.

La barca intanto non giungeva, e noi soffrivamo di vedere quel-
l'uomo simpatico e brillante che avevamo incontrato sempre
nelle sale delle Signore palermitane e nei Circoli di Palermo, esposto al ludibrio di tanta gente ingenerosa. Il Principe di Giardinelli,
dagli amici chiamato semplicemente Ciccillo Giardinelli, lo tolse da
quella posizione penosa mettendo a disposizione di lui una lancia
del Tukery. Bosco accettò l'offerta immediatamente, e così potè
distaccarsi dalla spiaggia di Milazzo, e recarsi sulle navi napoletane. Mentre Egli recavasi a bordo, trasportato da una lancia
garibaldina, il suo cavallo era stato imbarcato in una lancia della
Real Marina per essere trasportato anch'esso a bordo. Ma quella
povera bestia, nel momento in cui era tirata su dalla barca per
esser messa in un battello a vapore, cadde in mare e naufragò;
anche in questo piccolo incidente, la sorte si mostrò avversa al
Generale borbonico. Egli fu battuto a Milazzo da quei legianarì,
che, dopo il combattimento di Parco, aveva denominati *filibustieri;* fu costretto lasciare a Medici uno dei suoi cavalli, dopo
essersi vantato di fare la sua entrata in Palermo sul cavallo del
Generale garibaldino; l'altro suo cavallo morì affogato, e, finalmente, la serie delle sue sventure ebbe termine col solenne saluto

di fischi sulla spiaggia di Milazzo. La millanteria di Bosco non poteva essere più acerbemente punita.

I battelli a vapore napoletani appena ebbero compiuto l'imbarco del presidio di Milazzo, tolsero le ancore, e salparono alla volta di Napoli.

*
* *

In uno dei giorni, che precedettero l'imbarco delle truppe, noi ritornammo a Barcellona, per adempiere ad un atto doveroso di cortesia verso i simpatici fratelli Picardi, i quali ci accolsero con la medesima cordialità, con cui ci avevano accolti alla vigilia della battaglia di Milazzo. Noi ci presentammo a casa loro su di una carretta trascinata da un mulo. Questo veicolo era stato l'unico mezzo di trasporto che avevamo potuto procurarci in Milazzo, e di questo ci servimmo per fare la nostra visita di dovere e di riconoscenza. I fratelli Picardi, con la loro consueta amabilità, c'invitarono a desinare, e a dormire la notte in casa loro. Noi accettammo con immenso piacere l'invito, e fummo lieti di poter passare una giornata intera in compagnia dei nostri novelli amici.

Durante la breve dimora in casa Picardi, si svolse una scenetta abbastanza curiosa, che, dopo tanti anni, ricordo ancora. Una fantesca belloccia e paffuttella girandolava per le stanze. Uno dei nostri — seduttore di professione — le mise gli occhi addosso, e, tutte le volte gli si offriva il destro, scambiava con lei qualche parolina alla sfuggita. Un altro si era accorto della manovra, e senza destare il sospetto nei compagni, si prefisse di seguire l'avventura, non perdendo di vista il Don Giovanni garibaldino. Questi, in sul far della sera, capitò la forosetta in una stanza, e rivolse a lei alquante parole, alle quali Ella rispose movendo la testa in senso affermativo. Da questo atto, l'Argo garibaldino arguì, che un convegno notturno era stato fissato tra i due spasimanti. Venuta l'ora di andare a letto, entrammo nella stanza assegnataci, ove trovammo parecchi materassi distesi per terra. Tutti ci addormentammo, meno il Don Giovanni e l'Argo, i quali fingevano dormire ma non dormivano affatto ; l'uno era ansioso di andare al convegno di amore, l'altro era deciso di prendervi parte attiva , e aveva nella sua mente tracciato il programma semplicissimo, così concepito : *o tutti e due o nessuno.*

Era trascorsa quasi un'ora, da che si era andati a letto, quando il seduttore si sollevò su i gomiti e girò il suo sguardo su i dormienti. Indi si pose in ginocchio sul suo materasso, e in questa posizione rimase qualche minuto ascoltando la respirazione e i russi dei suoi compagni. Argo russava artatamente, per allontanare qualunque sospetto che Egli fosse sveglio, ma teneva gli occhi aperti. Don Giovanni, credendo tutti immersi in profondissimo sonno, si alzò pian pianino, e, con piedi scalzi, andò diritto alla porta della stanza. Ne aprì l'imposta, senza fare il benchè menomo rumore , e la richiuse subito dietro le sue spalle. Argo balzò su, dal suo giaciglio, e corse all'uscio; vi cercò un foro qualunque per potere osservare ciò che stava per accadere nella stanza attigua, ma non ve ne trovò alcuno. Si accorse, però, che la parte inferiore della imposta non combaciava col pavimento, e lasciava tre dita di vano per dove si potevano vedere soltanto le estremità inferiori del corpo umano. Argo ne profittò; e, distesosi lungo per terra, potè da quel vano osservare due calze, che andavano incontro a due scarpe; le prime contenevano i piedi del maschio, le seconde quelli della femina. Quando le punte dei quattro piedi stavano per toccarsi , Argo si precipitò nella stanza repentinamente. La contadinella, impaurita, scappò via, il seduttore si avventò contro colui che gli aveva impedito di compiere la seduzione, e tutti e due, avvincolatisi l'uno all'altro con le braccia, rotolarono per terra. Al tonfo, si svegliarono i dormienti, e, accorsi sul luogo della lotta, divisero i due, che continuavano a dibattersi sul pavimento. Però i nuovi arrivati non sapevano spiegarsi la causa per cui i due amici fossero venuti alle mani, e perchè fossero andati in un'altra stanza, in quella tarda ora della notte. Per qualche momento tutto rimase avvolto nel mistero; Don Giovanni schizzava scintille dagli occhi, Argo lo guardava sdegnosamente, nessuno dei due si decideva

rispondere alle reiterate domande dei compagni. Alla fine Argo ruppe
il silenzio e narrò il fatto, soggiungendo: che Egli per la morale
e il decoro di tutti noi, non doveva nè poteva permettere che si tra-
dissero le leggi di ospitalità. Un plauso generale accolse le parole di
Argo, e un voto di biasimo fu inflitto a Don Giovanni. Ma tanto Argo
con la sua morale, quanto gli altri con il loro biasimo, *tartuffeggia-
vano* in quel momento, poichè tutti sarebbero stati ben lieti di
compiere ciò che Don Giovanni aveva iniziato. Del resto, trat-
tandosi di una semplice figlia della campagna, avrebbero potuto
farlo con la coscienza tranquilla di non fare alcun' oltraggio
alla casa ospitale. Si passò la notte ciarlando e ridendo del fatto
non accaduto; il solo a non riderne era Don Giovanni, che guardava in cagnesco Argo; ma i suoi sguardi minacciosi eccitavano
maggiormente la nostra ilarità.

Ritornati in Milazzo ci disponemmo a partire alla volta di Messina, ancora occupata dalle regie truppe, nella speranza di tirare
qualche colpo di fucile. Il nostro manipolo poteva paragonarsi
ad una compagnia di attori ambulanti, i quali finita la loro re-
citazione in un paese si affrettavano a correre in un altro per
riprendere il corso delle loro recite. A questo scopo, un giorno,
ci recammo sulle alture del Gesso, che sapevamo occupate dai
battaglioni del Generale Fabrizî. Vi trovammo i nostri amici,
Abele Damiani e Giuseppe Scaglione i quali ci accompagnarono
alla linea degli avamposti, ove si scambiava, di tanto in tanto
qualche fucilata tra le nostre sentinelle e quelle delle regie
truppe, ma non vi era alcuna probabilità di qualche combattimento serio. Fabrizî ci disse: che si erano intavolate trattative
col nemico e probabilmente saremmo entrati in Messina senza
za colpo ferire. Visto che nulla c'era da fare al Gesso ritornammo in Milazzo.

Il giorno 26 luglio si seppe positivamente, che le trattative
tra il Generale Medici ed il Generale Clary erano state con-

chiuse; lo stesso giorno noi partimmo per Messina. Pernottammo a Spadafora ove ci diede ospitalità Carlo Ascenso di S. Rosalia, che viaggiava con noi. Il giorno 27 entrammo in Messina, prima che ci fosse entrato Medici; e siccome le prime camice rosse che i Messinesi videro furono le nostre, così ci fecero un' accoglienza frenetica. Nei caffè si dava tutto gratis e poco mancò non si prendesse una indigestione di granite e di paste. Il giorno 28 Medici e Clary stipularono la convenzione che trascrivo a pié di pagina. (1) Con questa convenzione ebbe termine la campagna del 1860 in Sicilia, e con la stessa convenzione metto termine anch'io al compito che mi sono imposto scrivendo i miei

(1)   Messina 28 luglio 1860

Tommaso de Clary Maresciallo di campo e Comandante supremo delle truppe riunite ie Messina, ed il Maggiore Generale cav. Giacomo Medici, indotti da sentimenti di umanità, ad evitare lo spargimento di sangue che avrebbe per conseguenza da una parte l' occupazione di Messina, dall'altra la difesa della città e suoi forti, in virtù dei pieni poteri loro conferiti dai rispettivi mandanti, convengono nella seguente stipulazione:

1.º Le truppe regie sgombreranno senza ostacolo la città, che sarà occupata dai Siciliani pure senza ostacoli.

2.º Le truppe regie sgombreranno i forti Gonzaga e Castellaccio entro due giorni dalla sottoscrizione della presente convenzione. Ognuna delle due parti contraenti stabilisce due ufficiali ed un commissario, onde compilare un inventario di tutti i pezzi etc.

3.º L' imbarco delle truppe regie non deve essere molestato da parte dei Siciliani.

4.º La Cittadella coi forti ad essa appartenenti, di Blasco, La Lanterna, e S. Salvatore restano in mano delle truppe regie, però a condizione che essi, qualunque cosa possa in seguito avvenire, non faranno alcun danno alla città, tranne il caso che le stesse nominate fortificazioni fossero attaccate, e le opere di attacco eseguite nella stessa città. Stabilite e mantenute queste condizioni, la cittadella si asterrà da ogni ostilità contro la città, fino alla fine della guerra.

5.º Verrà determinato un raggio di territorio neutrale, il cui confine correrà parallelo al confine del raggio militare della cittadella, dimodochè questo venga allargato di circa 20 metri oltre l'attuale estensione.

6.º Il passaggio per mare resta completamente libero per entrambe le parti. Quindi le bandiere delle due parti reciprocamente si rispetteranno. Del resto è rimesso ai Comandanti che hanno conclusa la presente convenzione, di porsi

ricordi della rivoluzione siciliana. Però, prima che io chiuda questo mio libro, il cuore m'impone di rammemoraro Narciso Cozzo, carissimo amico mio, che, dopo quarant'anni, ricordo con affetto, e la cui perdita mi é dolorosa oggi, come mi fu allora quando nelle mie braccia esalò l'ultimo suo respiro.

Il barone Narciso Cozzo, nipote del Conte di Gallitano, di cui avrebbe ereditato titolo e fortuna, se fosse vissuto, fu uno dei giovani che maggiormente si distinsero, per coraggio e per valore alle barricate, a Milazzo, e al Volturno. Dedicatosi con tutto l'ardore dell'animo suo alla rivoluzione, vi prese parte attiva sin dall'inizio. Fissatosi dal Comitato rivoluzionario il giorno della insurrezione armata, Cozzo ne fu avvisato, come lo furono pure Rocco Ricci–Gramitto, e il sacerdote Cologero Chiarenza, chiamato dai suoi amici semplicemente *Caliddu*. Parecchi altri giovani, furono altresì avvisati e fu a loro assegnato come luogo di ritrovo la piazza della Fieravecchia, ove avrebbero dovuto trovare armi e munizioni. Narciso temendo che qualche caso impreveduto avrebbe potuto impedirgli l'uscita di casa sua, se vi avesse passato la notte del 3 aprile, preferì andarsene al Casino dei Minnunisti, e ivi, sdraiatosi su di un divano, dormì profondamente. Risvegliato dal rombo del cannone, si avviò subito al convegno, ma giunto in via Lungarini s'imbattette in Rocco Ricci-Gra-

---

di accordo sul modo di approvigionare le regie truppe che devono fornirsi in città.

Visto, letto ed accettato nel giorno, mese ed anno come sopra, nella casa del signor Francesco Fiorentino banchiere alle Quattro Fontane.

Firmato: TOMMASO CLARY
Maresciallo di Campo
Firmato: CAV. GIACOMO MEDICI
Maggiore Generale

Per copia conforme
Firmato: G. GUASTALLA
Capitano di Stato Maggiore

mitto e nel sacerdote Chiarenza, i quali lo distolsero di andarvi. Questi erano stati alla Fieravecchia per ricevere le armi e le munizinni promesse; ma dopo un' ora di aspettativa non avendo visto né armi nè uomini armati, erano tornati indietro. Quantunque inermi, risolsero di andare alla Gancia, ove le fucilate erano vivissime, ma ne furono impediti da una pattuglia borbonica, che si avanzava facendo fuoco. Non potendo andare alla Gancia si diressero a Casa Monteleone ove sapovano essersi riuniti parecchi giovani dell'aristocrazia palermitana; ma anche ciò riuscì loro impossibile. Allora si recarono in casa del Barone Pisani dove trovarono il figlio di lui Casimiro e il genero Martino Beltrani Scalia. Qnest'ultimo volle uscire per vedere da vicino il luogo dell'azione. Fu in quei pressi che il sacerdote Chiarenza ebbe intimato dalla sbirraglia di gridare: *Viva il Re;* ma Egli, non volendo ripetere quel grido, e non volendo nello stesso tempo compromettere sè stesso e i suoi amici, ebbe la felice ispirazione di rispondere subito senza esitare, e nel più puro dialetto siciliano; *Tri voti l'aju diltu e cu chista quattru* (1). La risposta pronta e decisa del simpatico e originalissimo prete, ne caratterizza la natura rlsoluta e ardita.

Abortita la sommossa del 4 aprile, Cozzo fu costretto nascondersi, per evitare che la Polizia gli mettesse le mani addosso; ma quando seppe Garibaldi a Gibilrossa andò subito a raggiungerlo. Il 27 maggio, al fianco del Colonnello Carini, fu tra i primi ad entrare in Palermo per Porta di Termini. Finita la campagna di Sicilia passò in Calabria assieme a Corrado di Niscemi, e tutti e due seguirono le sorti della Divisione Türr. Il 19 settembre 1860, presero parte attiva alla dimostrazione armata contro Capua, fatta a scopo di distrarre le forze borboniche dal piccolo Comune di Cajazzo, che in quella stessa giornata fu attaccato e preso dai Garibaldini.

Alla Scafa della Formica il combattimento fu abbastanza caldo, I Napoletani avevano preso posizione sulla riva destra del Volturno, e disponevano di una forte artiglieria, la quale fulminava

(1) Tre volte l' ho detto, e questa è la quarta volta.

con i suoi tiri i Garibaldini, che combattevano dalla sponda sinistra del fiume. Non potendosi più resistere al fuoco del nemico si diede ordine ai Volontarî di ritirarsi. Narciso sempre nelle prime file quando si doveva andare avanti, e nelle ultime quando si doveva retrocedere, rimase indietro ritirandosi lentamente e di malavoglia. In quella funesta ritirata, in cui i nostri sottostettero a perdite considerevoli, un povero Garibaldino, colto da una palla di cannone in una gamba, stramazzò per terra. Cozzo gli era vicino, e impietositosi dalle grida di quel disgraziato, invocante soccorso, lo sollevò dal suolo, e se lo caricò sulle spalle. Ma appena aveva dato pochi passi, lo si vide cadere per terra, e cadendo disse: *è caduto l' asino con tutto il suo carico.* Caro Narciso! il suo brio non si smentì nemmeno in quel momento supremo di sua esistenza, in cui una palla di moschetto aveva traversato la sua coscia sinistra da una parte all'altra, giusto nel punto dell'articolazione.

La triste nuova della sua ferita mi pervenne a Monreale ove io trovavomi col Battaglione, che, ideato dopo i fatti spiacevoli di Caltanissetta, eravamo finalmente riesciti ad organizzare dopo la battaglia di Milazzo. Questo Battaglione Bersaglieri, in origine, era stato battezzato col nome del Maggiore che lo comandava, e fu detto: *Battaglione Niederhaüsern,* ma dopo la morte di Cozzo, fu ribattezzato col nome di questo valoroso giovane e fu chiamato *3° Battaglione Bersaglieri Narciso Cozzo.* (1).

(1)   IN NOME DI S. M. VITTORIO EMANUELE

RE D'ITALIA

IL PRODITTATORE

In virtù dei pieni poteri a lui conferiti.

Considerando, che il Battaglione comandato dal Maggiore Niederhaüsern, ebbe l'onore di avere nelle sue file il valoroso patriota Barone Narciso Cozzo, spento per una ferita ricevuta sotto le mura di Capua, nell'esercizio di un atto dei più onorevoli, cioè quello di voler salvare un commilitone;

Perchè la sua memoria rimanga ad esempio dei suoi concittadini;

Sulla proposta del Segretario di Stato della Guerra;   . . . . . .

Ricevuta la triste e dolorosa notizia, ottenni un permesso e partî istantaneamente per Napoli. Appena giuntovi presi il treno per Caserta, e dalla stazione di questa città corsi subito all'ospedale militare ove il mio caro amico era stato trasportato sin dal giorno della sua mortale ferita. Ci abbracciammo commossi, e nessuno di noi ebbe la forza in quel momento emozionante di dire una parola. Fu Narciso il primo a rompere il silenzio con dirmi; *ero sicuro che tu saresti venuto a trovarmi.* Erano al suo capezzale la vecchia Baronessa Cozzo sua madre, e Corrado Valguarnera di Niscemi; questi mi narrò il fatto d'armi avvenuto alla Scafa della Formica con tutti i dettagli, e nessuno avrebbe potuto narrarlo meglio di lui, che vi aveva preso parte.

Di giorno in giorno Narciso migliorava; il Dottore Mantese il 29 settembre mi assicurò, ogni pericolo svanito, e la guarigione certa. Al colmo della gioja per l'assicurazione medica, mi recai subito al Palazzo Reale, e presentatomi al Generale Sirtori, Capo di Stato Maggiore, gli chiesi il permesso di telegrafare a Palermo la lieta nuova. Sirtori diede immediatamente ordine, si facesse passare il mio telegramma, che indirizzai a Gioacchino D'Ondes Reggio, parente di Cozzo.

Intanto il 1° Ottobre arrivava, funesto nel suo principio, glorioso nella sua fine. Narciso durante quella giornata fu agitatissimo, poichè temeva che io e Corrado andassimo al campo. Nè

Udito il Consiglio dei Segretari di Stato:

DECRETA

Art. 1.° Il Battaglione comandato dal sig. Maggiore Niederhaüsern sarà denominato Battaglione Bersaglieri Narciso Cozzo.

Art. 2.° Il Segretario di Stato della Guerra è incaricato della esecuzione del presente Decreto.

Palermo 23 ottobre 1860.

Il Prodittatore
MORDINI

Il Segretario di Stato della Guerra
FABRIZI

(Supplemento del *Giornale Ufficiale di Sicilia* del 30 ottobre 1860).

valevano a rassicurarlo le nostre promesse e i nostri giuramenti
di non abbandonarlo, Egli persisteva sempre nella sua idea. Tutte
le volte che io o Corrado ci allontanavamo per pochi istanti
dall' ospedale e correvamo in città per attingere notizie della
battaglia, Egli ne era preoccupatissimo dubitando sempre del nostro ritorno. Anche per noi quella giornata fu penosissima e
piena di emozioni, poichè dalle notizie che correvano per la città
e da quelle che attingevamo dai feriti, che in numero strabboc-
chevole giungevano all'ospedale, risultava evidentemente che noi
eravamo battuti in tutta la linea. Fu la sera, che tutte le nostre
angosce della giornata si convertirono in pazza gioja, e colui,
che produsse in noi questo istantaneo mutamento fu il Colonnello Alfonso Scalia, mio carissimo ed affettuoso amico, il quale
ci partecipò la vittoria completa riportata dalle armi garibaldine.

Nella letizia della conseguita vittoria, dopo una giornata di
emozioni e di palpiti, ci disponemmo tutti a prendere un poco di
riposo. La Baronessa Cozzo e Corrado di Niscemi si ritirarono nelle
loro rispettive stanze, ed io — che in quella notte ero di guardia presso il mio amico — mi distesi sul materasso per terra destinato a chi, tra me e Corrado, facesse la guardia notturna. Ero
per addormentarmi, quando Narciso, con voce flebilissima, mi
chiamò dicendomi: *parmi di essere in un bagno di acqua calda.*
Io saltai su in piedi, mi avvicinai al suo letto, e, sollevatane la
coverta, fui atterrito nel vedere il corpo dell' infermo immerso
in un lago di sangue. Corsi a chiamare il dottore Mantese, il
quale, rimase anch' esso colpito di quella emorragia alla quale
non si attendeva affatto. Avvicinatosi al letto del povero Narciso, gli
applicò forti compresse sulla ferita e gli disse parole confortanti;
ma questi non gli diede ascolto, poichè era abbattuto, pallido,
e con la fisonomia sconvolta. Io accompagnai il Dottore, e quando
fu uscito dalla stanza, con grande ansia gli chiesi, a che doveva
attribuirsi quella inaspettata emorragia.

— Alla cangrena, mi rispose Mantese, la quale io credevo scon-
giurata, per il ritardo che aveva messo nel manifestarsi, e che,
contro ogni previsione medica, si è sviluppata ad un tratto.

Però, se il sangue si arrestasse il vostro amico potrebbe ancora salvarsi.

— E se non si arrestasse ? ripresi io.

— In tal caso nulla ci sarebbe più da sperare, conchiuse il Dottore.

La sentenza di morte era stata pronunziata, essa produsse un dolore così acuto nel mio cuore, che mi sentì gelare il sangue nelle vene. Ciò nonostante feci forza a me stesso, e rientrai nella stanza affettando tranquillità e indifferenza.

Mi distesi di nuovo sul materasso, ma il mio cuore palpitava fortemente, e il mio sguardo non si distaccava un momento dal letto ove giaceva il mio povero amico.

Una mezz' ora era trascorsa appena, ed Egli mi chiamò di nuovo ripetendo la medesima frase : *parmi di essere in un bagno di acqua calda*: l' emozione che provai a quelle parole fu immensa, e durai fatica per potermi alzare. Ritornò Mantese, e riconfermò la sentenza fatale; così una delle più dolci speranze della mia vita, fu distrutta in un istante.

Nella notte del 4 Ottobre finiva di vivere Narciso Cozzo (1).

---

(1) La salma del Barone Narciso Cozzo fu trasportata in Palermo, e riposa in una tomba nella Chiesa di S. Domenico. La morte di questo valoroso giovane fu un lutto per l'intera città; i suoi funerali furono commoventi, il dolore traspariva nel volto di tutti. In un articolo necrologico del *Giornale Ufficiale di Sicilia* 15 ottobre 1860 si legge quanto segue :

« Il paese è stato sensibilissimo alla morte del Barone Narciso Cozzo avve-
« nuta giorni dopo la battaglia di Cajazzo da dove riportò grave ferita. Càro
« per ingegno e per onore questo giovane palermitano si era per tempo colte
« le simpatie di quanti leggevano nella sua vita un prezioso apostolo della
« libertà.

« Compagno alla rivoluzione dai primi secreti suoi moti, corse al campo da
« soldato il 23 maggio, e vinse con i Garibaldini in tutte le prese coi regî.
« Vinse da soldato a Milazzo e ne' succeduti attacchi delle Calabrie, fino a
« quello di Capua, ove gli toccò l'estremo trionfo di vincere e rimanere ferito
« sul campo.

« La sua preziosa vita che pareva potesse avere salvezza dall'ajuto di efficaci
« rimedi, mancava sventuratamente, orbando la famiglia di un affetto, gli amici
« di una gioja, la patria di un eroe. »

In quella orribil notte tutti gli elementi della natura erano in grande sconvolgimento, e contribuivano a rattristare maggiormente l'animo della desolata madre dell'estinto, e di tutti noi che ne vegliavamo la salma. La bufera imperversava orribilmente, e i sibili di un vento impetuoso sembravano lamenti. Quella notte è rimasta presente nel mio pensiero, e il tempo non è valso a cancellarvela.

Alla memoria di Narciso Cozzo ho voluto dedicare le ultime pagine di questo mio libro, perchè il nome del mio diletto amico vi rimanga impresso, come impresso è rimasto nel mio cuore.

FINE

INDICE

ERRATA-CORRIGE

Pag.	Riga		
17	11 sup.	*Decisione* della sorte,	— *Derisione* della sorte.
117	12 inf.	*puzzolento,*	— *puzzolente.*
123	2 inf.	*puzzolento,*	— *puzzolente.*
126	6 inf.	*Coevres,*	— *Coeuvres.*
190	13 sup.	vi *era* giunto,	— vi *ero* giunto.
190	9 inf.	non *era il* caso,	— non *era al* caso.
191	2 sup.	le parole più spregevoli che — le parole più spregevoli che i dizionari hanno *rigistrati,* i dizionari hanno *registrate.*
191	14 sup.	piegare la bandiera e con — piegare la bandiera e con *esso,* *essa.*
194	8 sup.	oggi *17* Maggio,	— oggi *27* Maggio.

DELLO STESSO AUTORE

Nuova Cronologia dei Papi. — Roma, Torino, Firenze: *Fratelli Bocca* editotori 1895 . . . . L. 4,00

I Papi e i Diciannove Secoli del Papato. — Cenni Storici Cronologici (dal I all' VIII secolo) Vol. I Torino, Roma, Firenze: *Fratelli Bocca* editori 1897. » 10,00

I Papi e i Diciannove Secoli del Papato. — Cenni Storici Cronologici (dal IX al XII secolo) Vol. II Torino, Roma, Firenze: *Fratelli Bocca* editori 1899. » 12,00

Il militarismo di G. Ferrero, giudicato da un vecchio soldato. — Vol. I Napoli: *Riccardo Marghieri di Giuseppe* editore 1900 . . . . » 3,00

In Preparazione :

I Papi e i Diciannove Secoli del Papato etc. Vol. III.

Giacomo Casanova di Singalt, giudicato secondo le sue stesse memorie.

.

Lightning Source UK Ltd.
Milton Keynes UK
UKHW030630180722
406010UK00007B/893